KB043380

아동·청소년을 노리는 위험한 손길

온라인 그루밍 성범죄

엘레나 마르텔로조 지음 탁틴내일 옮김

한울림

Online Child Sexual Abuse:
Grooming, Policing and Child Protection in a Multi-Media World

First published 2012 by Routledge 2 Park Square, Milton Park, Abingdon, Oxon OX14 4RN

Simultaneously published in the USA and Canada by Routledge 711 Third Avenue, New York, NY 10017
Routledge is an imprint of the Taylor & Francis Group, an informa business First issued in paperback 2013

Copyright © 2013 Routledge, a member of the Taylor & Francis Group. All rights Reserved.
Korean translation Copyright © 2019 Hanulim Publishing Co.

이 책의 한국어판 저작권은 Routledge와 독점 계약한 도서출판 한울림에 있습니다.
신저작권법에 의하여 한국 내에서 보호를 받는 저작물이므로 무단 전재와 무단 복제를 금합니다.

추천사

이 예리한 연구는 디지털 시대에 아동 성범죄 맞서 싸우는 모든 활동가들이 꼭 읽어야 할 중요한 자료이다. 경찰 체계와 수사 절차에 유례없이 접근하여 법집행기관과 학계 사이의 특별한 협력으로 개발된 이 연구는 조사자의 경험을 학술적 엄격함과 결합하여 온라인 아동 성학대의 역학관계를 이해하고 이를 해부하는 데 더 깊은 이해를 보장한다. 이는 피해자와 범죄자와 함께 일하는 사람들에게 유익한 정보를 제공해줄뿐더러 가장 도전적인 분야에서 우리 사회에 전문적인 서비스를 제공하는 그들의 역량을 강화시켜 줄 것이다.

- 피터 스핀들러(Peter Spindler), 런던 광역경찰청 총경

이 책으로 마르텔로조는 온라인 아동 성범죄 분야에서 세계를 선도하는 범죄학자 중 한 사람으로서의 지위를 굳혔다. 연구 과정에서 런던 광역경찰청 수사관들과 공조하고, 그들이 가지고 있는 자료에 깊숙이 접근한 것은 충분히 칭찬받을 일이다. 그러나 이 책의 진정한 가치는 주제에 대한 탁월한 식견과 독창적인 통찰력으로 독자들이 이해하기 쉽게 글을 써내려가 경찰과 아동보호 전문가들에게 큰 난제로 남아있는 영역에 발을 디딜 수 있도록 한 데 있다.

- 존 카(John Carr), OBE, 영국 정부 자문

온라인 성범죄와 아동보호에 대한 지속적인 관심은 그루밍과 아동 음란물의 소유 및 배포, 제작과 관련된 범죄의 유죄판결 건수와 관련이 있다. 이러한 관심사를 다루고 있는 이 책은 혁신적인 경험적 연구를 바탕으로 연구 결과를 맥락화하기 위해 기본 지식들을 검토하고 있을 뿐만 아니라 위장수사 작전이 벌어지는 동안 새롭게 얻은 다양한 자료와 정보를 이용하여 온라인 성범죄에 대한 이해를 높이고 있다. 또한 범죄와 관련하여 매체가 지닌 중요성만큼이나 청소년의 목소리를 중요하게 다루고 있다. 형사 사법과 아동보호 서비스와 관련된 모든 사람들에게 이 책을 읽어보라고 권하고 싶다.

- 에셀 퀘일(Ethel Quayle), 에든버러 대학교 교수

추천 서문

지난 10년간 인터넷 사용은 상당히 증가했다. 정보기술은 현재 많은 나라에서 정규교육시스템의 핵심 부분을 차지하며 신세대들은 이전 세대들보다 인터넷을 훨씬 능숙하게 다룬다. 연구조사에 따르면, 전 세계 청소년 대다수가 컴퓨터 혹은 모바일 기기를 통해 인터넷에 접속할 수 있다.

인터넷은 SNS상에서 친구와 상호작용하고 이전 세대들이 생각하지 못했던 방식으로 정보에 거의 무제한으로 접근할 수 있는 기회를 제공한다. 또한 이전에는 없었던 또래 간 의사소통 플랫폼도 제공한다. 연구에 따르면, 디지털 매체는 청소년들의 삶에 중심이 되었고, 온라인-오프라인 세계가 하나로 통합되어 디지털 매체에서 청소년들은 자신만의 언어와 사회규범을 발전시켰다.

인터넷의 긍정적인 기능이 부정적인 기능보다 훨씬 많다는 것은 분명한 사실이지만, 인터넷을 통해 청소년들이 피해를 입을 수 있다는 것 또한 분명한 사실이다. 여기서 말하는 피해는 음란물에 노출되거나 또래나 성범죄자들이 저지르는 유해한 행위에 노출되는 경우를 포함한다.

온라인에서 아동이 성범죄자에 의해 그루밍 당하는 것은 비교적 새로운 개념이다. 이 개념은 성범죄자 문헌에서 여러 해 동안 논의되었으나 최근에야 영국 법(2003년 〈성범죄법〉)에 반영되었고, 현재 유럽연합 회원국에 적용되는 지침의 일부가 되었다. 이 분야에 대한 연구는 초기 단계이며, 인터넷을 이용해 성범죄를 저지르는 사람들의 행동에 대해서는 거의 알려지지 않았다. 인터넷 위장수사 작전에 대해서도 마찬가지이다.

이 책에서 엘레나 마르텔로조 박사는 아동 온라인 그루밍에 대한 감정적인 쟁점에 직면한다. 감정적으로 혼란스러운 이 주제와 관련해 급속도로 늘어나는 증거를 꼼꼼하고 냉정하게 분석하고 있다.

저자가 런던 광역경찰청 첨단기술범죄팀과 함께 수년에 걸쳐 수행한 광범위한 조사연구에 기반하고 있는 이 책은 위장경찰의 수사 방법에 대한 남다른 통찰력을 제공한다. 또한 성학대를 목적으로 온라인에서 아동을 찾는 성범죄자의 행위를 경찰 수사나 경찰관들과의 인터뷰, 그리고 범죄자들의 채팅 내용과 사건 파일 기록을 분석하면서 광범위하게 다루고 있다.

이 책은 온라인 그루밍 성범죄 사례와 수사와 관련된 쟁점과 증거에 대한 시의적절하고 매우 요긴한 보고서로, 인터넷에서 발생하는 아동 성범죄를 이해하는 데 많은 도움을 줄 것이다.

- 줄리아 C. 데이비드슨(Julia C. Davidson), 킹스턴 대학교 교수

저자 서문

"우리 사회에 혁명을 일으킨 컴퓨터는
범죄와 일탈 행동에서도 큰 변화를 가져올 것이다.
특히 성적 탈선의 매개 변수로 작용할 가능성이 크다.
그리고 이것은 이미 실제로 일어나고 있는 일이다."

- Durkin and Bryant, 1995

2007년, 잭*은 런던 광역경찰청에 수감되었다. 경찰은 수집한 정보를 통해 잭이 아동 성학대 이미지가 게재된 웹사이트를 이용하고 있었다는 사실을 밝혀냈다. 잭의 집을 수색한 경찰은 수많은 아동 성학대 이미지가 담긴 디지털 메모리 카드들을 찾아냈다.

사진 속 아이들은 대부분 동남아시아 소녀들이었고, 경찰은 잭이 2002년과 2004년 사이에 태국을 두 번 방문한 적이 있다

---

* 이 책에 사용된 이름은 모두 가명이다.

는 사실을 확인했다. 하지만 사진 속에는 소녀들을 학대하는 백인 남성의 손만 보이는 탓에 경찰은 사진 속 주인공이 잭이라는 사실을 입증할 만한 직접적인 증거가 없었다. 사진만으로는 잭을 음란물 유포죄로 기소해야 하는지, 아니면 아동 성범죄로 기소해야 하는지 판단하기 어려웠다.

이 문제를 해결하기 위해서 경찰은 던디 대학교의 해부학 및 신원 감별 센터에 사건을 의뢰했다. 센터 연구원들은 혁신적인 법의학 기술을 사용해 잭의 손과 사진 속 백인 남성의 손을 대조했다. 흉터의 위치, 손가락 마디 주름, 주근깨 모양 그리고 손톱 형태 등을 비교 검토한 결과 백인 남성의 손과 잭의 손이 일치한다는 결론을 얻었다. 결국 잭은 2003년 〈성범죄법〉의 '성관광 조항'에 따라 기소되어 6년 형을 선고받았고, 평생 성범죄자 등록부에 이름이 실리게 되었다.

잭의 사례는 이 책에서 제기하고 있는 많은 문제점들을 분명히 보여준다. 이는 실제 아동 성학대와 가상 네트워크 속에서 점점 더 정교해지는 학대 이미지의 유통 및 소비 사이의 연관성을 강조하며, 동시에 경찰 및 아동보호 기관이 성범죄자들을 추적하고 사이버공간과 현실 세계 속 범죄 간의 연관성을 정립할 수 있는 혁신 기술 개발의 필요성을 지적한다.

얼마 전까지만 해도 잭이 아동 음란물을 제작하고 저장하고 배포하는 데 사용한 디지털 카메라, 메모리 카드, 인터넷 같은 장비들은 존재하지 않았다. 마찬가지로 잭을 아동 성범죄로 기소하기 위해 경찰이 사용한 혁신적 기술 역시 존재하지 않았다. 이 사건은 온라인 아동 성범죄가 국제적인 규모로 발생한다는 사실을 방증한다. 변화하는 범죄의 양상과 확대되는 범죄 범위를 설명하기 위해서는 온라인 아동 성범죄에 대한 최신 학술 연구가 필요하다. 이 책은 이러한 작업에 도움이 되고자 한다.

앞으로 소개할 연구는 런던 광역경찰청 첨단기술범죄팀과 아동성도착전담팀에 전례 없이 자유롭게 접근하여 수집한 자료를 바탕으로 작성되었으며, 온라인 아동 성범죄 문제를 이해하고 설명하기 위해 노력한 결과물이다. 좀 더 구체적으로 말하자면, 런던 광역경찰청 첨단기술범죄팀과 아동성도착전담팀의 현재 수사 방법과 작전 절차에 대한 이론적, 실증적 조사를 통해 온라인 그루밍의 유형과 특징을 알아보고자 했다.

온라인 성범죄는 현재 대중의 관심을 집중시키는 주요 쟁점 중 하나이다. 특히 피해자가 아동인 경우 대중적으로나 정치적으로 많은 주목을 받고, 지나친 우려를 낳기도 한다. 아동 성범죄자는 사회에서 이상성격자로 강한 지탄을 받지만, 겉보기에 일반인과 별다른 차이가 없어 대중에게 공포와 혐오의 대상이 된다. 그러므로 법을 개선하고, 경찰의 전략을 개발하는 노력과 더불어 아동과 보호자들을 대상으로 한 멀티미디어와 인터넷의 안전한 사용을 위한 교육이 지속적으로 진행되고 있다.

오늘날 인터넷은 세계를 이해하기 위한 핵심 도구이다. 따라서 성범죄자들이 인터넷을 이용해 범죄를 저지르는 수법과 이에 대한 경찰과 정부의 대응 방식을 이해하는 것은 온라인 아동 성범죄 예방책을 개발하는 데 핵심이 된다. 인터넷을 비롯한 커뮤니케이션 기술의 발달로 범죄자들이 피해자들을 좀 더 은밀하게 학대할 수 있는 기회가 생긴 것은 틀림없는 사실이다. 현실 세계에서 주고받기 힘든 성적 표현도 온라인상에서는 비교적 쉽게 주고받을 수 있기 때문이다.

이어지는 장들에서는 온라인 아동 성범죄의 쟁점을 설명하고 이해하는 데 주력하면서 온라인 그루밍의 패턴과 특징, 경찰의 단속 사례와 멀티미디어 세계에서의 아동보호에 대해 알아본다.

그루밍과 아동 성범죄에 관한 경찰의 수사 자료

런던 광역경찰청 첨단기술범죄팀과 아동성도착전담팀에서 민족지학적 연구를 통해 온라인 그루밍과 그 단속에 대한 자료들을 수집했다**. 두 조직이 가진 정보에 대해 전례 없는 접근을 확보하고, 현장실무자들과 만났을뿐더러 익명성 아래 숨어있는

** 저자는 웨스트민스터 대학교 윤리위원회에서 윤리적 승인을 허가받았다.

온라인 성범죄자들의 행동을 관찰하고 이에 대응하는 경찰의 발전된 기술에 대해 고찰할 수 있는 흔치 않은 기회를 얻었다. 첨단기술범죄팀과 아동성도착전담팀에서 실무 경험이 있는 다양한 계급의 경찰관들과 약식 인터뷰도 이루어졌다. 소속 경찰관, 법의학 전문가 등 총 21명이 인터뷰에 응했다. 이 인터뷰에 참여한 사람들은 모두 온라인 성범죄 단속에 중요한 역할을 하는 사람들로, 인터뷰는 주로 다음 주제들에 초점을 두고 진행되었다.

음란물

온라인 성범죄자들은 크게 두 부류로 나뉜다. 첫째는 아동 음란물을 제작, 또는 인터넷에서 이를 내려받거나 배포하는 부류이고(Quayle and Taylor 2002; Davidson and Martellozzo 2005), 둘째는 성학대 목적을 가지고 아동을 정해 그루밍하기 위해 인터넷을 이용하는 부류이다(Finkelhor et al. 2000).

따라서 첨단기술범죄팀은 물론이고, 온라인 음란물의 성격과 범위를 연구하는 법의학 전문가들 역시 두 가지 부류를 구분하기 위한 생생한 사례들을 원했다. 성범죄자가 아동 성학대 이미지에 접근하고 학대할 아동을 물색하기 위해 인터넷을 이용한다는 것은 의심할 여지가 없다. 질란(Gillan 2003)은 파일 공유 기술 등을 활용한 아동 포르노그래피 수요가 급속히 증가하고, 경찰들이 피해 아동과 연관된 성범죄자들을 추적하기 어려운 탓에 범세계적인 수사를 하는 데 상당한 시간을 할애한다고 말한다. 인터뷰에서 응답자들은 범죄자들에 대한 개인적 견해뿐 아니라 이미지의 특성과 점점 증가하는 음란물 다운로드, 수집 경향에 대한 의견을 들려주었다.

그루밍

이전에는 그루밍 수법에 대한 경험적 연구가 부족한 관계로 해당 주제를 탐색하는 데 어려움이 컸다. 그러나 이번 연구에서 위장경찰들과의 대화를 통해 성범죄자들의 범행 수법에 대한 그들의 견해를 다루면서 그루밍 성범죄에 대한 여러 의문점들을 어느 정도 해결할 수 있었다.

2003년 〈성범죄법〉 도입 이후 첨단기술범죄팀은 아동 또는 십 대 청소년이 있을 법한 채팅방에 위장경찰관을 심어두었다. 경찰관들은 훈련을 받고 수차례 연습을 통해 아동이나 성인, 또는 성범죄자인 척 하는 방법을 배웠다. 특히 아동을 그루밍하는 성인에게서 범죄를 입증할 만한 대화를 이끌어낼 목적으로 컴퓨터와 모바일 문자 언어 등 아동의 말투를 그대로 흉내 냈다.

그루밍에 관한 인터뷰 목적은 응답자들이 온라인 그루밍 과정을 설명하고 평가하며 관련된 부정적, 긍정적 인상들을 진술하는 데 있다.

혁신

인터넷이 단순한 의사소통 매체를 넘어서는 건 분명하다(Castells 1996, 2004). 인터넷은 자신만의 규칙과 정체성, 언어를 가진 새로운 가상 세계이다. 인터넷을 통해 아동 성범죄자는 독립적 활동에서 벗어나 그들을 지지하는 공간에서 공통의 관심사를 공유하는 커다란 커뮤니티의 일원으로 변화했다. 이렇듯 인터넷은 '아동 성도착자' 용어에 아동 학대를 계획할 가능성이 농후한 잠재적 범죄자라는 새로운 의미를 부여한다. 한편으로 인터넷은 성범죄를 담당하는 경찰들에게도 많은 도움을 주었다. 인터넷을 기반으로 한 혁신적인 수사 방법으로 인해 이전 같으면 잡기 어려웠던 성범죄자들을 보다 수월하게 추적할 수 있게 되었다.

●●●

아동과 청소년의 인터넷 사용에 관한 자료

아동과 청소년의 인터넷 사용에 관한 자료 수집은 킹스턴 대학교 아동 학대 및 트라우마 연구센터와 런던 광역경찰청의 협조를 받아 아동, 교사, 부모와의 인터뷰를 통해 이루어졌다. 이 조사 연구*** 목적은 인터넷 사용과 기타 디지털 매체 안전에 대

*** 이 연구 수행을 위한 윤리적 허가는 영국의 킹스턴 대학교와 미들섹스 대학교 윤리위원회에서 부여했다.

한 아동과 청소년의 경험 및 인식을 알아보고, SNS에서의 행동을 이해하는 데 있다. 도출된 양질의 자료는 주제적 접근법을 통해 분석했다. 비밀 보장과 익명성에 관한 진술서는 모든 응답자들에게 제공되었고, 각각의 인터뷰에는 코드명을 부여했다(경찰관 ID: 1, 소녀 ID: 2 등).

이 책의 개괄

이 책의 목적은 아동 성범죄, 그루밍 과정의 역학관계 및 성학대와 관련해 온라인상에서 이뤄지는 상호작용 사이에 개념적이고 실증적인 연결 다리를 구축하는 것이다. 사이버공간에서 발생하는 일상적 상호작용의 증가는 그루밍 성범죄와 그 범행 동기 및 상황에 대한 이해, 피해자의 대응에 큰 영향을 끼쳤고, 결과적으로 아동 성범죄의 유형 전반에까지 파급되었다. 따라서 오늘날 더욱 음밀해져가는 아동 성범죄 양상을 이해하고, 이에 대한 적절한 대응책을 마련하기 위해서는 현재 온라인에서 발생하는 그루밍 과정을 파헤치고 재검증할 필요가 있다.

프롤로그에서는 아동 성범죄에 대해 우리가 이미 알고 있는 것들을 되짚어보고, 새로운 형태의 아동 성학대의 성격과 그 범위에 대한 대략적인 내용을 이야기한다. 기존 연구들을 통해 주요 용어와 개념을 찾아 정의하고, 이를 비판적으로 검토하여 현실 세계와 가상 세계 양쪽에서 발생하는 아동 성범죄 문제에 대한 독자들의 이해를 돕는다. 또한 온라인 아동 성범죄의 국제적 성격과 정책 수준에서 정부, 법집행기관, 자선단체 간의 협력이 어떻게 증진되고 있는지에 대해 간추려 말한다.

1장에서는 현실 세계와 가상 세계에서 일어나는 아동 성범죄에 대한 사회학적 분석을 제시한다. 조금 더 구체적으로 말하자면 남성과 몇몇 여성이 일반적인 규범에서 벗어나 아동과 성적 행위를 하는 일탈 행동의 원인들을 규명한다. 온라인과 오프라인을 통틀어 왜 범죄자들이 아동을 대상으로 성범죄를 저지르고 그 행동을 계속하는지를 명쾌하게 설명해줄 이론은 없다. 그럼에도 아동 성범죄에 대한 설득력 있는 이론은 온라인상에서 아동을 학대하는 다양한 유형과 그 동기에 맞는 정책과 치료, 단속 프로그램 개발과 시행에 중심적으로 작용한다. 아동 성범죄 문제의 핵심 해결책은 연구에 드러난 모든 잠재적 범죄자(남성, 여성, 아동)들과 그들의 활동 반경인 실제 세계와 가상 세계 모두를 다루는 데 있다. 즉 현실 세계 또는 사이버공간에서 가해자와 피해자 사이의 역학관계에 대한 인식을 제고할 수 있는 모든 요인들에 대한 철저한 조사가 있어야 한다는 주장으로 마무리된다.

2장은 인터넷 시대의 진정한 주인공인 청소년과 그들의 인터넷 사용에 관한 이야기이다. 아동과 청소년의 인터넷 사용과 온라인에서 그들이 마주하는 위험에 초점을 맞춘다. 또한 관련 문헌과 이 분야의 최신 연구들을 비판적으로 검토하고, 프롤로그와 1장에서 제시된 현장전문가와 성범죄자들의 진술에서 도출한 핵심 결과를 연결한다.

3장에서는 온라인 아동 성범죄 근절을 위한 국제적 법률구조의 출현을 검토한다. 여기에는 아동 성학대와 성착취를 금지하는 법, 초기 온라인상에서 주로 '아동 포르노그래피'의 형태로 소비되었던 성범죄 형태, 이 형태에 '사이버 범죄'라는 프레임을 씌우기 위한 법적 노력, 사이버공간에서의 불법 콘텐츠 제작 및 배포와 관련한 모든 범죄들을 포함한다. 특히 이러한 사회-법적 문제와 신기술의 융합이 어떻게 맞춤화되고 폭넓은 법적 개입을 요구하는 범죄인 그루밍으로 이어질 수 있었는가를 탐구한다. 이후 법집행과 지원적 개입의 문제로 넘어가서 경찰의 대응 방식에 초점을 맞춘다. 특히 최근 그루밍 관련 법률에 따라 경찰 정책이 어떻게 변화되었는지, 개정된 법 조항을 수용하기 위한 경찰의 적응 실태를 보여준다. 마지막으로 새로운 법률 도입에 따른 경찰 활동과 아동보호 실현에 있어 새롭게 부상하는 사각지대와 문제점들을 규명한다.

4장은 경찰과 같은 공공기관과 자선단체들이 온라인 아동 성범죄에 맞서 아동을 보호하기 위한 프로그램을 장려하고 시행하는 데 부딪치는 어려움에 대해 이야기한다. 또한 기하급수적으로 증가하는 아동 음란물의 제작과 배포, 온라인 그루밍 문제에 대해 그간 정부와 경찰의 대응 방식을 밝히고 평가한다. 따라서 이 장에서는 온라인 아동 성범죄가 변화되어온 역사적 개괄을 제공할 것이다.

5장은 일상적인 경찰 활동에 초점을 맞춘다. 좀 더 구체적으로 말하면 위장경찰관과 성범죄자 사이의 온라인상 의사소통 장면을 보여준다. 그리고 위장수사가 벌어지는 전후 맥락에 대해 토의하고 그루밍 과정과 경찰의 개입 단계를 알아본다. 또한 온라인 그루밍 수사가 어떻게 시작되고, 범죄 위험이 어떻게 평가되는지에 대한 확실한 이해를 돕기 위해 경찰 활동을 자세히 살펴본다. 특히 이 장은 이번 연구 과정이 반영된 서술로서 온라인 그루머들을 목표로 한 위장 작전의 민족지학적 연구 시행의 실제적 경험을 기술한다.

6장은 현장전문가의 아동 성범죄 수사에 관한 견해를 알아본다. 바로 이 장이 위장경찰 활동과 성범죄자의 온라인 행위를 함께 다루는 부분이다. 성범죄자의 온라인 프로필 생성에서부터 그들이 아동이라 믿는 위장경찰관에 대한 온라인 그루밍까지, 성범죄자의 온라인 범죄 수법에 대해 세세히 분석한다.

마지막 에필로그에서는 이 책 전반에 걸쳐 나타나는 주요 논점들을 종합한다. 법집행기관, 학계, 인터넷 서비스 제공자들이 아동 성범죄에 대한 사회적 인식을 높이는 데 도움이 되는 협력적 담화를 유용한 방식으로 끊임없이 개발해야 한다고 제안한다.

한편 신기술을 이용한 아동 성범죄에 관한 언론 보도는 대개 아동이 성범죄자로부터 가장 큰 위험에 처하게 된다는 인식을 고조시킨다. 그로 인해 가정 내 아는 사람으로부터 성학대를 당할 위험이 있는 사건들이 간과되고 온라인 성범죄를 과도하게 우선시하는 위험이 발생한다. 이와 같은 근거 없는 통념이 강화되어 널리 퍼지지 않도록 경계해야 한다는 주장으로 마무리된다.

목차

프롤로그

아동 성범죄, 우리가 아는 것과 모르는 것들

매일 전 세계 아동들은 학대당한다. 신체적, 감정적, 성적 학대는 무척 심각한 결과를 낳을 때도 있다. 수많은 학술문헌에 따르면, 장기간 방임되거나 학대받은 아동들은 보호시설에 보내져 청소년기와 성인기 초반에 사회로부터 배제되는 심각한 위험에 처한다고 한다. 이러한 청소년들은 범죄를 저지를 확률이 높고(Sir John Stevens 2002), 훗날 피해와 학대를 지속적으로 당할 확률도 높다(Pritchard 2004). 특히 아동과 성인 간 동의 없는 성행위[1]는 아동의 정상 발달과정을 방해하고 사회 부적응을 야기한다.

학대는 대부분 혼란스럽고 무서우며 고통스럽다. 그리고 이러한 부정적인 영향은 성인기까지 이어지기도 한다. 실제로 아동 성학대는 성인기의 정신건강 문제의 주요 원인으로서 널리 인정

1 성인과 아동의 성관계는 합의를 했든 안 했든 비합의적이고 학대적이다. 이는 둘 사이의 힘과 이해의 커다란 차이 때문이다.

되어 왔다(Mullen and Fleming 1998). 게다가 학대는 아동이 경험을 통해 학습하는 결정적 형성기 동안 발생한다. 그러므로 성학대 피해자의 대부분은 정서적 고통, 불안, 분노, 외상 후 스트레스 장애, 약물 중독, 자살 시도 등으로 계속해서 고통받는다.

확언컨대, 그루밍은 아동 성학대에서 큰 비중을 차지한다. 대중 매체는 그루밍이 인터넷의 출현과 함께 최근에 나타난 새로운 현상이라고 보도하는 듯하다(Gillespie 2008). 그러나 이는 사실이 아니다. 이 장의 뒷부분에서 논의되겠지만, 아동 성학대와 관련한 역사적 증거는 상당히 많다. 아동 성학대가 사회적 문제로 인식된 지는 20년이 넘었을 뿐인데 말이다(Wells et al. 2007).

가상공간 속 그루밍에 관한 문헌은 적지만 계속 늘어나고 있다. 그중에 하나인 이 책은 온라인과 오프라인 그루밍을 비교 분석하고자 쓰이지 않았다. 오히려 온라인 그루밍, 경찰 수사, 아동보호 과정의 사례 연구에 초점을 맞춘다. 온라인과 오프라인 그루밍을 비교 분석할 만큼 현실 세계에서 벌어지는 그루밍 성범죄에 대해 충분히 알지 못하기 때문이다. 물론 때에 따라서는 가상 세계와 현실 세계에서 벌어지는 그루밍과 아동 성학대의 유사점과 차이점에 관하여 이론, 인식론, 정책, 실행의 관점에서 비교할 수 있을 것이다. 그러나 분석은 사이버공간의 영역 안으로만 제한했다. 사실 물리적 세계에서 벌어지는 그루밍에 대해 알고 있다고 주장하는 내용은 너무 적어서 철저한 비교 분석의 시도 자체가 비생산적일 수 있다.

온라인과 오프라인 그루밍은 서로 다른 세계에서 발생하지만 겹치는 영역이 있다. 막혀있지 않은 두 세계에서의 공통분모는 다양하게 나타나며, 중요한 의미를 갖는다. 물론 이 영역을 간단히 설명하거나 이론화하거나 실증적으로 탐구하기란 쉽지 않다. 그러나 두 세계 간의 교집합은 분명 존재하므로, 온라인 성범죄에 대한 지속적이고 집중적인 개입을 통해 얻어지는 지식은 현실 세계에서의 성범죄를 이해하는 데 도움이 된다.

아동 성학대 문제를 파헤치기 위해서는 먼저 핵심 용어와 이 연구에 들어맞는 사회적, 정치적, 문화적, 법적 맥락을 정립해야만 한다. 다양한 분야의 연구자들이 아동 성학대 문제에 점점 더 많은 관심을 보인다는 점을 고려할 때, 이 책의 도입부에서 개념적 질서를 정립하고 핵심 용어를 체계화하는 것은 반드시 필요한 일이다.

따라서 이 장의 목표는 아동 성범죄에 대해 우리가 아는 것과 모르는 것을 명확히 하고, 핵심 용어와 개념을 구별하고 정의한 다음 이를 비판적으로 검토하는 데 있다. 이를 통해 현실 세계와 가상 세계 양쪽에서 발생하는 아동 성범죄 문제에 대한 보다 깊이 있는 이해를 도모할 것이다.

아동 성학대에 대한 분석을 시작하려면, 먼저 '아동기' 개념의 쟁점화가 필요하다. 아동기와 아동 학대라는 이슈는 긴밀한 연관이 있고, 아동기는 시간과 공간, 맥락에 따라 의미가 상당히 달라질 수 있기에 사회적으로 논란의 여지가 많은 용어이다.

두 번째로 주목해야 할 개념은 '성학대'이다. 이는 좀 더 복잡한 개념의 평가로 이어진다. 아동 성학대가 구성되고 기소되는 영국의 사법적, 정치적 맥락은 물론이고 동의의 문제 등을 같이 다뤄야 하기 때문이다.

마지막으로 사이버공간이라는 새롭고 논쟁적인 맥락에서 아동 성학대를 정의한다. 아동 음란물의 제작, 배포와 온라인 그루밍의 차이를 구분하고, 이러한 사이버 범죄를 기소하기 위해 제정된 법률을 알아본다.

아동기 정의

아동기의 개념은 역사 전반에 걸쳐 고정되어 있고 불변하다는 것이 사회적 통념이다. 그러나 진실은 그 반대이다. 아동기는 지난 몇 년 사이 구축된 최신 개념이다. 오늘날 사회와 법이 아동기를 정의하는 방식은 유럽 중세시대의 방식과 확실한 차이가 있다. 사실 중세시대에서 아동기라는 개념은 이해되지도 고려되지도 않았다. '아동'은 중세 문물에서 전혀 찾아볼 수 없었고, 오늘날 정의된 아동기의 개념 또한 서양 문화의 일부를 형성하지도 않았다.

아동기 사회학과 관련된 대부분의 연구는 프랑스 사회역사학자 필리프 아리에스(Philippe Aries)의 책 《수세기의 아동기(Centuries of Childhood)》에서 영향을 받았다. 아리에스는 중세시대의 아동기 정의(또는 정의 없음)에 대한 이러한 태도가 아동을 성인과 다른 개념으로 구분하기보다는 나이 어린 어른으로 해석한 결과라고 분석한다. 드 모스(De Mause)는 16세기 이후부터 아동기가 개별 범주로 나타났다는 아리에스의 가설에 동의하면서도, 그와 달리 이것을 매우 급진적인 움직임으로 본다. 드 모스는 아동기를 다음과 같이 인식한다.

> "… 최근 들어서야 막 깨어나기 시작한 악몽이다. 더 먼 역사 속으로 거슬러 올라가 보면 아동에 대한 돌봄의 수준이 낮을수록 아동이 살해, 유기, 구타, 위협, 성학대를 당할 확률이 높았다."
>
> – De Mause 1976: 11

과거 아동기에 관한 드 모스의 절망적 견해는 단계별로 세분화되어, 4세기 '유아 살해기'부터 20세기 중반에 시작된 '도움 단계' 또는 '아동보호'에까지 이른다. 이러한 단계들을 거치며 사람들은 아동을 특정 욕구가 없는 집단에서 특정한 권리를 가진 고유한 사회 집단으로 보기 시작했다. 안토니 플랫(Anthony Platt)은 저서 《아동보호자: 비행 중재(The Child Savers: The Intervention of Delinquency)》에서 수많은 아동들, 특히 고아와 빈곤한 아동들이 겪었던 끔찍한 처우를 강조한다.

스톤(Stone)은 16세기 이전에는 성인들이 아동에게 시간과 노력을 쏟을 가치가 없다고 여겼다는 드 모스와 플랫의 주장을 지지한다. 16세기 후반까지도 아동기는 삶의 주기에서 고유한 시기로 '발견'되지 않았고, 아동을 성인과는 '다른' 뚜렷한 본성과 욕구를 가진 존재로 보지 않았다. 루소(Rousseau)는 다음과 같이 말한 적이 있다.

> "자연은 아동이 성인이 되기 전에 아동이기를 원한다. 우리가 고의적으로 이 질서를 흩뜨린다면 익지도 않고 맛이 들지 않아 곧 썩어버릴 덜 자란 과일을 얻을 것이다. … 아동에게는 자신만의 독특한 시각, 사고, 느낌이 있다. 성인의 방식으로 그것을 대신하는 것보다 더 어리석은 일은 없다."
>
> \- Rousseau 1764 in Jenks 1996:3

그렇다면 아동기와 성인기의 분화 과정은 어떻게 시작되었을까? 아동기의 인지는 아동이 성인의 역할과 책임을 맡을 수 있기 전까지 친부모에게 안전한 환경과 교육을 제공할 의무를 부여하면서부터 더디게 진행되었다(Prout and James 1990 in Skelton and Valentine 1998: 3). 그러나 이것은 사회계급 출신이 다른 아동들 사이에 굉장한 불평등을 야기했다(Macfarlane 1979). 부유한 가정은 물질, 시간, 감정에 대한 요구가 있는 '아동기의 사치'를 감당할 수 있었다(Jenks 1996: 6). 반면에 넉넉하지 못한 가정은 아동을 중요한 수입원으로 여겼고, 아동이 신체적으로 독립되고 강해지면 바로 일을 하기를 바랐다. 그리고 대부분의 아동은 이러한 가정에 속했다.

상류계급과 노동계급의 불평등을 강조하기 위해 먼시(Muncie)는 산업혁명 당시 공장 노동자들의 상당수가 가난한 집안의 아동들이었으며, 그들이 한 가정의 기본 소득 수준을 유지하는 데 기여했을 뿐만 아니라 공장 소유주에게는 값싼 노동력의 원천이 되었다고 지적한다. 그런 이유로 이러한 상황이 수년간 한 치의 의심 없이 지속된 사실은 그다지 놀랍지 않다.

19세기 전반에 걸쳐 청소년들은 어른의 세계로부터 점차 분리되었다. 그러면서 중산계급과 노동계급 간의 갈등이 고조되었다. 중산계급 부모들이 교육을 받지 못한 가난하고 귀찮은 아이들로부터 자신의 자녀들을 보호하기 위해 부단한 노력을 기울였기 때문이다. 피어슨(Pearson 1983 in Skelton and Valentine 1998)은 이러한 갈등이 지난 150년 넘게 청년과 청년문화를 정의할 때 반복해서 동원되었으며, 비행집단 관련 '도덕적 공황'(Cohen 1997; Hall et al. 1978; Waddington 1986), 청소년 범죄와 폭력(Muncie 2004: 49-50; Gillis 1975), 훌리건주의(Pearson 1983)의 중심이 되었다고 지적한다.

20세기 들어 심리학자들은 지그문트 프로이드(Sigmund Freud 1946)와 에릭 에릭슨(Erik Erikson 1982, 1950)의 정신분석 연구를 활용해 점차 명확하게 아동 발달단계를 구분하였고 이는, 특히 학계에 지속적인 영향력을 발휘했다[2]. 20세기 초반 프로이드는 인간의 인지 과정, 도덕성 발달, 삶의 주기 마지막 단계 등에서 아동기 초기 경험의 중요성에 대한 심도 깊은 이해를 체계화하고 발전시키려 했다. 이런 맥락에서, 프로이드는 세 가지 심리학적 구조인 에고와 이드, 슈퍼에고 사이에 복잡하고 부분적으로만 의식적인 상호작용의 관점에서 인간 정신을 고찰했다.

> "프로이드는 초기 연구에서 에고를 환경과의 상호작용의 결과로서 이드(개인의 초기 상태 본능)로부터 구별하여 생각했다. 이 초기 발달단계에서 인지 또한 의식 속에서 2차적 과정(이성적이고 논리적인 사고)으로 대체되는 1차적 과정(원시적 또는 비이성적 사고)으로 발전한다. 1차적 과정은 사라지지 않고 무의식 속으로 억제된다. 프로이드는 후기 연구에서 슈퍼에고의 발달 가설을 세운다. 개인의 성격에서 슈퍼에고는 도덕적 판단과 의사결정에 있어 큰 동기의 원천이 된다."
>
> – Knowles and McLean 1992: 49

에릭슨은 프로이드의 연구를 바탕으로 인간의 도덕적 판단의 출현과 변화를 이해하는 데 강한 영향을 미치는, 전 생애 과정에 걸친 에고 발달의 정교한 단계 이론을 제시했다.

> "에릭슨은 전 생애에 걸쳐 발생하는 일련의 여덟 가지 핵심 발달 갈등을 가정하였다. 개인은 이러한 갈등이 해소되면서 심리적 덕목(희망, 의지, 목적, 자신감, 신의, 사랑, 보살핌, 지혜)을 발전시킨다. 이러한 발

---

2 장 피아제(Jean Piaget)의 저명한 연구 또한 심리학, 교육학, 사회과학 분야에 지속적인 영향을 미쳤다고 할 수 있다. 그러나 이에 관해 논의하는 것은 안타깝게도 이 책의 내용 밖이다.

달 순서는 덕목과 도덕적 효율성에 초점을 맞추고, 유아나 아동에게만 국한되지 않으며, 특별히 도덕적이라고 여겨지는 행동을 설명하는 데 집중한다는 점에서 정신분석 단계와는 다르다."

– Knowles and McLean 1992: 49–50

프로이드와 에릭슨의 연구에서 얻은 것은 인간의 심리·사회적 발달단계가 나이와 정교하게 일치하지 않는다는 중요한 통찰이다. 오히려 정신발달과 서로 다른 요소들의 상호작용은 다양한 사회 맥락적 요인들에 의해 형성된다. 이 요인들은 아동기의 초기 발달단계에서 특정한 힘으로 정신발달에 영향을 끼치지만 전 생애에 걸쳐 지속적인 영향을 끼친다.

아동기에 관한 개념들은 수세기에 걸쳐 서서히 발견되고 밝혀지고 구축되어 왔으며, 아동기를 명확한 경계가 있는 사회적 범주로 구성하려는 다양한 시도에도 여전히 유동적인 개념인 까닭에 논쟁의 여지가 남아있다.

"… 아동과 성인을 구분하는 경계는 확실히 모호하다. 특히 청소년기는 누가 분류하느냐에 따라 아동과 성인의 경계에 다양하게 위치할 수 있는 모호한 영역이다. 청소년들은 성인 세계에 대한 접근을 거부당하지만 아동의 세계와 거리를 두려고 시도하며, 동시에 아동기와의 연결고리를 유지한다."

– Sibley 1995 in Skelton and Valentine 1998 :4

이러한 경계는 청소년에게 흡연, 음주, 노동, 경제활동, 성관계

동의 등이 가능한 연령의 법적 분류를 고려한다면 더욱 두드러진다. 이러한 맥락에서, 제임스(James)는 '십 대를 정의하는 유일한 경계는 청소년이 아닌 것을 정의하고, 할 수 없거나 그럴 수 없는 것을 정의하는 배제의 경계'라고 지적한다(James 1986 in Skelton and Valentine 1998).

래닝(Lanning)은 이 분석을 더욱 파고들어, '아동과 청년 성학대' 혹은 '아동과 청소년의 성학대'와 같은 용어에서 청년 또는 청소년은 아동이 아니라는 것을 함의한다고 주장한다. 그러나 이 주장은 '아동이 청년 또는 청소년이 되는 연령은 언제인가?' 하는 질문을 낳는다(Waites 2005: 145; Lanning 2005: 51). 이 질문에 답을 할 때, 고려해야 할 법과 사회의 관점 사이에는 혼란스러운 문제들이 발생한다. 그중에서 가장 난제는 13세와 17세 사이의 아동이 성인처럼 보이는 경우가 많다는 점이다. 이 아동들은 생식 능력이 있고 조기에 성 충동이 나타났을 수도 있다. 어떤 사회에서는 이들을 법적 기준에 따라 아동으로 간주하지 않을 수도 있다. 이렇듯 누가 아동인지에 대해서 국가적, 문화적, 도덕적 다양성이 존재한다(Waites 2005; O'Donnel and Minner 2007).

아동을 정의하는 가장 직접적인 방법은 법을 참조하는 것이다. 그러나 그 과정에서 수사관과 현장전문가들은 다른 전문가, 배심원, 사회 전반의 인식은 물론이고 자신의 인식까지도 고려해야만 한다(Lanning 2005: 51). 아동은 특히나 취약한 집단이기 때문에 모든 국가와 사회는 아동을 보호할 도덕적 의무가 있다(Fortin 2003; UNICEF 1989). 하지만 아동을 보호할 법적 맥락이 결여된 경우가 종종 있다. 아동이 누구인지, 아동이 언제 성인이 되는지, 무엇보다 아동이 언제 기본적 권리를 획득하며 언제부터 특정 보호조치를 받을 수 없는지에 대한 일반적인 지침을 제공하기 위해서는 '아동'을 정의하는 것이 필수적이다.

1989년 국제아동권리협약의 승인은 아동기의 해석을 근본적으로 변화시킨 중요한 진전으로 인정받는다. 이 협약을 통해 아동은 '보호와 보살핌을 받아야 할 수동적 대상'에서 '권리를 가진 사회적 주체, 발달단계에 따른 능력이 존중되고 보호되어야 할 성장과정에 있는 사람'으로 정의되었다.

1948년 12월 10일 유엔이 채택한 세계인권선언은 자유와 권한을 분배하는 일련의 핵심 가치들을 제공한다. 유엔은 인권을 인간답게 살기 위한 필수적 권리라고 설명한다. 다시 말해 인권은 사람들이 살거나 생존하기 위한 기본 기준을 제시한다(UNICEF 1989). 유엔은 세계인권선언을 채택함으로써 인권에 관한 기준을 정립했다. 또한 유엔 아동권리협약은 아동의 욕구를 기반으로 특별히 고안된 권리가 아동에게 필요함을 분명히 했다. 아동에게는 '어른은 필요하지 않은 특별한 보살핌과 관심이 필요'(UNICEF 1989)하기 때문에 이러한 '맞춤' 권리가 요구된다. 즉 유엔은 아동이 더욱 취약하다는 것을 인정한다. 그리고 취약성

문제는 권리 담론의 핵심 요소이다.

이 책에서는 유엔 아동권리협약이 제시한 '아동'의 정의가 사용된다. 협약 제1조에서 아동은 '아동에게 적용 가능한 법에 따라 미리 성년에 달하지 아니하는 18세 미만의 모든 사람'으로 이해된다고 단언한다(UN 1989). 이는 '법의 보편적 수용을 위험에 빠뜨리지 않도록'(UNICEF 1989) 의도적으로 범위를 넓힌 개념이다. 따라서 아동기의 시작 시점을 정립하고 명시하는 것은 국가 차원에서 입법자들의 책임이 되었다.

국제적십자위원회에 따르면, 적용 가능한 법률 덕분에 개인이 성년에 달하지 않는 한 아동기는 개인이 18세가 되는 시점에 끝난다. 이는 모든 국가의 법률이 18세에 아동기가 끝난다는 데 동의하지 않는다는 것을 의미한다. 다양한 민법, 형법 또는 다른 정치적 양상에 따라 그보다 빠를 수도 느릴 수도 있다. 이와 관련해 국제적십자위원회는 18세 이전을 성년으로 간주하는 국가가 특정 목적을 위해 연령 제한을 낮추는 것을 허용한다. 다만 이것은 협약의 정신과 일반 원칙에 따라 일관되게 수행되어야 한다고 밝히고 있다(www.UNICEF.org).

영국에서는 연령 차이가 2003년 〈성범죄법〉에 포함된 이후 아동과 청소년의 구분이 중요하게 받아들여진다(Statham 2004; Chase and Statham 2004; Beckett 2007). 이 책은 (18세 미만인 청소년을 이 연구에 포함하기 위해서) 미성년의 기준을 18세 미만으로 고수

함과 동시에 아동과 청소년을 구분 짓는다. 십 대를 '청소년'으로, 13세 미만을 '아동'으로 간주한다. 비록 14세에서 16세 사이의 아이들이 정보제공 동의 능력이 없다는 것에 대해 여러 의견들이 엇갈리고 있지만, 이 책은 새로운 법적 정의에 따라 이들을 '청소년'으로 간주한다[3].

●●●

성범죄 정의

아동기에 대한 정의가 끝났으니, 이제 '성범죄'가 사회와 법의 관점에서 일반적으로 해석되는 방식에 대한 이해가 필요하다. 이는 앞으로 다루게 될 아동 성학대에 대한 심도 깊은 분석에도 도움이 될 것이다.

법률[4]에 따르면, 성범죄란 불법적이면서 성적인 모든 행동을 말한다. 2003년 〈성범죄법〉으로 대체된 1956년 〈성범죄법〉은 최초로 성범죄와 관련해 광범위한 일반성을 다루려고 시도했다는 점에서 중요한 금지법이었다. 해당 법률 안에는 아동에 대한 심한 외설행위, 강간, 성추행과 같은 아동 또는 성인에 대한 성적 동기

---

3 이 법적 정의는 잉글랜드와 웨일스에도 동일하게 적용된다. 북아일랜드의 경우 성적 동의 연령이 17세라는 점을 제외하면 같은 법이 적용된다.

4 관련된 법적 프레임워크의 사회-정치적 구축은 고려해야 할 중요한 이슈이다. 이에 관한 문제는 제3장에서 다룬다.

가 분명하고 폭력적인 여러 가지 성범죄들이 포함되었다. 또한 성적 동기가 있지만 성행위를 저지르지 않은 납치 같은 범죄, 남성 간 외설행위와 중혼 같이 성학대가 발생하지 않은 범죄도 포함시켰다. 그러나 이 정의에는 노출이나 그루밍 같은 성적 동기가 있고 성학대로 이어질 수 있는 범죄들은 제외됐다. 이렇듯 제한적이고 모호한 범주는 범행을 '성범죄'로 정의하고, 유죄판결을 내리는 데 상당한 영향을 미쳤다.

캘더(Calder 2004)는 '성범죄'라는 용어가 법에 의해 금지된 성적 행동을 가리키는 법적 개념이라고 주장한다. 예를 들어 데이비슨(Davidson 2002)이 지적했듯이, 현재 사용되는 영국 내무부 공식 통계의 성범죄 목록은 1956년 〈성범죄법〉에 의해 제공되었다. 이 목록에는 13세 미만 소녀와의 불법적 성관계, 16세 미만 소녀와의 불법적 성관계, 아동에 대한 심한 외설행위, 강간, 항문성교, 남성에 대한 성희롱, 여성에 대한 성희롱, 남성들 간의 외설행위, 성매매 알선, 납치, 중혼, 근친상간 등이 포함된다.

법적 정의에 의한 '범죄'라는 용어는 형사상 유죄판결이 거의 부여되었음을 의미한다. 하지만 수많은 성범죄가 신고되지 않으며 신고된 다수의 성범죄조차도 긍정적 결과를 항상 보장하지는 않는다는 인식이 널리 퍼져있다. 그 이유로는 확증적 증거의 부족, 아동의 연령, 형사 재판에 참여해야 하는 부담이나 허위증언(Jones 2003), 그리고 성적 동의에 관한 문제가 있다.

성적 동의 정의

성범죄에서 피해자가 성인과 아동으로 나뉘는 근본적인 법적 차이는 동의에 있다(Lanning 2005; Greer 2003). 일반적으로 동의란 '모든 결과에 대한 지식을 전제로' 하며(Calder 2005: 2), 실질적으로 아동이 성인과 성행위를 하기 위해 정보에 입각한 동의를 할 수 있다고 받아들이기는 어렵다. 아동이 위협을 느끼는 상황이나 두려움 때문에 성행위에 동의할 수는 있다. 그러나 이러한 동의는 자신의 행동에 따른 결과에 대한 완전한 인지도 없을 뿐더러 '자유로운' 혹은 '진정한' 동의라고 할 수 없다.

이 시점에서 명확히 해야 할 것은 '진정한 동의'가 반드시 '법적 동의'와 같지 않다는 사실이다. 불법적 성행위의 경우 법적 동의와 진정한 동의의 충돌은 여전하다(Calder 2004: 2). 애덤스(Adams 1984) 등은 '동의는 동등한 권력이 있을 때만 가능하다. 누군가에게 굴복하도록 강요하는 것은 동의가 아니다. 무리에 어울리고 싶어서 어떤 일을 따라하는 것은 동의가 아니다. 편안하게 "싫다"고 말할 수 없다면 "좋다"는 의미가 아니다. "싫다"를 받아들이지 않으려 한다면 "좋다"는 아무런 의미도 없다'고 주장한다. 이 정의를 성인 간의 성적 동의에 적용한다면 유용하며 명쾌하다고 현장전문가들은 생각할 수 있다. 그러나 아동의 경우 '동의'에 있어 이 정의를 적용한다면 혼란함이 발생한다.

래닝은 성적 학대에 협조하거나 '동의'한 아동들을 설명할 때 '동의'보다 '이의'라는 용어를 선호한다. 그는 '아동은 성인과의 성 관계에 법적으로 동의할 수 없으므로 이러한 복종이 어떤 식으로든 아동이 심각한 범죄의 피해자라는 사실을 바꿀 수 없다'고 주장한다. 그러나 아동의 성적 피해는, 완전한 이의 또는 이의의 완전한 배재를 포함할 수 있고, 학대의 훨씬 이전부터 발생하는 그루밍 과정의 최종 산물이다. 그러므로 이의는 성범죄자와 피해자 사이 정립하려는 관계에 정비례한다고 주장할 수 있다.

관계가 단단하고 피해 아동과 범죄자 간의 신뢰가 공고할수록 동의의 수준은 높다. 래닝은 '피해 아동은 필요, 욕구, 욕망이 있는 인간이며, 피해에 대한 잦은 협력은 인간의 이해할 만한 특성으로 보아야 하며 이 협력이 형사정의의 중대성에 영향을 미쳐서는 안 된다'는 타당성 있는 주장을 제시한다. 그러나 피해 아동이 '사랑'이나 '보살핌' 이상의 것을 얻기 위해 '성인처럼 행동하고, 자발적으로 범죄자의 관심과 애정에 반응하고, 반복적으로 범죄자의 집으로 되돌아간다'(Lanning 2005: 49)는 사실을 알면 혼란스러울 수 있다.

첨단기술범죄팀에서 진행한 연구 전반에서 성인과의 성행위가 즐겁다는 듯이 미소 짓거나 웃는 아동이 담긴 이미지를 접할 때면 이해하기 힘든 부분이 있었다. 그러나 이는 성범죄자가 오랜 기간 동안 조심스럽고 인내심 있게 구축해온 아동과의 신뢰 관계에 기인한다. 성범죄자는 자신의 행동을 아동이 원했고, 먼저 연락을 취했다는 이유를 대며 간단히 합리화한다. 더 많은 관심을 원하는 아동이 성범죄자에게 되돌아가는 것은 사실이기 때문에 현상만 보자면 성범죄자의 주장이 틀린 말은 아니다. 그러나 성범죄자들이 잘못 해석하는 것은 바로 아동이 성범죄자에게 되돌아가는 이유이다(Gillespie in Quayle and Taylor 2005). 성범죄자의 이러한 해명은 교활한 수법으로 아동을 유혹한 것과 관련한 연구에 의해 충분히 입증된 실제 역학과는 상당히 모순적이다(Backer and Beech 1993; Calder 2004 Davidson 2002; Davidson and Martellozzo 2009).

성행위에 대한 동의 연령은 유럽의 사법관할권마다 다르다. 예를 들어 스페인에서는 형법(제181조2항)에 따른 성적 동의 연령은 13세이다. 오스트리아, 크로아티아, 이탈리아, 포르투갈에서의 동의 연령은 14세이고, 프랑스와 스웨덴은 15세이다. 안도라, 벨기에, 독일, 네덜란드, 노르웨이는 16세, 그리스는 17세이다. 영국에서 이성, 동성, 양성애적 행위의 동의 연령은 16세(북아일랜드 17세)이다. 이처럼 서유럽의 경우 동의 연령의 중간 범위는 14세에서 16세이다(Waites 2005).

동의 연령에 관한 법에는 회색 지대가 많다. 예를 들어 영국의 2003년 〈성범죄법〉에 따르면 13세 이상 16세 미만의 청소년은 성관계에 동의할 수 있지만 불법이다. 그러나 십 대들 간 상호 동의된 비착취적 성행위는 충분히 가능하며, 이로 인한 피해도 거의 없다. 그럼에도 법률에 의하면 13세 미만은 그 어떤 성적 관계에도 동의할 능력이 없으므로, 이 같은 사례가 적용되지 않는다. 이는 영국 사법부가 2003년 〈성범죄법〉 제정 이전까지 줄곧 논의하고 평가해야 했던 아동의 동의를 성적 동의에 포함시키는 것과 관련이 높으며 매우 진보적이다.

웨이츠(Waites 2005)는 동의 연령을 혼란스럽고 논의가 필요한 주제로 만드는 것은 구체적이지 않고 검증되지 않은 법과 사회적 태도 변화, 그리고 국가별로 서로 다른 법들 사이의 충돌 때문이라고 주장한다. 사실 아동 성학대와 같이 사회적으로 형성된 문제에 보편적인 개념을 도입하는 것은 어렵다. 성학대는 발생할 때의 문화와 역사적 시기 따위에 상당한 영향을 받기 때문이다(Sanderson 2007). 더구나 무엇이 아동 성학대를 구성하는가 하는 합의된 정의가 없기 때문에 국제적으로 동의 연령을 합의하기도 더욱 복잡하다.

2003년 〈성범죄법〉을 통해 영국 법률에 정립되어야 할 가장 중요한 것들 중 하나는 동의 연령이 되었다. 동의 연령 문제에 대한 논의가 영국 내에서 다시 주목받고 있기 때문이다. 2003년 〈성범죄법〉의 주요 목표와 의무는 아동·청소년 사이에서 그들을 보호하는 것이 아니라 피해와 학대로부터 보호함과 동시에 개인의 자유를 보존하는 것이다(Waites 2005). 필연적으로 동의에 관한 법률은 여러 불일치와 예외를 가지고 있으며, 성행위에 관한 법률을 뒷받침하는 일반적인 문제들을 강조한다. 이러한 점을 고려했을 때 법은 동의 연령에 대해 더욱 엄격해지기보다 좀 더 유연한 잣대를 제시해야 한다는 의견이 있을 수 있다.

동의 연령을 낮추는 것에 반대하는 사람들은 연령을 낮출 경우 비교적 이른 시기에 성관계를 조장할 위험이 있고, 이로 인해 학대나 원치 않는 임신, 성병에 걸릴 위험이 높아질 것으로 생각한다(Phillips 2005). 반대로 동의 연령을 낮추는 것을 지지하는 사람들은 이미 청소년들은 어린 나이에 성관계를 하며, 이는 영국 내 높은 십 대 임신 건수로 입증된다고 주장한다(Griffiths 2002). 2001년에 실시한 '성적 태도와 생활양식에 대한 국내 설문조사' 결과가 이를 뒷받침하는데 여성의 4분의 1, 남성의 약 3분의 1이 16세 이전에 성관계를 하며, 평균적으로 소녀는 14세, 소년은 13세 때 처음으로 성관계를 갖는 것으로 나타났다.

글래스고 의학연구위원회 사회공중보건과학팀의 선임 연구원들은 영국 내 십 대 임신율이 유럽 내 그 어떤 국가들보다 높다는 것을 발견했다(Henderson et al. 2007). 잉글랜드와 웨일스의 최신 통계에 의하면 16~18세 임신율이 소폭 하락했지만, 14~15세 임신 건수는 증가 추세라고 한다. 《가디언》에 글을 실은 피터 태첼(Peter Tatchell) 같은 운동가들은 이러한 통계에 좀 더 실용적으로 접근했다. 태첼은 '16세가 동의 연령이라면 십 대의 절반 이상은 범죄자이다. 이는 십 대를 보호하는 희한한 방법이다. 동의 연령을 14세로 정하는 게 이성애과 동성애 관계에서 모두가 공평하고 좀 더 현실적이다'라고 주장한다(Tatchell 2003, Channel 4).

실제로 상호 동의가 있는 경우 같거나 비슷한 연령대 아동들이 성범죄로 기소될 가능성은 거의 없다. 베케트(Beckett 2007)가 지적하듯, 7세 아동 두 명이 한 성행위가 성범죄로 간주되지는 않는다. 그렇지만 아동의 과도한 성적 놀이는 다른 사람에게 학대당한 경험에서 발생하는 증상일 수 있으므로 어느 정도 우려가 생기는 것은 당연하다(Ferguson and O'Reilly 2001; Ferguson 2004). 그러나 대상 간의 나이 차가 있다면, 이는 다른 문제가 된다. 예를 들어 한 아이는 13세, 다른 아이는 17세라고 한다면, 이 관계는 학대적 관계일까, 아닐까? 영국 법률에 따르면, 17세 아이는 불법을 저지른 게 되고 성범죄자로 낙인찍힐 수 있다.

실제로 애쉬워스(Ashworth 1999)의 주장처럼, 1956년 〈성범죄법〉에 의거해 영국 검찰청은 성인들 사이의 관계가 명백히 학대적인 사건들에 대한 기소를 유보했다. 청소년 범죄자들 경우에는 경고 조치만으로 사건이 종결되는 경우도 많았고, 이는 분명히 해결되어야 할 필요가 있는 문제였다.

2003년에 개정된 〈성범죄법〉은 아동·청소년 역시 취약한 아동과 또래들을 성학대할 수 있으며 종종 그렇게 한다는 사실을 인지했다. 그 결과 동의 연령은 여전히 16세지만, 비슷한 연령대의 청소년 간 합의된 성행위가 아니거나 학대나 착취가 포함되어 있는 경우에는 기소된다.

•••

아동 성학대 정의

아동 성학대 문제는 새로운 현상이 아니다. 오히려 굉장히 뿌리가 깊고, 수년 동안 연구되고, 수사되고, 정의되고, 재정의되어 왔다[5]. 그러나 이 연구의 출발점은 오늘날 아동 성학대를 구성하는 것이 무엇인지 구분하고 이해할 수 있도록 과거에 정립된 몇몇 정의들을 해체하고 비판적으로 평가하는 데 있다.

아동 성학대 분야를 연구하는 많은 학자들은 다양한 방법론적 전통을 갖고 있으며, 학대적 관계와 학대적 행위의 성격과 관련해 각자가 내리는 학대의 정의가 다르다. 예를 들어 어떤 학자들은 신체적 접촉만을 학대로 보고, 또 다른 학자들은 접촉과 비접촉 행위 모두를 성학대로 인식한다(Carich and Calder 2003).

성학대의 규범적 정의는 대체로 개인, 전문가, 사회 가치와 믿음에 의존한다(Dunphy 2000). 여기에는 아동의 의존성, 성적 행위에 대해 정보에 입각한 동의를 할 수 없다는 개념들이 포함된

5 Beckett, Beech et al. 1994; Morrison, Erooga et al. 1994; Marshall 1997; Corby 1998; Thomas 2000; Ashenden 2004; Pritchard 2004; Erooga and Masson 2006; Beckett 2007; Davidson 2008; Gillespie 2004

다. 이러한 정의가 갖는 문제점 중 하나는, 십 대 성관계에 대한 사회의 수용성 증가이다. 규범적 정의는 미성년자와 성관계를 하는 사람들이 무의식적으로 아동 성학대를 저지른다 해도 경찰로부터 어떠한 혐의도 받지 않는다는 것을 의미한다. 산부인과 병동만 보아도 오늘날 성관계 경험이 있는 미성년자가 얼마나 흔한지 확인할 수 있다.

따라서 이런 복잡한 현상에 맞는 균형 잡힌 일관된 정의를 발견하는 것은 꽤 어렵다. 그 정의들이 너무 편협하거나 불명확한 경향이 있기 때문이다. 캘더(2004)는 이러한 어려움을 인지하고 너무 편협한 정의는 현장전문가의 이해와 개입, 사건의 통계나 확률을 제한할 수 있다고 말한다. 반대로 너무 광범위한 정의는 현장전문가들이 가장 심각하고 위험한 사건에 집중하는 데 방해가 될 수 있는 요소들을 포함할 수 있다(Carich and Calder 2003). 그러나 데이비슨이 제안했듯이, 아동 성학대에 관한 모든 조사와 연구는 아동 성학대를 구성하는 것이 무엇인지 정의하려는 노력에서 출발해야 한다(Davidson 2002).

정의를 분석하고 설명하는 과정에서 맥레오드와 사라가(MacLeod and Saraga 1988)는 아동 성학대 정의를 형성하는 다음 핵심 요소들을 탐구한다.

- 신뢰나 책임의 배반

- 권력의 남용
- 동의에 대한 아동의 무능력
- 타인의 권리 침해

논리 있고 어느 정도 포괄적인 아동 성학대 정의를 정립할 때는 이러한 네 가지 핵심 요소들이 고려되어야 한다. 여태껏 이 모든 요소들을 아동 성학대 정의에 포함시키기 위한 수많은 시도가 있었다. 그러나 이어지는 내용에서는 아동 성학대가 주로 법적 프레임워크 안에서 어떻게 해석되고 정의되었는지에 초점을 맞춘다.

예를 들어 체이스(Chase 2004) 등은 '상업적 아동 성착취' 용어 정의와 이 용어를 성학대와 구분하는 것의 중요성을 인지한다. 그리고 상업적 아동 성착취는 다음과 같이 정의된다.

> "… 아동 권리의 근본적 침해. 그것은 성인에 의한 성학대와 아동이나 제3자, 또는 사람들에게 주는 돈이나 친절의 보상으로 구성된다. 아동은 성적 대상이자 상업적 대상으로 취급된다. 상업적 아동 성착취는 아동에 대한 강제와 폭력의 형태를 띠며 강제 노동과 현대판 노예에까지 이른다."
>
> – 상업적 아동 성착취를 반대하는 세계 의회의 행동을 위한 선언과 의제 1996: 694

이 정의는 다른 정의들에서 주로 간과되는 요소를 밝히고 있는데, 바로 접촉과 비접촉 범죄 사이의 구분이다. 비접촉 성범죄가 신체적 피해를 야기하지 않고 접촉 범죄에 비해 '사소하다'고 여겨지더라도 피해자에게는 엄청난 충격과 트라우마를 안길 수 있다. 카리치와 캘더(Carich and Calder 2003)는 두 종류의 범죄를 다음과 같이 분류한다.

비접촉 범죄	접촉 범죄
음란한 전화 스토킹 훔쳐보기(관음증) Flashing(노출증) 언어적 성희롱 부적절한 컴퓨터 섹스 사진 포르노그라피 메일/컴퓨터 섹스	신체적 성희롱 애무(변태 성욕) 아동 성도착증 데이트 강간 가학적 강간 결혼 강간 수간 성적 살인 미수 성적 살인 연쇄 성적 살인 네크로필리아(죽은 자와 성관계)

범죄의 분류(Carich and Calder 2003)

이와 같은 '범죄의 분류' 표는 온라인 성범죄(음란물과 온라인 그루밍)가 논의되고 평가되는 이 책의 후반부에서 특히 중요한 의미를 갖는다.

성범죄 분야의 전문가들은 아동 성학대를 구성하는 것이 무엇인지에 대해 다른 정의들을 제시했다. 예를 들어 에스테스(Estes 2001)는 아동 성학대를 다음과 같이 정의한다.

> "… 일반적으로 성인이 아동의 존엄권, 평등권, 자율권과 신체적·정신적 복지를 침해하는 아동 성학대나 성착취를 통해 성적 만족, 금전적 이익 또는 이득을 얻는 행위이다. 즉 인신매매, 성매매, 성관광, 메일로 주문하는 신부 무역, 포르노그래피, 스트립쇼, 폭행, 근친상간, 강간, 성희롱에 대한 참여를 말한다."
>
> – Estes 2007 in Chase and Statham 2004: 6

이러한 정의는 아동 인신매매, 성매매, 성착취와 같은 심각한 이슈들을 포함한 반면 나이, 동의, 불평등한 권력과 같은 다른 중요한 요소들을 간과하고 있다. 영국 보건교육부(2007)가 내놓은 아동 성학대 정의에서도 같은 문제점이 발견된다.

> "… 아동이나 청소년이 자신에게 무슨 일이 일어나는지에 대한 자각 여부와는 관계없이 성매매 등의 성행위에 참여하도록 강제하거나 유인하는 것. 그 행위는 삽입(강간, 항문성교, 구강성교) 또는 비삽입적 행위 등 신체적 접촉 행위를 포함한다. 또한 온라인상에서 아동에게 성적 이미지를 보게 하거나 제작에 참여시키는 것, 또는 실제 성행위를 보게 하거나 성적인 면에서 부적절한 방식으로 행동하도록 조장하는 등의 비접촉 행위도 포함된다."
>
> – DfES 2006: 38 in Beckett 2007: 66

베케트가 짚었듯이, 이 정의에는 나이 또는 '성학대와 여타 다른 학대의 중심인 불평등한 힘에 대한 언급'이 없다. 그는 두 성인 간 합의된 성관계는 학대가 아니라고 확신하지만 합의 없는 관계는 무조건 학대의 일종이라고 주장한다. 또한 청소년 간의 합의된 성관계가 우려스러울 수는 있지만 학대는 아니며, 성인과 아동 간의 성행위는 성인과 아동의 힘의 차이가 이러한 유형의 상황을 정의하는 특징을 구성하는 한 동의 여부와 관계없이 학대라고 말한다(Beckett 2007).

이러한 정부의 공식 지침은 신체적 접촉 학대와 비접촉 학대를 구분 짓기는 하지만 가해자와 아동 또는 청소년의 나이를 명시하지 않았기 때문에 여러 논쟁들을 낳을 수 있다. 2003년 〈성범죄법〉에 따라 가해자의 연령은 18세 이상으로 상향되었다. 그러나 데이비슨이 언급한 바대로, 어딘가에는 법적인 선을 그어야 한다는 사실에도 불구하고, 이 연령 설정은 17세와 18세 사이의 성적 성숙도 차이에 관한 논쟁에 불을 지필 수 있다. 실제로 가해자가 18세 미만인 경우 문제가 걷잡을 수 없이 커지는 경향이 있다(Davidson 2007).

아동 성학대의 다양한 정의들을 검토하면서 이 복잡한 이슈를 살펴보는 데 따라오는 모든 어려움들을 이해하는 것은 불가능하다. 이 책에서는 신체적, 비신체적 접촉 모두를 포함하는 2003년 〈성범죄법〉에 제시된 법적 정의가 사용되었다. 비신체적 학대의 결과는 신체적 학대의 결과에 부합하므로 이 요소를 정의에 포함시켜야 한다는 의견에 전반적으로 동의한다.

• • •

아동 성도착자와 아동 성도착증 정의

'아동 성범죄자'와 '아동 성도착자'라는 용어는 대개 동의어로 인식된다. 그러나 이 책에서 법적 맥락을 정립하기 전에 명확히 해두어야 할 것은 두 용어 간에는 분류법이나 행동 면에서 주요한 차이가 있다는 점이다. 예를 들어 모든 아동 성범죄자가 아동 성도착자인 것은 아니다. 아동 성도착자는 아동 성범죄자의 하위 분류에 속한다(Miller 1997). 이들 중 몇몇은 아동과의 성관계에 판타지를 갖고 있지만 그것을 실행에 옮기지는 않는다. 또 이들 중에는 비신체적 성학대나 착취와 같이 다른 방식으로 아동을 학대하는 사람들도 있다(www.ecpat.net/temp).

흔히 인용되는 〈정신질환 진단 및 통계 편람(Diagnostic and Statistical Manual of Mental Disorders)〉에서는 아동 성도착증을 '성적 만족을 달성하기 위한 반복적으로 선호하는 방법 또는 특유한 방법으로서 사춘기 전 아동과의 성행위나 성행위에 대한 판타지 … 아동과의 단발적인 성행위에 대해서는 임상적으로 아동 성도착증 진단을 확정할 수 없다'라고 밝히고 있다. 이 정의에 따르면, 아동 성도착증은 사춘기 전 아동과의 성행위나 성행위에 대한 판타지로 간주하지만 이러한 행위나 판타지가 폭력을 수반하는지, 동의가 있었는지에 관한 내용은 전혀 언급하지 않는다는 점에서 협소한 정의라 할 수 있다.

밀러(Miller 1997)에 따르면, 법 집행을 위해 필요한 가장 유용한 구분 중 하나는 선호적 아동 성범죄자와 상황적 아동 성범죄자의 구분이다. 선호적 범죄자는 아동 성도착자이고, 상황적 범죄자는 성적 파트너로 성인을 선호하지만 압박감이나 편리함, 호기심 등의 요인에서 아동과 성행위를 할 수도 있는 사람이다.

베빙턴(Bebbington)은 '아동 성도착증'이라는 용어에 대한 유용한 정의와 분석을 다음과 같이 제시한다.

> "… 아동 성도착증은 사춘기 전 아동에게 성적으로 끌리는 병이다. 아동 성도착자는 이성애, 동성애, 무차별 세 분류로 나뉜다. '무차별' 그룹은 드물며 정신적으로 문제가 있는 경향이 있다. 아동 성도착적 행위는 폭력이나 강제가 수반되는 경우는 별로 없으며 바라보기, 보여주기, 키스하기, 애무하기와 같은 성인기 이전의 성적 놀이 형태를 띠는 것이 일반적으로 성관계는 흔하지 않다. 아동 성도착자는 세 그룹의 연령대로 나뉜다. (미성숙한 성행위의 정상 곡선 위쪽의 단계에 있을지도 모르는) 청소년, 중년 그리고 노년이다. 중년 그룹은 대부분 기혼이지만 결혼과 사회생활에 어려움이 있으며, 범죄행위에 친족성폭력이 포함될 수도 있다. 노년 그룹은 사회적 고립이 주요 특징이다. 이 노년의 범죄자는 아동이 이미 알고 있는 사람인 경우가 일반적이며, 어떤 연구에 따르면 사례 중 3분의 2에 해당하는 아동이 적극적으로 성행위에 동참했다. 아동의 연령 분포는 남녀별로 차이가 있다. 남아의 경우 동성애 행위의 성숙도에 따라 점진적으로 선호하는 나이가 달라지지만, 여아의 경우 7세에서 9세 사이를 가장 선호한다."
>
> - Bebbington 1979: 42

이 정의는 거의 30년 전에 제시되었지만, 오늘날 악마의 아이콘이 된 '아동 성도착자' 용어 해체를 위한 중요한 출발점이 된다(Davidson and Martellozzo 2009; Silverman and Wilson 2002). '단언적이고 절제되지 않은 독설과 때로는 히스테리에 가까운' 언론 표현 때문에 아동 성도착자에 대한 대중의 오해는 강화되었다(Greer and Jewkes 2005; 19).

베빙턴은 아동 성도착자의 행동이 폭력적이거나 강제적인 경우는 드물고 아동의 동의를 얻기 위해 훨씬 부드럽고 효과적인 전략을 사용한다고 주장한다. 아동 성도착자에 대한 베빙턴의 정의가 당시 독보적이었던 이유는 동의 또는 적극적 참여라는 중요한 요소를 포함하고 있었기 때문이다. 아이들이 자발적으로 가해자와의 성행위에 참여한다는 사실은 다른 학자들의 정의에서는 거의 다뤄지지 않았다(Silverman and Wilson 2002). 이는 학계나 현장전문가들조차도 관여하기를 꺼려하는 '불편한 현실'(Lanning 2005)이었다.

아동이 성범죄자의 관심에 자발적으로 호응하는 것은 분명 혼란스럽고 불편한 사실이다. 그러나 이것은 연구자와 현장전문가들이 성범죄자의 그루밍 전략에 대한 이해를 높이고, 성범죄를 좀 더 효율적으로 관리하며 강화된 아동보호법을 이해하는 데 중요한 요소이다.

베빙턴의 정의는 아동의 자발적 참여 요소를 포함하지만, 피해자와 가해자의 나이를 구분하는 데 있어서는 정확성이 떨어진다. 베빙턴은 아동 성범죄자들을 세 그룹으로 나눌 수 있으며, 그 첫째 그룹이 청소년이라고 밝혔다. 그러나 청소년의 정확한 연령, 한 청소년이 아직 사춘기에 도달하지 않은 다른 청소년에게 갖는 성적 관심에 대해서는 명확히 서술하지 않았다.

이 책에서는 아동 성도착자라는 용어 사용을 피하고자 했으며, 그 대신 아동 성범죄자, 용의자라는 용어를 사용했다. 이는 '아동 성도착자'라는 용어가 아동 성범죄의 성격과 원인을 규명할 때 오해를 일으킬 소지가 다분하기 때문이다.

프롤로그에서는 정의적 프레임워크를 정립하고, 이 연구의 분석이 수행되는 현재의 입법 지형을 살펴보았다. 그리고 온라인 그루밍에 대한 다양한 이슈들을 제기하였다.

서구 사회에서 지난 30년간 보고된 아동 성범죄 사건이 상당히 증가한 점을 고려할 때, 아동 성학대가 현시적 현상이라고 생각하는 사람도 충분히 있을 수 있다. 하지만 아동 성학대가 20세기 후반의 대두된 사회문제라고 할 만한 근거는 어디에도 없으며, 오히려 아동 성학대는 보이지 않는 곳에서 수세기 동안 발생해왔다(Lalor 2001; Thomas 2000).

아동 성학대는 학대가 발생하는 문화와 역사적 시기에 강하게 영향을 받으므로 사회적 현상으로 인식된다(Sanderson 2007). 그러므로 '학대'란 무엇인지, '아동'은 누구인지, 성적 행위에 '동의'

를 할 수 있는 아동의 연령은 몇 살인지 등 아동 성학대 문제에 대해 각 사회마다 서로 다른 관점에서 바라볼 때 합의된 정의를 마련하기는 어렵다(Calder 2005).

아동 성학대를 정의하는 데 있어 범세계적으로 합의된 바가 없기 때문에 연구자들 또한 이 문제를 규정하거나 규모를 파악하는 데 혼란함이 있다. 따라서 이 책은 2003년 〈성범죄법〉에서 밝힌 법적 정의를 아동 성학대의 프레임워크로 사용한다. 이 법은 음란물의 제작과 배포, 온라인 그루밍을 비롯한 접촉, 비접촉 범죄를 모두 포함한다.

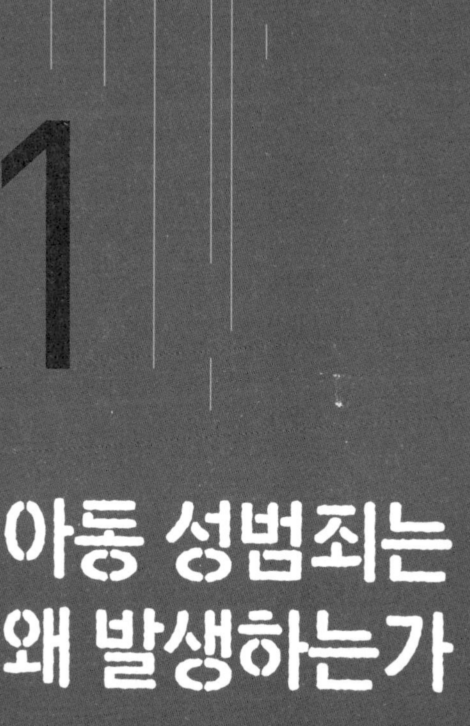

1

아동 성범죄는 왜 발생하는가

현실 세계와 가상 세계에서 발생하는 아동 성범죄에 대한 이론적 분석

이 장에서는 이 책의 분석 기초를 이루는 주요 이론들을 소개하고, 현실 세계와 가상 세계에서 왜 아동 성범죄가 일어나는지를 설명하기 위해 필요한 주제와 쟁점에 집중한다. 아동 성범죄 문제를 효과적으로 줄이고, 온라인 학대의 맥락에서 아동 성범죄를 이해하고, 이로 인한 위험을 관리하기 위해서는 범죄자들이 아동을 성학대하는 이유와 그 방식을 이해하는 것이 무엇보다 중요하다.

그러나 남성과 여성이 왜 성범죄를 저지르는지, 어떻게 그들을 재활시킬 것인지에 대한 연구는 여전히 진행 중이다(Gannon, Polaschek and Polaschek 2005). 이는 핀켈러(Finkelhor 1986)가 설명했듯이, 아동에 대한 성적 관심을 설명할 수 있는 '단일 요인 이론'은 존재하지 않으며, 아동 성범죄란 서로 다른 능력을 가진 다양한 전문가들의 긴밀한 협력이 요구되는 진정한 다학제간 문제이기 때문이다.

코신(Cossin 2000)에 따르면, 아동 성범죄 연구자들이 골몰하는 문제는 남성이 성인보다 아동과의 성적 행위에 끌리는 동기가 무엇인가 하는 것이다. 아동 성범죄는 심각한 사회문제이며 다른 복잡한 문제들과 마찬가지로 한 가지 원인만 있는 것은 아니다. 실제로 범죄자들은 여러 가지 이유에서 아동 성범죄를 저지르며, 범죄의 유형 또한 다양하게 나타난다. 남성과 몇몇 여성이 규범에서 벗어나 아동과의 성적 행위에 욕망하는 이유를 이해하는 데 도움을 주는 여러 이론들이 있다. 그리고 이 이론들 간에는 서로 겹치는 명확하고 중요한 영역이 있다. 세 가지 주요 범주인 생물학, 심리학(특히 인지행동 접근법), 사회학으로 이 이론들을 그룹화할 수 있다.

이 장에서는 첫째, 아동 성범죄의 낮은 신고율 문제에 대한 대처 방안을 수립하고, 둘째, 아동 성범죄를 이해하기 위한 이론적 접근법을 비판적으로 평가하고, 셋째, 광범위한 맥락 속에서 온라인 아동 성범죄 현상을 규명해보고자 한다. 결론적으로 아동 성범죄를 둘러싼 최근 이론적 관점에 대한 종합적인 논의를 제공할 것이다.

아동 성범죄의 낮은 신고율

아동 성범죄의 규모를 정하기 어려운 이유는 성범죄 공식 통계가 사회에서 비정상적인 행동의 실제 규모를 나타내는 지표로서 신뢰할 수 없기 때문이다(West 2000b). 또한 통계는 범죄 건수를 보여줄 뿐 범죄자 숫자를 말해주지는 않는다. 무엇보다 중요하게 고려해야 할 점은 질문을 어떻게 하고 무엇을 학대로 간주하느냐에 따라 통계가 달라질 수 있다는 사실이다(West 2000a).

아동 성범죄자에 대한 상당한 임상연구가 진행된 적이 있다. 1987년 아벨(Abel) 등은 성범죄 건수를 알아보기 위해 232명의 아동 성범죄자들에 대한 연구를 실시했다. 이 연구로부터 도출된 가설은 성범죄자 1인이 일생 동안 평균 76명의 아동에게 피해를 입힌다는 것이다. 이 숫자가 불편하게 느껴질 수도 있지만, 법집행기관의 검거망에 들어오는 성범죄자 비율은 무척이나 낮은 편이고 기소되는 비율은 그보다 더 낮은 게 현실이다(Miller 1997).

이렇듯 아동 성범죄의 실제 규모를 정립하고 있는 실증적 연구는 존재하지 않으며, 이와 관련된 연구가 앞으로도 수행될 것 같지는 않다. 아동 성범죄 신고율은 약 10퍼센트밖에 되지 않는 걸로 추정된다(Judge W. Taylor 2004). 그러나 아동 성범죄는 수치와 상관없이 심각한 문제이며, 기록된 범죄 통계보다 훨씬 방대한 규모이다.

잉글랜드와 웨일스를 비롯한 다른 관할 지역의 아동 성범죄 특성과 범위에 대한 일관성 있고 신뢰할 만한 평가를 실시하는 데는 두 가지 장애물이 있다. 하나는 아동 성범죄의 낮은 신고율이고, 다른 하나는 아동 성학대의 정의, 이해, 수사, 기소되는 다양한 법적, 사회적 프레임워크와 관련된 정의의 문제이다. 아동 성범죄가 관련 기관에 보고되는 비율이 낮은 이유에 대해서는 이미 많은 연구문헌을 통해 밝혀졌으며, 이 장에서도 다룰 것이다. 아동 성범죄의 특성과 규모를 밝히는 것과 관련된 정의와 법적 혼재는 매우 복잡하기 때문에 보다 완벽한 분석이 필요하다.

성범죄 피해자가 침묵하는 경향은 최근 연구를 통해 많이 알려졌으며, 아동보호와 학대 예방을 전문으로 하는 자선단체들은 이를 면밀히 살펴보았다(NSPCC 2007). 피해자들의 침묵과 침묵에서 비롯되는 낮은 신고율에 대한 원인은 무척 다양하며 복잡하다. 코슨(Cawson 2000) 등은 영국 내 아동 학대 연구에서 성학대 피해 아동의 약 4분의 3(72퍼센트)은 그 당시 누구에게도 학대받은 사실을 말하지 않았고, 27퍼센트만이 시간이 흐른 뒤 누군가에게 털어놓았다고 했다. 그리고 약 3분의 1(31퍼센트)은 성년이 될 때까지 침묵했다고 한다.

라 퐁텐(La Fontaine 1990)은 미신고 건수 상당 부분이 강요된 침묵 때문이라고 이야기한다. 침묵의 문제는 죄책감, 수치심과 얽힌 복합적인 성적 문제에 대한 이해 부족이라는 이슈와 연관된다. 그렇기에 피해자들이 왜 침묵하는지 이해하는 것은 매우 중요하다. 이를 위해 성범죄 신고율이 다른 범죄들에 미치지 못하는 이유를 설명하는 가설들을 구분해보는 것은 유용한 방법이라고 할 수 있다. 여기서 성범죄보다 다른 범죄 신고율이 높다는 것은 신체 폭력과 신체 학대와 같은 다른 범죄들이 명명백백 밝혀진다는 의미가 아니다. 연구에 따르면 영국 내 가정폭력과 아동 학대에 대해 제대로 알려진 것은 거의 없다. 공식 데이터는 당국에 신고된 것을 바탕으로 한 경고일 뿐이며, 수많은 아동 범죄들은 신고되지 않는다.

아동이 성범죄를 신고하지 못하는 이유에 대한 건설적인 해답을 찾기 위해서는 신체적 접촉 훨씬 이전에 시작되는 유혹 또는 그루밍 과정에 대한 분석과 평가가 필요하다(Brooker and Kellyon 2000). 이는 범죄자들이 대개 적당한 피해 아동을 선택하면서 시작되며, 조심스럽고 세심하게 아동의 흥미, 열정, 약점을 분석해 오랜 기간에 걸쳐 서서히 진행된다.

의심할 여지 없이 선호적 성범죄자들은 성학대의 제물로 삼을 만한 아동의 선별법을 분명히 알고 있다. 또한 그들은 일반적으로 잘 짜인 계획으로 성인의 권위, 관심, 선물을 활용하여 아동의 협조와 통제권을 얻는 데 매우 능숙하다(Finkelhor 1994; Finkelhor et al. 1986). 따라서 성범죄자들이 아동에게 다가가기 위해 이용하는 복잡한 전략들을 감안했을 때 수많은 피해자들이 범죄자의 궁극적인 목적을 깨닫지 못하는 점은 이해할 만하다.

심지어 관심과 사랑, 선물 등이 착취의 수단으로 제공되었다는 것을 아동이 깨달았더라도 신고는 어려운 문제일 수 있다. 아동은 성범죄자와 지속적으로 쌓은 유대감과 범죄자에게 먼저 결정을 알리려는 강박관념 때문에 침묵을 지키도록 설득당할 위험에 처할 가능성이 크기 때문이다(Lanning 2005). 실제로 범죄자는 학대가 폭로되고 수사가 진행되는 과정에도 아동에게 신의를 저버렸다는 기분과 죄책감을 느끼게 해 아동을 계속해서 조종하려 들기도 한다.

아동이 현실 세계와 가상 세계에서의 성범죄를 신고하지 않는 이유는 복잡하고 다양하게 나타난다. 특히 온라인 성범죄의 신고율이 낮은 이유는 대부분의 아동들이 학대당했다는 사실을 깨닫지 못하거나 가상 학대가 무엇인지 이해하지 못하기 때문이다. 이는 온라인 그루밍이 어느 시점부터 현실 속 신체적 학대로 이어지더라도 부모나 경찰에게 학대를 폭로하지 않는 이유에도 똑같이 적용된다. 게다가 온라인 그루밍에는 어떤 중요한 공간적, 시간적 역학이 존재한다. 공간적으로 멀리 떨어진 낯선 사람이 가정이라는 친밀한 환경에서 취약한 아동들을 효과적으로 학대하는 '온라인 친밀감의 역설'이 존재한다.

아동 성범죄에 관한 생리학, 생물학 이론

남성이 성범죄를 저지르는 이유를 설명하기 위한 생물학, 생리학 이론들은 수세기 동안 존재했다. 역사적으로 수많은 이론가와 연구자들은 비행행동(남녀 모두)을 생물학 또는 생리학적 이상으로 보고, 광범위한 사회·환경적 요소에는 거의 관심을 기울이지 않았다(Lombroso 1835-1909; Sheldon 1999; Pollack 1950; Marques et al. 2000). 이러한 이론들은 이후 논리적으로 반박당했고, 오늘날 가장 가혹한 형태로 비난받고 있지만, 많은 범죄학적 논쟁의 출발점을 제공했기 때문에 여전히 상기할 필요가 있다.

남성의 범죄 문제에 대해 롬브로소와 페레로(Lombroso and Ferrero 1985)는 그들의 선천 범죄 이론을 적용하여 소위 '선천적 남성 범죄자'에 초점을 두고 범죄를 저지르는 남성들은 생물학 또는 생리학적으로 그렇게 타고 났다는 주장을 펼쳤다. 환경도 고려 요소였지만 '생물학적 힘의 잠재적 촉매제'(Muncie 2004:25)로만 바라보았다.

이 분야와 관련된 연구는 성범죄자의 두뇌 이상 여부와 테스토스테론 수치에만 집중하는 경향이 있다. 그러나 성적 일탈행동과 생리학 또는 생물학적 장애 사이에 연관성이 있다는 가정을 뒷받침할 증거는 전무하다. 성범죄가 생물학 또는 생리학적 요인으로 일어났다면 왜 범죄자가 아동을 범행 대상으로 삼았는지를 설명하는 데 주목해야 한다. 일반적으로 기존 범죄학은 이 핵심적인 물음에 답을 내놓지 못했다.

성범죄자 관리: 생물학적 관점

성범죄를 설명하는 데 있어 생물학 이론은 여전히 광범위하게 적용되며, 특히 성범죄자 치료법 개발에도 적용된다. 예를 들어 생물학 이론은 호르몬계와 신경계의 오작동을 성적 행동과 연결 짓는다. 플로어 헨리(Flor-Henry 1987)와 같은 학자들은 성적 일탈을 남성의 두뇌 조직 패턴의 결과라고 생각한다. 즉 남성 범죄자의 경우 성호르몬 수치가 너무 높기 때문에 성욕을 통제하기 어렵다는 것이다. 마르케스(Marques 2000) 등은 플로어 헨리의 주장을 지지하며, 성욕과 오르가즘을 촉진하는 남성 성호르몬(안드로겐)이 '공격성, 인지, 감정, 성격'을 조절하는 데 큰 영향을 끼친다고 주장한다(Tallon and Terry 2004).

따라서 공격성과 높은 테스토스테론 수치 사이에는 강한 연관성이 있다는 가설(Ehlers et al; Rada et al. 1976)이 존재했으며, 1970년대 초반에는 화학적 거세를 통해 이를 통제할 수 있다고 여겼다. 화학적 거세는 남성 신체에서 전체 테스토스테론의 약 95퍼센트를 생산하는 고환 제거 효과를 모방하는 방식이다. 이를 위해서는 시프로테론 아세테이트(생리학적 성적 반응과 리비도 억제)와 같은 에스트로겐과 주로 알약 형태로 복용하는 프로베라로 더 잘 알려진 메드록시프로게스테론 아세테이트 약물을 정기적으로 복용해야 한다. 2주 이내에 성욕 감소 효과를 내는 것으로 알려진 데포-프로베라를 근육 주사로 주입할 수도 있다.

윤리적 논의를 미룬다면, 화학적 거세는 재범 예방에 상당한 효과를 보이는 듯하다(Bradford 1988: 194). 덴마크와 스위스에서 실시한 연구에서는 이러한 조치 아래 재범률이 상당히 낮아지는 효과를 발견했다(Baker 1984; Becker and Hunter 1992 참조). 브래드퍼드(Bradford 1990)는 〈성범죄자의 항안드로겐(테스토스테론 억제제)과 호르몬 치료〉라는 논문에서 이러한 종류의 치료법이 재범률 감소에 확실히 성공적이었다는 증거를 제시한다. 그러나 브래드퍼드는 시프로테론 아세테이트 사용이 '해당 치료법을 수용하는 것을 전제로 한 가석방을 위한 미묘한 강제 과정'의 일부가 될 수 있고, 범죄 행동을 통제하기 위한 도구로 쓰이지 못하기 때문에 교도소에서는 조심스럽게 사용해야 한다고 주장한다.

그러나 이 연구는 다음과 같은 이유로 어떠한 결론도 도출해내지 못한다고 할 수 있다. 첫째, 연구에 이용된 임상 표본이 적은 데다가 타당성과 신뢰성도 부족하다. 둘째, 범죄자의 재범 기소율이 실제 재범 건수를 의미하지는 않는다. 다시 말해 치료 후 추가 범행이 일어나지 않았다고 확언할 만한 증거는 어디에도 없는 것이다.

영국에서도 화학적 거세를 지지하는 사람들이 있다. 2007년 내무부는 화학적 거세와 유사한 방법인 리비도 감소 약물 또는 항우울제를 자가 복용하는 방안을 검토하였다. 이는 내무부가 강화된 아동보호 정책에 따라 최근 시행한 새로운 방식 가운데 하나이다. 카렌 헤리슨(Karen Harrison 2007)은 자신의 논문 〈잉글랜드와 웨일스의 고위험 성범죄자 전략: 화학적 거세는 선택인가?〉에서 유럽과 몇몇 국가에서 시행되는 화학적 거세가 남성의 성 충동과 욕구를 줄이므로 성범죄 가능성을 감소시킨다고 주장한다. 또한 아동보호 자선단체인 루시신념재단의 도널드 파인드레이터(Donald Findlater)는 의료적 치료는 아동 성도착자를 다루는 데 필요한 방법 중 하나로, '심리치료를 위해 생물학 또는 화학적 조치와 같은 치료가 필요한 사람들도 있다'고 주장한다. 이러한 치료는 성범죄자가 본인의 상태를 인식하고 있어야 할 뿐만 아니라 아동에 대한 행동의 범위와 성격을 완전히 공개적으로 인정해야 하기 때문에 자발적 참여를 전제로 한다.

그러나 다수의 성범죄자들은 자신이 저지른 범죄의 성격을 부정하기 때문에 이 치료를 받는 사람은 극소수에 불과하다. 내무부의 주장대로 자발적인 약물치료가 어떤 경우에는 유용할 수도 있다. 하지만 현실에서 성범죄자의 자백 비율은 상당히 낮다. 따라서 아동에게 끌린다는 사실을 인정하지 않거나 할 수 없는 최고 위험군을 포함한 대다수의 성범죄자들은 현재 운영되고 있는 이 치료 프로그램에서 완전히 배제된다. 화학적 거세 대상자의 범위를 넓히고 그 효과를 높이기 위해 전 내무부 장관 존 리드(John Reid)는 유죄판결을 받은 성범죄자에게 프로그램에 참여하거나 감옥에 수감되는 것 중 하나를 선택하는 방안을 제안했다. 만약 이 제안이 시행된다면 이 프로그램의 자발적 성격을 근본적으로 저해하여, 결국엔 근간이 된 철학적 토대마저 흔들릴 것이다.

또한 스칸디나비아 반도에서 시행된 연구에서 약물 사용이 재범 위험을 감소시킬 수 있다는 결과를 발표한 뒤, 이 연구 계획은 영국 정부의 환영을 받았다. 덴마크, 스웨덴 같은 국가와 미국 8개 주에서는 유사한 계획이 이미 채택되어 현재까지 성공적인 효과를 거둔 것으로 입증되었다(Weinberger, Sreenivasan and Sreenivasan 2005). 그러나 이러한 연구는 성범죄가 반드시 성에 관한 문제라기보다는 통제와 힘의 문제라는 공통된 주장을 강조한 것이다. 이에 따르면 거세는 헛수고로 보일 수도 있다.

범죄 행동에 대한 생물학적 개입은 그것이 얼마나 사소하든 혹은 극적이든 상관없이 유사한 보완적 개입이 필요할 것으로 보인다. 이어지는 글에서는 주로 심리학 체계에 근거한 성범죄 행동이론들을 살펴본다.

아동 성범죄에 관한 심리학 이론

이 부분에서는 아동 성범죄의 인과관계를 설명하는 주요 심리학 이론들을 소개하고 분석한다. 정신분석학, 인주주의학습 이론들이 여기에 포함된다.

핀켈러의 선행조건 이론

아동 성범죄자의 범행 동기를 설명하는 데이비드 핀켈러(David Finkelhor)의 이론은 중요한 의미를 갖는다. 핀켈러는 아동 성범죄를 이해하기 위해 새로운 이론이 절실히 필요하다고 여겼다. 그 결과 '네 가지 선행조건'이라 정의한 새로운 모델을 제시하며, 다음과 같이 주장했다.

> "지금까지의 이론은 우리가 알고 있는 지식을 설명하기에 부족하고, 새로운 실증적 연구 개발을 이끌기에도 충분하지 않다."
>
> - Finkelhor 1984: 53

핀켈러는 기존 이론들이 아동 성범죄가 사회학적 차원의 광범위한 사회문제라는 사실을 포괄하여 인지해야 할 필요가 있다고 믿었다. 또한 아동 성범죄를 효과적으로 이해하기 위해서는 범죄자, 피해자, 가족의 특징을 따로 떼어놓고 볼 수 없으며 종합적으로 대조하고 분석해야 한다고 주장한다. 실제로 핀켈러의 새로운 이론 전개에 관한 실증적 연구는 철저하며 검토할 만한 가치가 있다.

핀켈러는 아동 성범죄가 발생하는 데는 다음의 네 가지 조건이 충족되어야 한다고 말한다(Finkelhor 1984; 54).

1. 잠재적 범죄자가 아동을 성학대할 어떤 동기가 있어야 한다.
2. 잠재적 범죄자는 동기를 범행으로 옮기는 데 내적 억제를

극복해야 한다.

3. 잠재적 범죄자는 성학대를 저지르는 과정에서 외부 장애를 극복해야 한다.
4. 잠재적 범죄자 또는 다른 어떤 요소는 혹시 있을지 모르는 아동의 저항을 약화하거나 극복해야 한다.

이 이론은 남성이 아동 성범죄를 저지르는 데 있어 네 가지 특정 선행조건, 즉 동기, 내적 억제, 외부 장애, 저항에 관한 조건들이 맞아떨어져야 한다는 주장을 지지한다. 이에 따르면 아동을 성학대하기 위해서 범죄자에게는 먼저 성적 '동기'가 있어야 한다. 성인이든 청소년이든 한 인간이 아동과의 성적 접촉에 관심을 갖게 되는 이유는 무엇일까?

핀켈러는 정서적 일치, 성적 흥분, 차단이라는 세 가지 요소를 통해 이를 설명한다. 그는 정서적 일치라는 용어를 사용해 정서적 미성숙, 낮은 자존감, 성인과의 교감 부족, 그리고 초기 사회적 박탈의 결과로 성인 대신 아동을 선택할 수밖에 없는 성범죄자들의 행위를 설명한다. 즉 이 개념은 범죄자가 성인과 제대로 교감하지 못하고 성인들 사이에서 관계를 맺고 유지하는 것을 어려워하기 때문에, 성인 대신 아동에게 '정서적 일치'를 느끼는 것을 말한다. 따라서 성범죄자들은 관계를 맺거나 조종하기 쉬운 아동들을 찾게 된다(Carich and Calder 2003; Glancy 1986l Smallbone and Dadds 1998 참조). 두 번째 요소인 성적 흥분은 아동에게서 성적 만족을 느끼는 아동 성도착증을 가리킨다(Carich and Calder 2003). 마지막으로, 차단은 다른 곳에서는 성적 만족을 충족시키지 못하는 범죄자들의 불능과 연관된 문제이다. 핀켈러는 이 세 가지 요소는 상호배타적이지 않다고 주장한다.

> "… 아동에게 성적 흥분을 느끼지 않는데도 아동을 성학대하는 범죄자가 있다. 그는 단지 멸시당하는 정서적 욕구를 충족시키기 위해 성범죄를 저지른다."
>
> – Carich and Calder 2003: 55

이러한 성적 동기는 성범죄를 유발하는 네 단계 중 첫째 단계일 뿐이다. 핀켈러는 동기가 아무리 강력하고 지속적이라 한들 성범죄를 저지르기 위해선 '내적 억제'를 뛰어넘어야 한다고 지적한다. 다시 말해 동기를 적대시하는 금기에 의해 욕구를 억제당하면 성범죄는 일어나지 않을 것이라는 말이다(Carich and Calder 2003).

범죄자와 아동의 환경 같은 '외부 장애' 역시 범행에 용이한 환경 조성을 위해서는 제거되어야 한다. 보텀스와 와일스(Bottoms and Wiles 1997)는 가시성, 접근의 용의함, 범행 현장에서의 타인의 시선 부재와 같은 상황적·물리적 성질을 나타내는 접근가능성을 외부 장애로 볼 수 있다고 말한다. 이 관점은 범죄가 발생하려면 특정 상황(시간과 장소), 목표물(잠재적 피해 아동), 보호자의 부재(부모 또는 보호자 감시의 부재)라는 조건이 충족되어야 한다고 설명하는 '기회' 이론과 무척 유사하다(Cohen and Felson 1979). 실제로 아동을 24시간 지켜보는 것은 불가능하다. 그러나 임상연구에 따르면, 감시와 지도의 부재는 온라인 성범죄의 위험성을 증가시키는 요인으로 작용한다(Davidson and Martellozzo 2004; Livingstone and Bober 2005).

핀켈러가 제시한 마지막 조건은 아동의 '저항' 극복에 관한 것이다. 성범죄자는 대개 성인의 권위, 관심, 선물 등을 이용한 잘 짜인 그루밍 수법을 통해 아동의 협조를 얻어내고, 아동을 통제하는 데 매우 능숙하다. 또 다수의 성범죄자들은 범행의 잠재적 대상이 되는 아동을 선별하는 방법을 알고 있는 것이 분명하다. 연구에 따르면, 성범죄자는 주로 다음과 같은 특성이 있는 아동들을 선택한다.

> "국가가 돌보는 아동, 학대 경험이 있는 아동, 학습 장애가 있고 또래 관계에 문제가 있는 정서적으로 미성숙한 아동, 성인의 지위에 대한 존경심이 큰 아동, 한부모 아동, 원하는 보상(돈, 컴퓨터 게임 등)을 얻기 위해 협조하려는 아동, 성학대를 당한 경험이 있어 아동 성도착자가 찾아낼 수 있는 학습된 행동을 보이는 아동, 자존감이 낮은 아동"
>
> – Stanley 2001:14

래닝의 말처럼 '모든 아동은 성인의 유혹에 취약하지만, 제 기능을 못하는 가정의 아동은 권위적인 성인의 유혹에 넘어갈 위험이 훨씬 크다(Lanning 2005: 57; 원서에서 강조). 아동은 자신이 위험에 처했다고 자각하면 저항해야겠다고 생각할 수 있다. 그러나 아동의 저항 여부와 상관없이, 저항이 반드시 성범죄를 예방할 수 있는 것은 아니다(Finkelhor in Carich and Calder 2003: 21).

워드와 비치(Ward and Beech 2006)는 아동 성범죄를 생리학적이고 사회학적 변수를 고려한 다면적 현상으로 바라본다는 점에서 핀켈러의 모델을 독창적이라고 평가한다. 또한 범죄 행동에 있어 사회화와 문화적 규범, 생물학적 요인들의 중요성도 강조한다. 피셔와 비치(Fisher and Beech 1999)는 '영국 내 성범죄자에 대한 관행'을 검토하면서 핀켈러의 네 가지 선행조건 모델과 범죄 주기를 바탕으로 한 인지행동요법을 지지함으로써 그의 영향력 있는 연구를 강조한다. 이 요법은, 특히 국립보호관찰청과 교도소에서 가장 널리 사용되는 방법이다.

핀켈러는 선행조건 이론을 통해 가족 내부와 외부 환경 모두에서 범죄 위험이 더 높은 사람을 설명하는 프레임워크를 구축했다. 이는 아동 성범죄 이해에 혁신적이고 포괄적인 방식으로 기여했다. 따라서 이 책에서는 핀켈러의 연구를 아동·청소년을 대상으로 한 온라인 성범죄 문제에 대한 이해를 돕기 위한 이론적 틀로 이용했다.

인지행동이론

팔머(Palmer 2008) 등은 인지행동이론이 심리연구와 심리치료의 두 가지 이론적 접근법에서 비롯되었다고 말한다. 다시 말해 이전에는 독립적이었던 두 이론, 행동주의와 인지주의의 통합인 셈이다. 1970년대 중반에 인지적 이슈들이 행동치료의 주류로 영입되었고(Marshall et al. 1999), 행동이론은 그 형성 시기부터 외부 환경과 개인의 내적 세계의 강한 연관성을 의식했다. 따라서 행동은 개인적/내적 상황과 상황적/외부적 요소의 상호작용의 산물이라고 할 수 있다(McGuire 2000). 인지행동 접근법의 초점은 아동에 대한 왜곡된 사고를 마주하고, 피해자에 대한 감정이입 능력(empathy)을 발달시키고, 범죄행위가 피해자에게 미치는 장기적 피해에 대한 범죄자의 인식을 제고하며, 행동수정 기법을 통해 성범죄자가 스스로의 행동을 통제할 수 있도록 하는 것이다(Beckett 1994).

그러나 퀘일(Quayle 2006) 등은 성범죄자는 같은 집단으로 묶이지 않으며 상황적/외부적 요소(McGuire 2000)에 따라 다른 영향을 받는 경향이 있다고 주장한다. 성범죄자들은 피해자에 대한 유사한 왜곡과 범행의 특성, 자신의 범죄행위에 대한 책임을 공유하는 경향이 있고, 자신의 잘못을 인지하지 못하는 경우가 많다(Middleton 2004). 이 과정에서 대부분의 성범죄자들은 자신의 행동을 중화한다(Costello 2000). 사이크스와 매차(Sykes and Matza 1957)의 연구는 원래 청소년 비행을 이해하기 위해 이루어졌는데, 다음과 같은 다섯 가지 '중화 기술'을 통해 부정 또는 비난의 회피 과정을 설명한다.

1. 행위에 대한 책임 부정
2. 가해의 부정
3. 피해의 부정
4. 고소인에 대한 칭찬
5. 높은 충성심에 호소

사이크스와 매차는 대부분의 사람들은 어린 시절 어느 시점에 일탈적 행동을 한다고 주장한다. 그러나 한때의 일탈이 습관적 범죄로 변하려면, 본인들의 탈선행위를 합리화해야 하며 자기 행동에 문제가 없다는 것을 스스로에게 확신시켜야 한다. 이런 합리화와 설득은 개인이 실행 전 단계에 있는 행동 계획의 유해하고 부도덕적인 면모를 중화하는 과정으로 해석할 수 있다. 실제로 범행의 합리화는 범죄 행동에 대한 죄책감과 같은 심리적 제약을 없앤다(D'Ovidio et al. 2009). 따라서 중화는 범행 동기의 주요 특징으로 작동한다. 성범죄자들은 자신의 범행을 합리화하기 위해서 중화 기술을 주로 이용한다.

아동 성범죄와 관련한 문헌에서는 사이크스와 매차에 대해 거의 언급하지 않지만, 논평가들 다수는 아동 성범죄를 설명하기 위해서 사이크스와 매차의 중화 이론과 유사한 개념을 동원했다. 예를 들어 스콧과 레이먼(Scott and Layman 1968)은 아동 성범죄를 설명하기 위해서, 자신의 행동이 잘못되었다는 점은 인정하면서도 책임지려 하지 않는 '변명'과 자신의 행동은 인정하지만 그 행동의 심각성은 부정하는 '정당화'를 구분 짓는다. 이러한 설명은 성범죄자들이 범행 책임을 인정하지 않는 방식을 이해하기 위해서도 이용되었다(Fisher and Beech 1999; Quayle et al. 2006; Davidson and Martellozzo 2004). 또한 피셔와 비치는 많은 성범죄자들이 아동을 사랑하고 양육하고 싶은 욕망이 투영되었을 뿐, 자신의 행동에 대한 책임이 없다고 주장하는 것을 발견했다.

오늘날 인지행동 접근법은 범죄자 개입에 널리 적용되고 있고, 더 정확하게는 성범죄자에 주로 적용되고 있다. 실제로 교도소와 보호관찰 중에 행해지는 영국 성범죄자 치료 프로그램은 이 접근법을 기반으로 한다. 이 같은 인지행동 관점은 인지에 의해 중재된 '범죄 주기' 이론과 관련 있으며, 원래 독립적이었던 두 이론인 행동주의와 인지주의의 결합으로 볼 수 있다(Wolf 1985).

범죄 주기(순환 이론)

스티븐 울프(Steven Wolf 1985)가 창시한 '범죄 주기' 모델은 학계에서 성범죄의 특성을 이해하고 현장전문가가 성범죄자를 치료하는 데 도움을 준 가장 영향력 있는 이론 중 하나이다(Wolf 1985; Eldridge 1998; Finkelhor 1986; Sullivan 2002). 성범죄의 인지적, 심리적, 학습적, 행동적 요소들을 추적하는 범죄 주기를 통해 울프는 성적 일탈 행동의 발달과 지속성을 부분적으로 설명할 수 있는 포괄적 모델을 개발했다. 또한 이 모델은 '판타지-자위행위-오르가즘'은 중독될 수 있으며 이는 성적 일탈 판타지로 이어질 수 있고 그 결과, 신체 접촉 성범죄를 저지를 가능성을 높인다고 말한다(Wolf 1985; Finkelhor 1986; Eldridge 1998; Sullivan and Beech 2004). 울프의 중독 주기는 성범죄에 있어 판타지와 흥분, 성범죄 계획에 대한 면밀한 관찰의 결과이며 범죄자가 한 번 또는 반복해서 활용할 수 있는 명확한 순환 구조이다.

설리번의 성학대 소용돌이

설리번(Sullivan 2002)의 '성학대 소용돌이' 이론은 울프의 순환 이론에 기반을 둔 것으로 면밀히 분석해볼 가치가 있다. 이 이론은 수많은 성범죄자를 대상으로 한 임상 평가와 치료의 결과로 개발되었으며, 현장전문가들이 이전 이론들을 임상 적용할 때 부닥치는 어려움을 일부 해결하는 데 도움을 주었다(Eldridge 1998; Finkelhor 1986 참조). 소용돌이 이론을 통해 설리번은 성학대의 전개 과정과 발생에 대해 설명한다. 이 이론에 따르면 성학대는 먼저 심적 괴로움에 의해 즉각 차단되는 일차적 동기로부터 시작된다. 그러나 동기와 성적 욕망이 강해질수록 심적 괴로움 점차 줄어들게 되고, 학대를 촉진하고 결과를 처리하기 위한 조치를 따르는 결정 단계를 밟게 된다. 그러나 모든 성범죄자들이 동일한 동기를 갖는 것은 아니라는 점에 주목할 필요가 있다.

설리번은 성범죄자의 65퍼센트 정도가 아동기에 성학대를 당한 경험이 있다고 보고했다. 멀린(Mullen 1995) 등은 아동 학대의 장기적 영향에 관한 연구에서 설리번의 설명을 강화하며 다음과 같이 밝힌다.

> "… 아동 학대, 특히 성학대는 성인 병리학에 강력한 영향을 미친다는 사실이 많은 임상학자들에 의해 받아들여졌다."
>
> – Mullen et al. 1995: 19

다시 말해 성학대 피해자가 부모가 되어도 학대 사이클은 계속될 수 있다는 것이다. 그러나 이는 어린 시절 학대 경험이 있는 일부 성인들이 아동 성학대를 저지르는 반면, 같은 경험이 있는 다른 성인들은 그렇게 하지 않는 이유를 설명하지 못한다. 이 접근법의 또 다른 결함은 아동 성학대가 갖고 있는 강한 젠더적 성격을 설명할 수 없다는 점이다. 즉 왜 범죄자의 대다수가 남성이고 피해자의 대다수는 여성인가 하는 점이다. 또한 어린 시절 학대당한 소수의 여성들만이 성인이 되어 성범죄자가 되고, 왜 남성 성범죄자가 여성보다 더 많은지를 설명하지 못한다. 이처럼 성학대 경험이 범죄를 저지르는 과정을 이해하는 데 기여할 수는 있지만, 그 경험을 유일한 요인이라고는 볼 수는 없다.

핀켈러(1986)가 주장하듯, 아동 성범죄에 있어 성적 선호와 정서적 일치 또는 아동과의 교감과 같은 요인들도 간과할 수 없다. 물론 직업적 측면에서 아동과 접촉하며 아동 음란물에 노출되는 경찰, 치료사, 연구자 같은 사람들이 아동에게 성적 흥분을 느끼거나 이 흥분을 해소하기 위해 성적 일탈을 원한다는 것은 아니다. 이와 정반대로, 설리번의 주장처럼 오히려 이들은 '난관'에 부딪쳐 겁먹거나 깜짝 놀라 경계할 것이다.

또한 성범죄자들도 부도덕하거나 불법적인 일을 상상하는 것에 대한 죄책감이나 범행 이후 붙잡히는 것에 대한 두려움 같은 '난관'에 부딪쳐야만 한다는 사실을 깨닫게 된다. 어떤 사람들은 죄책감이나 두려움을 이기지 못해 불법적 판타지인 초기 단계로 되돌아갈 수도 있지만, 다른 이들은 '난관'을 성공적으로 극복한다. 그 결과 극복한 자들은 흥분(arousal)이 '인지적 왜곡' 과정으로 나아가도록 허용하거나 자신이 저지르려고 하는 행위가 '그리 나쁘지 않다'고 스스로 안심시켜 흥분을 허용하게 된다. 그러면서 성범죄자들은 점차 소용돌이에 빠져든다(Sullivan 2002).

이 시기를 성범죄자들이 죄책감 또는 두려움을 극복하고 판타지 속으로 다시 돌아가 오르가즘 이후에 흥분을 경험하는 성적 자극 또는 자위행위에 빠져드는 '판타지 단계'라고 한다. 그러나 행동 조건의 한 형태로 이해되는 판타지와 자위행위 간의 연결 과정은 성범죄 욕구를 발전시킨다(ibid). 이 단계는 판타지를 실현하기 위한 욕망을 향해서 흥분이 고조되는 과정으로, 성범죄자에게 강력한 효과를 끼친다. 이때가 바로 그루밍 과정이 시작되는 때이며, 성범죄자는 피해자 또는 피해자에게 접근할 목적에서 아동을 돌보는 보호자를 조심스럽게 선별한다.

그루밍 과정에서 범죄자는 오랫동안 아동과 친분을 쌓으면서 성학대를 준비하고, 학대가 밝혀지지 않도록 만전을 기한다. 또한 그루밍과 범죄 전략은 상황, 환경, 범죄 욕구, 피해자의 반응 등에 따라 범죄자마다 다르게 나타난다. 예를 들어 어떤 범죄자들은 아동이 고통을 호소하면 학대를 멈추는 경우도 있다. 이와 반대로 어떤 범죄자들은 아동이 힘들어하고 저항하는 반응을 보이면 더욱 흥분하기도 한다. 따라서 모든 범죄자들이 같은 방식으로 행동한다고 단정 짓지 않는 것이 중요하다.

각각의 범죄자는 동기도, 보이는 행동도 무척 다르다. 그러나 그루밍 과정은 일반적인 관행으로 성범죄자의 범행 방식은 일정한 패턴이 있는 서로 다른 사건들 간에 유사성을 가진다. 그럼에도 불구하고 후속 연구가 보여줄 온라인 그루밍이 일어나는 방식 간에는 현저한 차이가 있다.

지금까지 성범죄자의 행동을 이해하는 데 기여한 생물학과 심리학 이론은 물론이고, 현장에서 이 이론들을 기반으로 한 다양한 개입 형태를 비판적으로 살펴보았다. 현장전문가 개입에 있어 심리학 이론이 주로 활용되긴 하지만 더욱 넓은 사회적, 정치적, 문화적, 심지어는 경제적 맥락 속에서 성범죄 행동을 파악하기 위해서는 사회학 이론을 살펴보는 것 또한 중요하다. 성범죄자와 피해자 사이에 존재하는 특정 젠더 역학과 권력관계는 (심리학과 정신분석이 제공하는) 미시-개인적 접근법과 (더욱 완전한 사회학적 접근이 제공하는) 거시-사회적 접근법을 한데 합해야지만 충분히 설명될 수 있다.

•••

아동 성범죄에 관한 사회학 이론

페미니즘 접근법

페미니스트 이론들은 구조적, 문화적 관점에서 아동 성범죄 문제를 설명하려는 경향이 있다. 페미니스트들과 아동보호주의자들은 아동 학대에 대한 견해에 지대한 영향을 끼쳤다(Jenks 1996). 이들은 성인과 아동 간 성 접촉 정의를 유해한 것으로 확장하고, 이를 더욱 가시화시켜 논란의 중심에 놓았으며 불법적 행위로 만들기 위해 끝없이 투쟁했다.

성인과 아동 간 성 접촉이 새로운 현상이 아니라는 사실은 오늘날 널리 알려져 있으며(Foucault 1988; Corby 1998) 실제로 많은 사람들이 지적했듯 역사적으로, 특히 시골 같은 지역사회에서는 흔한 일이었을 것이다. 그럼에도 성인과 아동 간 성 접촉 문제는 영국과 미국에서 1980년대 이전까지는 '아동 성범죄'로 인식되지 않았고 사회적으로 심각한 문제로 여기지도 않았다(Best 1990; Kitzinger 1996; Smart 2000). 이 같은 우려는 친족성폭력 생존자들

(cf. Plummer 1994), 규모와 영향력이 더욱 커진 페미니즘 제2물결, 폭넓은 신자유주의 처벌 정책의 개혁 맥락에서 우파 정치인들에 의해 대중의식 속에 떠올랐다(cf. Wacquant 2009).

주요한 페미니스트 저술가인 캐롤 스마트(Carol Smart)는 〈아동 성학대의 최근 역사 재고찰 1910~1960년〉에서 의학, 정치학, 법학, 정신분석학 네 가지 분야에서 아동 성학대를 분석한다. 당시 이 분야들에서는 성인과 아동 간 성 접촉의 정의와 의미가 일관되지 않았다. 의학계가 성학대 피해로 고통받는 아동을 제대로 설명하지도 다루지도 못하는 상태를 탐구하던 스마트(2000)는 1920년대에 아동 성범죄 문제를 너무 경시하거나 침묵한 나머지 증거가 분명할 때조차 법집행기관의 개입이 이루어지지 않았다고 주장한다.

예를 들어 의학저널지 《란셋》에 게재된 보고서에는 운영 평가에 문제가 없는 기관에서 살고 있는 6세에서 10세 소녀 17명이 임균성 외음질염에 걸렸다고 한다. 그런데 질병의 원인에 관해서는 불결한 위생, 더러운 휴지나 공용 변기 사용에만 집중했다. 이 뉴스는 성학대에 관한 대중의 우려를 조성하지 않았으며, 오히려 이 뉴스 때문에 부모들은 위생문제에 더 신경을 쓰게 되었을 뿐 가족 구성원이나 신뢰 관계에 있는 사람으로부터 자녀를 보호해야겠다는 생각은 하지 못했다. 제2차 세계대전 이후 아동의 성병 관련 질환을 설명하는 지배적 의학 담론이라고는 인식의 부재와 부정뿐이었다는 사실을 감안하면 이는 전혀 놀랍지 않다(Smart 2000: 59).

1925년 성범죄위원회에서 청소년을 대상으로 한 연구에 따르면, 인식의 부재 또는 부정은 침묵을 지키도록 권유받거나 아동이 치료로부터 배제될 수 있는 의사에 의해 이루어진 것으로 밝혀졌다. 스마트는 이러한 침묵과 부정 현상은 당시 아버지들이 갖고 있었던 아동에 대한 권력과 관련 있다고 강조한다. 당시에는 강간당한 아동의 의학적 검진을 위해서는 아버지의 동의가 반드시 있어야만 했다.

남성성

페미니즘 사고의 확장과 발전으로서 코넬(Connell)은 '헤게모니적 남성성(지배적 남성성)' 개념을 개발했다. 이 개념은 '남성의 지배적 지위와 여성의 종속을 보증하고, 가부장제의 정당성에 대해 현재 수용되는 대답을 구현한 젠더 실천의 형태'(Connell 1995: 77)이다. 이 개념은 또한 남성이 가진 아동에 대한 우월적 지위를 조사하는 데 활용될 수 있다. 헤게모니적 남성성은 어느 시기에서나 사회 지배적인 형태로 나타나며, 역사적으로 유동적이다. 헤게모니적 남성성과 관련 있는 특성으로는 권위, 물리적 힘, 허세, 독점적 이성애와 독립성 등이 있다. 이러한 '헤게모니적 남성성'을 통해 아동 성범죄를 설명하고자 할 때 현대사회에서 남성 우월성의 다면적인 측면, 사회적으로 구성된 측면 등을 강조할 수 있다. 이 이론은 남성의 성범죄를 이해하는 데 유용하지만 여성이 성범죄를 저지르는 이유를 설명하지는 못한다.

여성과 아동 성범죄

지금까지 사람들이 아동을 성학대하는 이유를 설명하는 데 기여하는 기존 이론들을 평가했다. 그러나 이 이론들은 성범죄자의 젠더 차이를 인식하지 않았다. 물론 남성에 비해 상당히 적은 수의 여성들이 아동 성범죄를 저지른다(Matravers 2008). 이러한 대중적 이해는 여성 성범죄가 무척 드물기 때문에 그러한 문제는 존재하지 않는다는 통념을 낳았다(Bunting 2007). 그러나 연구에 따르면, 남성 범행에 비하면 드물기는 하지만 여성도 유의미한 수의 아동 성범죄와 관련이 있다.

신고된 사건에서 대부분의 성범죄자가 남성이라는 점을 감안할 때 여성 성범죄자의 문제는 사실상 간과되었다(Elliott 1993; Finkelhor 1984; Mathews 1989). 이는 1980년대 후반의 문헌을 보아도 자명하다. 그 이전까지 여성 범죄자에 의한 아동 성범죄 사건은 별로 주목받지 못했고, 이로 인해 여성에게 학대당한 아동 피해자들은 남성에게 학대당한 아동 피해자들보다 더욱 고립(Bass and Davis in Elliott 1993: 220)되는 느낌을 받았다. 전체 성범죄 가운데 여성 성범죄율은 재프(Jaffe 1975) 등이 연구에서 밝힌 0퍼센트부터, 사건발생조사국(1981)의 24퍼센트, 프로머스와 버크하트(Fromuth and Burkhart 1989) 연구의 70퍼센트까지 천차만별이다.

여성 온라인 성범죄자에 대한 탐색 연구(Martellozzo et al. 2011)에서 주류 범죄학이 젠더 차이에 무관심한 이유 중 하나는 여성이 더 적은, 더 가벼운 범죄를 저지른다는 사실이다. 그러나 사람들이 특정 범죄를 저지르는 이유를 이해하기 위해서는 왜 다른 사람들은 이러한 범죄를 저지르지 않는가 하는 물음에 답을 구하는 것도 중요하다. 그러므로 여성이 남성보다 아동 성범죄에 왜 더 드물게 연루되는지를 설명하는 다양한 이론들을 분석하는 일이 꼭 필요하다.

브라이언 코비(Brian Corby 1998)는 아동 성범죄자 중 여성이 차지하는 비중이 4퍼센트가 조금 넘으며, 그중 아이가 있는 여성이 2퍼센트 정도를 차지한다는 사실을 발견했다. 그러나 일반적인 성학대 사건과 마찬가지로 여성에 의한 성학대 사건도 상당수 신고되지 않는다는 점에 유념해야 한다.

게다가 여성에 의한 성범죄를 둘러싼 문화적 금기 때문에라도 아동은 학대를 신고하지 않을 가능성이 크다(Elliott 1993). 이 금기는 사회적으로 다음과 같은 요소 때문에 강화된다.

> "… 여성 성범죄자가 남성 청소년 피해자에게 미치는 영향은 저평가되며 간혹 낭만적으로 묘사된다. 소년이 학대당한 사실을 폭로했을 때, 사람들은 그를 믿지 않을 수도 있다. 소년이 학대를 신체적으로 즐겼다

면, 이로 인해 고통을 받았더라도 스스로를 피해자로 인식하지 않는다. 그리고 많은 사람이 피해 소년이 성적 행위를 즐겼을 것이라고 생각한다. 성학대의 일정 부분을 즐기지 않은 소년의 경우 자신이 동성애자일까봐 두려움에 떤다. 어떤 상황에 놓이든, 나이 많은 여성에 의한 남성 청소년 피해자는 방어할 수 없는 처지에 놓이게 된다."

- Mayer 1992 in Bunting 2007: 256

이는 여성 성범죄가 피해자에게 야기할 수 있는 정서적 악영향에 대한 엄청난 인식 결여와 문화 추정을 보여주며, 이로 인해 성인기의 성범죄 위험이 높아질 있다(Salter et al. 2003).

아동 성범죄자 중 여성 범죄자는 소수에 불과하기 때문에 여성이 성범죄를 저지르는 확률이 낮다고 추정한다. 그리고 많은 사람들은 그 이유를 여성이 가진 보호본능 때문이라고 여긴다(Heidensohn 1987). 여성이 성적으로 해가 되지 않고 결백하다는 사회적 인식은 피해자 신고 관행에까지 영향을 미치는 듯하다(Denov 2003). 리즈 켈리(Liz Kelly)가 지적했듯, 여성 범죄자의 수는 빙산의 일각이라는 주장이 타당성을 얻기 위해 성별 비대칭이 역전되려면 엄청난 양의 빙산이 필요할 것이다.

또한 라 퐁텐은 여성의 아동 성범죄 관련 통계 수치는 대중을 호도할 수 있다며 다음과 같이 말한다.

"여성은 아동과 신체적 친밀도가 허용되기 때문에 성학대의 시작점을 알기 어렵다. … 이러한 문제에서 여성에게 관대한 것은 이중 잣대이다. 이는 여성에 의한 학대가 절대 밝혀지지 못할 수도 있다는 사실을 가리킨다."

– La Fontaine 1990: 106

다른 학자들은 생리학적 특성, 즉 남성의 성기가 발기하기 않으면 여성은 성적 관계를 가질 수 없기 때문에(Walters 1975) 여성이 아동 성범죄를 저지르는 경우가 적다고 말한다. 그러나 데이비드슨(Davidson 2007)이 주장하듯, 대부분의 성범죄는 삽입이 아닌 자위행위가 동반되는 형태로 일어나고, 이 역시 여성에게 만족을 줄 수 있다는 점을 감안할 때 월터스의 설명은 여성의 성범죄 대한 명확한 이해 부족을 보여준다. 오코너(O'Connor 1987)는 핀켈러와 아라지(Finkelhor and Araji)의 '네 가지 선행조건' 모델의 도움을 받아 조금 덜 모호한 설명들을 찾아냈다. 선행조건 모델은 여성 성범죄를 설명하기 위해 사용 가능한 다양한 이론적 접근법들을 추출하는 데 도움을 준다. 이를 통해 오코너는 여성이 아동 성범죄를 저지르는 충분한 동기가 있음을 발견했다.

"… 알코올 중독으로 파탄 난 결혼생활 뒤의 지루함, 배신한 남편에게 복수하기 위해 13세 소년과의 성관계, 가택에 침입한 13세 소년을 체벌하려고 바지를 벗기고 성학대(남편의 도움과 부추김), 남자친구에게 구타당할 것을 두려워해 남자친구가 9세 소년을 성추행하는 것을 도움"

– O'Connor 1987: 617

이처럼 여성의 성범죄 동기에 작용하는 중요한 요소는 파트너에 대한 강박적 의존과 관련이 깊다(Mathews 1989). 2007년 런던 광역경찰청이 실시한 연구에 따르면, 여성 성범죄자 18명 중 11명이 연인과 관계가 좋지 못했으며 오랫동안 학대를 받았다고 밝혔다. 이 발견은 매슈스(Mathews) 연구에 참여한 응답자 중 한 명이 다음과 같이 강조하여 말했듯, 그들의 삶에서 남성이 필요하다는 사실을 보여준다.

> "누군가 내 옆에 없으면 나는 완전한 사람이 아니었어요. 오랫동안 그렇게 생각했죠. 내 삶에 남자가 있어야만 했어요, 그렇지 않으면 내가 아무것도 아니라고 생각했어요."
>
> – Mathews 1989

지나친 의존성은 남성 파트너에게 쉽게 조종당하는 지점까지 여성의 취약성을 강화한다. 여성 범죄자들은 설득당하거나 강요당해 아동을 대상으로, 때로는 자신의 자녀를 대상으로 부적절한 성행위를 하기도 한다.

여성 성범죄자들의 범행 동기를 설명하는 이론적 견해가 상호배타적으로 간주되어서는 안 된다는 것은 매우 중요하다. 아동을 성학대하는 여성의 행동에는 수많은 동기가 있을 수 있다(Jennings 1993: 224). 실증 연구에서 '신고된 피해자 대다수가 여성이고, 신고된 성범죄자 대다수가 남성'이라고 제시하지만(Jennings 1993: 224), 여성 또한 유의미한 수가 성범죄를 저지른다는 사실을 간과해서는 안 된다. 그러나 과거에는 여성의 아동 성범죄를 설명하는 문헌이 없었으며, 현재까지도 이 분야 연구에 필요한 기본 정보가 부족한 실정이다. 아동 성학대를 설명하는 이론적 프레임워크 속에 여성 성범죄자가 포함되지 않는다면, 여성에 의해 발생하는 성범죄뿐만 아니라 여성 범죄자에게 학대당한 피해 아동까지 배제될 것이다. 이는 온라인상에서도 중요한 문제이다.

가상공간에 적용되는 아동 성범죄 이론

'정보화 시대'의 도래로 사회학, 생물학, 심리학 이론들이 아동을 대상으로 한 온라인 성범죄 이해에 어디까지 적용될 수 있는지 주요 질문들을 제기한다. 이 이슈는 이 책에서 주의 깊게 다뤄야 할 사항으로 이 시점에서 특별히 살펴볼 필요가 있다. 이를 위해서 인터넷이 사람들의 삶과 의사소통 방식에 미치는 영향을 이해하는 것은 필수적이다. 니콜라스 가네(Nicholas Gane 2005)는 인터넷이 기존의 사회적 관계에 또 다른 면을 '추가'했으며, 그 면이 21세기를 송두리째 바꾸어 놓았다고 주장한다.

> "인터넷 관련 기술들은 우리가 일하는 방식, 정보에 접근하고 이를 교환하는 방식, 쇼핑을 하고 사람을 만나고 기존의 사회적 관계를 유지하고 형성하는 방식을 포함한 일상의 패턴을 직접 바꾼 것으로 보인다. 이 기술들은 기존의 사회계약에 '추가'하는 것 이상의 역할을 수행했

다. 즉 사회적 삶의 세 가지 주요 영역인 생산, 소비, 의사소통의 영역을 급진적으로 바꾸어 놓았다."

– Gane 2005: 475, original emphasis

가네는 인터넷이 또 다른 차원을 추가한 것을 넘어 훨씬 더 많은 사람들의 삶에 기여했다고 보았다. 인터넷은 사람들이 의사소통, 사회화 활동, 작업 방식을 근본적으로 변화시켰다. 이러한 변화 중 일부는 인터넷이 갖는 긍정적 특성들로 여겨질 수 있다. 그러나 이 변화 중 일부가 가상공간에서 발생하는 아동 성학대 같은 범죄와 관련된다면, 이러한 변화가 사회에 끼칠 악영향은 분명해진다. 다시 말해 인터넷은 성범죄자의 동기와 범행 방식 모두를 바꾸어 놓았다. 6장에서 상세히 논의하겠지만, 인터넷은 성범죄자들에게 아동을 학대할 새로운 기회를 주고, 새로운 피해자를 찾을 수 있게 도와주며, 성범죄에 관해 같이 이야기하고 지지해주는 사람들이 모인 커뮤니티를 제공한다.

몇몇 학자들은 온라인 아동 성범죄를 설명하기 위한 새로운 이론적 도구 개발이 불필요하다고 주장한다(Gillespie 2004). 반면 어떤 학자들은 가상 세계에서 발생하는 범죄를 현실 세계에서 발생하는 범죄만을 다루는 이론들이 설명할 수 있다고 확신하지 않는다(Middleton in Calder 2004). 이 장의 앞부분에서 설명했듯이, 아동 성학대의 병인학(aetiology) 이해를 돕기 위한, 또 범죄자 자신이 아동에게 느끼는 성적 끌림을 밝혀내고 통제하는 것을 돕기 위한 몇 가지 강력한 이론 모델들이 개발되었다. 그러나 이 모델들을 온라인 아동 성범죄 분석에 이용하기 위해서는 수정이 필요하다. 모두 '접촉성' 성범죄와 관련한 행동 패턴을 이해하기 위해 개발된 모델이기 때문이다(Middleton in Calder 2004).

현재 온라인 아동 성범죄자들을 이해하고 통제하기 위해 현장전문가들이 사용하는 치료법들은 거의 30년 전에 개발된 모델들에 기반을 두고 있다. 미들턴(Middleton 2004)의 경우 핀켈러의 '네 가지 선행조건' 모델을 온라인 성범죄에 적용하려고 시도했다. 그러나 기존 모델을 상당히 손보지 않고는 적용하기 어렵다는 사실을 깨달았다. 예를 들어 온라인에서 음란물을 보는 상황이라 가정했을 때 미들턴은 '외부 장애 극복'이라는 핀켈러의 선행조건이 다음과 같은 질문으로 변형될 수 있다고 제시한다. '당신과 가까운 주변 사람들 또는 회사 동료들이 당신이 보고 있는 것을 알아채지 못하게 하기 위해 어떤 조치를 취했는가?' 이와 유사하게 '피해자 저항 극복'의 선행 조건은 다음과 같은 질문으로 변형될 수 있다. '아동을 음란물에 참여시키기 위해 어떤 조치를 취했는가?'(Middleton in Calder 2004: 102)

또한 퀘일 등은 기존 이론들을 가상공간에 적용시키며 인지 행동 접근법에 초점을 맞췄다. 이와 같은 이론적 관점을 끌어들여 퀘일과 동료들은 범죄 행동의 다섯 가지 분류를 제안하는 모델을 만들었다. 그 다섯 가지는 다운로드, 거래, 음란물 제작, 접촉 범죄, 그리고 아동을 유혹하기 위한 인터넷 이용이다. 이 모델은 '분류 간 경계가 명확하지 않으며 각 분류는 발현을 위한 특정 조건들이 필요하다'고 말한다. 음란물을 수집하는 사람이 반드시 인터넷에서 아동을 유혹하는 단계로 넘어가거나 아동과의 접촉 범죄를 저지르는 것은 아니다. 그러나 포르노그래피와 성적 공격성 간에 강력한 상관관계가 있다고 주장하는 상당한 증거들이 있다(Quayle et al. 2006).

미들턴과 퀘일 등이 음란물의 온라인 제작과 배포를 설명하기 위해 이전 이론들을 수정해 가상공간에 적용하려고 노력한 반면, 길레스피(Gillespie 2004)는 온라인 그루밍을 설명할 때도 동일한 전략을 사용한다. 그는 온라인 그루밍 문제가 인터넷이 대중화된 이후 기하급수적으로 증가했다는 사실을 인지하지만, 온라인 그루밍은 새로운 범죄 형태도 아니고, 이 현상을 설명하기 위해 새로운 이론적 도구는 필요하지 않다고 말한다. 오히려 그루밍은 성학대만큼 오래된 현상으로 오프라인과 비슷하게 온라인에서도 빈번하게 발생하는 것 뿐이라고 본다. 길레스피는 '인터넷이 학대 주기에 있어 어떤 새로운 단계를 만들지는 않지만, 확실히 주기의 속도를 높인다'라고 말한다(Gillespie 2004: 3).

길레스피의 주장처럼 아직 새로운 이론적 프레임워크는 필요하지 않다. 그러나 온라인 성범죄가 발생하는 가상공간은 익명성을 띠고 있어 누구나, 어디서든, 언제나 범행을 저지를 수 있다는 특징을 가지고 있다. 이러한 특징을 고려했을 때 현실 속 성범죄와 동일한 프레임워크를 온라인 성범죄에 적용할 수 있겠는가 하는 의문이 생긴다. 실제로 이 책의 후반부에서 설명하고 있는 인터넷 성범죄자에 대한 실증 연구는 이전 연구들에서 놓쳤던, 두 가지 세계에서 벌어지는 성범죄 차이를 보완하는 데 큰 도움을 주었다.

●●●

결론

단일 이론만으로는 온라인과 오프라인에서 범죄자들이 왜 아동 성범죄를 저지르며, 그 행위를 지속하는지에 대한 이유를 충분히 설명할 수 없다. 그럼에도 아동 성범죄에 대한 그럴듯한 이론적 설명을 제시하는 것은 실제 세계와 가상 세계 양쪽에서 범행 동기와 행동의 다양성을 고려한 민감한 정책, 치료, 수사 전략의 개발과 실행에 있어 매우 중요한 부분이다. 타당한 이론적 설명을 마련하기 위해서는, 먼저 기존 연구 자료들 간에 메워야 할 간극이 있다는 사실을 인정하는 것이 중요하다. 아동 성범죄 문제의 해결책은 현실 세계와 가상 세계 속의 잠재적 범죄자(남성, 여성, 아동)를 모두 연구에 통합하는 것이다. 모든 요소들을 철저한 검증한 후에야 현실 세계와 가상 세계 속의 범죄자와 피해자 사이의 역학관계에 대한 인식 제고가 가능할 것이다.

2

SNS에서 만나는 낯선 사람

개인정보 노출에 둔감한 청소년의 인터넷 사용 문제

이 장에서는 인터넷 세상의 진정한 주인공인 아동과 청소년에 주목한다. 특히 디지털 세대인 청소년의 인터넷 사용과 위험 감수 행동을 이해하고 비판적으로 평가하는 데 중점을 둔다. 이것은 성범죄자들이 어떻게 청소년을 그루밍하는지 그 방법에 대한 명확한 그림을 제공하기 때문이다.

또한 미국(Wolak et al. 2008)과 유럽(Davidson et al. 2010; Livingstone and Hadden 2009; Martellozzo 2011; Shannon 2007)에서 실시한 청소년의 인터넷 사용에 대한 일련의 실증 연구를 소개한다. 관련 문헌을 비판적으로 검토하고, 최근 연구[6]에서 얻은 핵심적인 발견을 다른 장에서 다루게 될 현장전문가들과 성범죄자들

6 2010, 2011년도에 더 폭넓은 연구의 일환으로 런던 광역경찰청 아동성도착전담팀과 첨단기술범죄팀으로부터 다른 문화적 배경을 가진 어린 아동들이 온라인에서 어떻게 행동하는지를 조사하기 위한 독립적인 연구 수행을 위임받았다. 이 연구는 런던에 있는 다양한 지역 학교의 86명 청소년, 16개 주요 그룹뿐만 아니라 수석교사와 교사 및 학교 직원 5명과의 대면 인터뷰도 포함한다. 또한 '아동착취와 온라인 보호센터'에서 설계한 교육용 프로그램 'ThinkUKnow'의 평가 중에 수집된 일부 데이터도 포함된다.

의 설명과 연결시킨다.

나라 안팎에서 청소년의 인터넷 사용에 대한 많은 과학적 평가들이 이루어졌고, 교육 프로그램은 온라인상에서 맞닥뜨릴 수 있는 다양한 위험에 대한 아동들의 태도에 긍정적인 영향을 끼쳤다(Chibnall et al. 2006; Crombie and Trinneer 2003; Davidson and Martellozzo 2004; Shannon 2007). 책임감 있는 인터넷 사용과 온라인 안전이 아동과 청소년에게 필수 요소가 되었다.

●●●

SNS의 인기

보이드와 앨리슨(Boyd and Allison)은 SNS를 다음과 같이 정의한다.

> "개인에게 다음 세 가지를 허용하는 웹 기반 서비스이다. 첫째, 제한된 시스템 내에서 공개 혹은 반공개 프로필을 작성할 수 있고, 둘째, 연결을 공유하는 다른 사용자들의 명단을 확인할 수 있으며, 셋째, 연결자 목록과 시스템 내 다른 사용자가 작성한 목록을 보고 탐색할 수 있다. 이러한 연결의 특성과 명칭은 사이트마다 다를 수 있다."
>
> – Boyd and Ellison 2007

SNS의 기본 구조는 같은 네트워크상에 있는 다른 사람들과 연결되는 개인들로 구성된다. 어떤 면에서 소셜 네트워킹은 최근 발명품이 아니다. 지역사회와 지방정부(2008)의 보고에 따르면 온라인 소셜 네트워킹은 1987년 영국 그린넷에서 일하던 사원들이 미국의 글로벌 커뮤니케이션 연구소에서 일하는 동료들과 교류를 시작하면서 전자 자료를 공유하던 때로 거슬러 올라간다. 이러한 네트워킹은 빠르게 스웨덴, 캐나다, 브라질 같은 국가의 다른 기관들로 전파되었고, 1990년 진보적 커뮤니케이션 연합의 창립으로 이어졌다. 특히 '마이스페이스(MySpace)[7]'와 'Hi5'의 창립연도인 2003년 이후부터 SNS 이용자 수는 급격하게 늘어났다.

전 세계 15세 이상 이용자	총 방문자 수 (2000년 〈미국 아동 온라인 보호법〉)		
	2007년 6월	2008년 6월	변화율
전체 인터넷	778,310	860,514	11퍼센트
소셜 네트워킹	464,437	580,510	25퍼센트
FACEBOOK.COM	52,167	132,105	153퍼센트
MYSPACE.COM	114,147	117,582	3퍼센트
HI5.COM	28,174	56,367	100퍼센트
FRIENDSTER.COM	24,675	37,080	50퍼센트
Orkut	24,120	34,028	41퍼센트
BEBO.COM	18,200	24,017	32퍼센트
Skyrock Network	17,638	21,041	19퍼센트

SNS의 성장률(comScore World Metrix 2008/12/08)

인터넷 마케팅 리서치 회사인 컴스코어는 2008년 6월 마이

7 미국에서 방문자 접속률이 가장 높은 사이트(옮긴이)

스페이스에 1억 1,760만 명이 방문한 반면, 페이스북은 1억 3,210만 명의 이용자가 방문했다고 보고하였다. 정확한 수치는 'SNS의 성장률' 표에서 확인할 수 있다.

페이스북 이용자 수는 2010년 7월 21일을 기준으로 5억 명을 넘어섰고, 이 숫자는 매일 증가하고 있다. 페이스북은 현재 70개 언어를 지원하며 매달 300억 개의 콘텐츠가 페이스북에서 공유된다(Clikymedia 2011). 그러나 더욱 놀라운 것은 틈새 현상이었던 SNS가 엄청난 성장률을 보이며 웹상에서 가장 많이 방문하는 사이트가 되었다는 사실이다(Fried and Kraus 2009; 6).

보이드와 앨리슨에 의하면, SNS의 성장으로 많은 기업이 SNS를 통해 제품을 홍보하고 광고하는 데 시간과 돈을 투자하게 되었다. 하지만 동시에 보수적인 기업이나 조직에서는 직원들이 SNS에 접근하는 걸 막고 있다. 이렇듯 민간과 공공 부문에서 SNS와 관련해 최선의 정책이 무엇인지에 관한 논쟁은 여전히 활발하다. 미국의 IT 전문가 가트너(Gartner)는 기업이 탈선에 대한 우려 때문에 직원의 웹 참여를 금지해서는 안 된다고 말한다. 그 대신에 SNS를 사회적 활동의 일부로 파악하고, 효과적인 거버넌스 정책을 위한 다단계 접근 방식을 수립해야 한다고 주장한다.

SNS는 기존 커뮤니티 역학에 변동을 가져올 정도로 인기를 끌고 있다. 보이드와 앨리슨에 의하면, 초기 공공 온라인 커뮤니티는 주제에 의해 구성되었지만, 현재 SNS는 개개인이 커뮤니티의 중심에 놓이는 개인 네트워크로 구성된다. 이는 1988년 웰먼(Wellam)이 언급한 '세계는 그룹이 아닌 네트워크로 구성되어 있다'는 말을 연상시킨다.

SNS는 처음으로 기존의 상호작용 기술들을 하나의 서비스로 결합시켰다. 지금 이 글을 쓰는 현시점에 가장 인기 있는 소셜 네트워크 사이트인 페이스북은 사람들이 새로운 친구를 사귀고, 이메일, 메시지를 보내고, 사진, 음악, 비디오 등을 업로드하는 기능을 제공한다.

사람들이 SNS에 가입하는 데는 여러 가지 이유가 있다. 예를 들어 페이스북은 전화나 이메일이 아닌 다른 방식으로 가족과 친구들끼리 연락을 유지할 수 있다는 장점이 있다. 또한 새로운 친구를 사귀고 인간관계를 발전시키는 데도 도움을 준다. 그리고 링크드인(LinkedIn)은 이용자들끼리 전문적인 연결을 구축하고 개인 프로필을 매일 업로드할 수 있도록 도와준다. 이처럼 SNS는 대면하는 상황에서 개인적인 감정이나 기술을 표현하는 데 어려움을 겪는 사람들에게 도움을 주고, SNS가 없었더라면 존재하는지조차 몰랐을 사람들과 긴밀한 관계를 맺게 해준다.

하지만 절대 간과해서는 안 될 것이 있다. 인터넷이 점점 관음적인 공간으로 변해가는 부분이다. 온라인상에서 다른 사람들의 주목을 끌기 위해선 자신을 좀 더 많이 드러내야 한다(Cavanagh 2007: 124). 그 결과 사람들은 사적인 영역이든 일과 관련된 것이든 대중의 관심을 끌기 위해 자신을 좀 더 드러낼 필요성을 강하게 느낀다. 예를 들어 한 전문가가 링크드인 같은 유명 네트워크에서 다른 사람들과 차별화되는 프로필을 만들기 위해서는 새로운 사실과 사건에 대한 개인적인 의견을 포함하여 자신의 직업 생활에 대해서도 가능한 한 많은 부분을 공개할 준비가 되어 있어야 한다.

또한 페이스북 같은 SNS에 가입한 청소년들은 친구들 사이에서 인기를 얻기 위해 자신의 계정에 전혀 모르는 타인을 포함해서 최대한 많은 친구들을 추가하고, 혼자 또는 친구들과 함께 찍은 섹시하거나 멋진 사진을 올리며, 취미 활동 등을 공개한다. 그리고 이러한 정보를 대중에게 공개하는 것에 대한 위험성은 거의 고려하지 않는다. 앨리슨 캐버나(Allison Cavanagh 2007)는 자신의 책 《인터넷 시대의 사회학(Sociology in the Age of the Internet)》에서 흥미로운 비유적 표현을 사용해 '관음적 상연'을 묘사한다. 그녀는 인터넷을 연극 공간에 비교한다.

> "온라인에서 존재감은 눈에 보이는 것, 관중들을 위해 자신을 연기하는 것에 달려있다. 따라서 우리는 자신의 페르소나를 '연기'하게 된다. 이러한 의미에서 우리는 자신으로 사는 것에서 자신을 연기하는 것으로 옮겨간다. 이는 웹 기술의 저렴한 비용과 낮은 사용자 요구 사항으로 가능해진다."
>
> – Cavanagh, 2007: 124

어쩌면 지속적으로 대중의 시선 속에 존재하려는 강한 욕망은 현대사회의 '스스로 드러내는 문화'(Bunting 2001)의 한 증상에 지나지 않을지도 모른다. 분명 개인정보에 대한 접근과 공개라는 가상공간 속의 매력은 대중이 여전히 〈빅 브라더〉(TV 시리즈)의 집에서 무슨 일이 일어나는지 알고 싶어 하는 오프라인 현실의 더 넓은 경향에서 비롯된다. 그러므로 SNS가 동서 여러 나라에서 인기를 끄는 것은 전혀 놀랄 일이 아니다(Davidson and Martellozzo 2010)[8].

인터넷 사용

SNS는 인기가 많고 모든 사용자에게 굉장히 중요하지만 청소년에게는 특별하다. 의사소통하고, 상호작용하고, 콘텐츠를 공유하고, 관심과 감정적인 지지를 얻을 수 있는 기회를 제공하기 때문이다(Boeck et al. 2006). 내무부 태스크포스에 의하면, 이러한 서

8 2010년에 줄리아 데이비드슨(Julia Davidson)과 서아시아에서 인터넷 안전 평가 중 첫 번째 국가를 조사했고, 특히 바레인 왕국에 중점을 두었다. 18세에서 71세까지 총 816명의 참가자가 온라인 설문조사에 응했고, 조사 결과 인터넷이 아시아 사람들에게도 삶의 일부라는 사실을 알 수 있었다. 응답자의 대다수(67.7퍼센트)는 하루 4시간 이상 인터넷을 사용한다고 말했다. 이메일을 주로 사용하고(91.4퍼센트), 일과 과제에 관련된 정보를 찾거나(78.3퍼센트), SNS를 사용(60.0퍼센트), 취미 및 관심사와 관련한 정보를 검색(58.1퍼센트)하는 것으로 나타났다. 특히 SNS와 게임은 성인들 사이에서도 인기가 높은 것으로 조사되었다. 바레인은 응답자 모두가 SNS를 사용하고, 그중에서 마이스페이스(96퍼센트), 페이스북(69퍼센트)을 주로 이용하는 것으로 나타났다. 이 연구 결과는 실시간 채팅과 온라인 게임이 가장 있기 있는 유형이라는 것을 보여주는 다른 연구(Davidson et al. 2010)에 의해서도 입증되었다.

비스를 사용하는 이유는 다음과 같다.

- 친구와 관심사를 계속 접하기 위해
- 자신의 정체성과 의견을 실험하기 위해
- 부모나 다른 보호자가 없는 공간이 필요해서
- 자신의 기술적 전문성과 능력을 입증하기 위해서

그러나 이 목록에서 빠진 주요 요인 중의 하나는 SNS가 제공하는 독특한 특징인 '새로운 친구 만들기'이다. 영국 통신국의 〈소셜 네트워킹, 태도, 행동과 사용에 관한 연구〉에서 아동의 대다수(53퍼센트)가 SNS를 이용하여 새로운 친구를 사귄 적이 있는 것으로 나타났다. 이러한 연구 결과는 바이런 리뷰(Byron Review 2008)에 의해 뒷받침되었는데, SNS를 사용하는 아동의 59퍼센트가 새로운 친구를 사귈 때, 전부터 알고 지냈는지의 여부는 중요하게 생각하지 않았다고 답했다. 이 요인은 친구나 가족과의 의사소통이나 프로필 탐색과 같은 다른 활동보다는 중요도가 낮지만, 상당히 많은 아동들이 이 요인을 SNS 이용하는 이유 중 하나로 꼽았다.

SNS가 갖는 이러한 편리성이 아동의 고위험 행동과 결합되어 성인이나 다른 청소년에 의한 성범죄의 잠재적 피해자가 될 위험을 높인다는 우려도 있다. 가장 염려되는 점은 그룹 환경에서 온라인 상호작용이 선풍적인 인기를 얻었기 때문에, 누구나 접근할 수 있는 가상공간에서 개인정보를 공유하는 것을 거리낌 없이 여긴다는 사실이다. 개중에는 공개된 정보와 친밀함을 이용해서 개인적 욕구를 충족시키려는 사람도 있을 수 있다. 이러한 점은 특히 아동과 청소년에게 큰 위험이 될 수 있다.

온라인상에서 청소년이 맞닥뜨릴 수 있는 위험

청소년은 성인의 세계를 매혹적이고 도전적이며 탐험할 만한 가치가 있다고 생각한다. 사람들은 매일 인터넷에 로그인하고, 강박적으로 프로필을 업데이트하며 다른 친구들의 상태를 살핀다. 이러한 SNS 활동이 재미있고 다른 사람들과의 편리한 연락 수단이 된다는 장점을 가지고 있지만, 청소년이나 성인에게 부정적인 영향을 줄 수 있다는 주장도 제기된다. 한마디로 SNS는 중독의 위험성이 있다.

많은 연구(Banguil et al. 2009; Douglas et al. 2008)에서 이미 인터넷은 중독성이 있으며, 사회화가 이러한 힘 이면에 자리 잡고 있다는 사실을 밝혀냈다. 그러홀(Grohol 2005)에 의하면 어떤 사람들은 소셜 네트워킹 사이트, 인터넷 포럼, 채팅방, 온라인 게임 등을 통해 온라인으로 상호작용하는 데 과도한 시간을 소비한다. 물론 온라인을 통해 타인과 상호작용하는 것은 자유롭고 광범위하게 자신을 표현할 수 있게 해준다는 점에서 분명 흥미롭다. 그러나 한편으로는 과도한 몰입으로 인해 사회적으로 고립되거나 소수이긴 하지만 인터넷중독장애 진단을 받은 사람들이 생겨나기 시작했다. 인터넷중독장애에 대해 살펴보는 것은 이 책의 범위 밖이지만 일부 청소년들, 특히 소녀들이 '강박적인 인터넷 사용' 증상을 보이는 것은 유의미하다(Griffiths 1998).

청소년은 성인과 마찬가지로 인터넷에 대한 심각한 의존성으로 고통받는다. 많은 청소년들이 스마트폰에 중독되어 있다고 말한다. 그들은 일어나자마자 페이스북을 확인하며, 학교에서 또는 학교에서 돌아와서도 끊임없이 확인한다. 어떤 청소년들은 하루 4시간 이상 인터넷을 사용한다고 보고했다. 특히 14~15세의 청소년은 페이스북에서 많은 시간을 보내는데, 친구들의 프로필을 주기적으로 확인하거나 본인의 프로필을 업데이트하지 않으면 심적으로 안정이 되지 않는다고 말한다. 이러한 현상은 인터넷 사용에 관한 청소년들의 다음 인터뷰에서 잘 드러난다.

> "이루 말할 수 없을 만큼 오랜 시간을 온라인에서 보내요. 나는 페이스북에 중독되었어요."
>
> – 소녀 ID: 12, 런던 광역경찰청에서 실시한 연구

> "이유를 모르겠지만, 페이스북은 매우 중독성이 강해요. 휴가 때조차 떨어져 있을 수 없어요. 나는 페이스북이 저장된 전화기나 노트북을 항상 지니고 다녀요."
>
> – 소녀 ID: 14, 런던 광역경찰청에서 실시한 연구

소녀	거의 모든 시간을 온라인에서 보내요. 왜냐하면 페이스북에 로그인하고, 전화와 MSN으로 채팅하는, 항상 필요로 하는 모든 것들을 할 수 있기 때문이에요.
인터뷰어	그것이 걱정돼서 하는 말인가요?
소녀	네, 정말 나쁘다고 생각해요.
인터뷰어	왜죠?
소녀	페이스북을 안 하면 참을 수가 없어요. 전 그게 싫어요.
인터뷰어	흥미롭네요. 다른 학생들도 같은 말을 하던데, '나는 중독됐다고 생각해요, 페이스북 없이 있을 수 없고, 휴가를 갈 수도 없어요.'라고요. 혹시 휴가를 가서 무엇을 하나요?
소녀	휴가 때도 꼭 스마트폰과 노트북을 가져가요. 그리고 페이스북에 로그인하죠. 만일 접속이 잘 안되면, 인터넷 카페 같은 곳을 찾아서 이틀에 한 번 꼴로 온라인에 접속해 친구들과 이야기를 나누죠.

– 소녀 ID: 14, 런던 광역경찰청에서 실시한 연구

많은 청소년들(68퍼센트)이 지루함 때문에 온라인에 접속할 필요성을 느꼈다. 그리고 적지만 의미 있는 숫자의 청소년들(23퍼센트)이 온라인에 접속하고 있지 않으면 불안하다고 말했다. 이러한 발견은 다른 연구 결과와도 일치하는데, 연구 참여자들은 인터넷이 없으면 지루하다고 느끼고, 인터넷 연결이 느려지는 경우 불안함을 느꼈다(in Yellowlees and Marks 2005: 1450).

사용량이 가장 많은 청소년(14퍼센트) 가운데 44퍼센트가 인터넷이 일상생활에 부정적인 영향을 준다고 생각했고, 특히 공부에 방해가 된다고 느꼈다. 몇몇 학생들은 SNS를 과제에 집중할

수 없는 원인으로 꼽았다. 한 소녀는 이렇게 말한다.

"문제는 페이스북에서 하찮은 것들을 확인하며 몇 시간을 보내는 탓에, 숙제를 하지 않는다는 거죠. 가끔 나는 페이스북이 없어졌으면 좋겠다고 생각해요."

– 소녀 ID: 14, 런던 광역경찰청에서 실시한 연구

"나는 노트북을 항상 가까이에 두고, 공부하는 내내 뭐든지 확인해요."

– 소녀 ID: 13, 런던 광역경찰청에서 실시한 연구

이는 반퀼(Banquil 2009) 등과 영(Young 1998)의 발견과도 일치한다. 그들은 인터넷이 중요한 교육 도구이긴 하지만, 인터넷의 과도한 사용은 오히려 청소년의 학업 성취도를 저해할 수 있다고 주장했다. 영의 연구에선 58퍼센트의 학생들이 과도한 인터넷 사용으로 학업에 방해받았으며, 성적이 많이 떨어졌고, 간혹 수업을 빼먹을 때도 있었다고 밝혔다(Young 1996).

청소년들이 금기를 깨는 현상은 흔하다. 그들은 나이를 속이고 새로운 성적 경험을 하거나 비밀을 유지하거나 폭로하는 식으로 금기를 깬다. 이러한 행동은 온라인과 오프라인 모두에서 발생한다. 그러나 온라인에선 더 쉽고 빠르게 확산되거나 조작되고, 그 결과가 그들이 미처 예상치 못했던 방식으로 공유될 수 있다(인터넷에서 아동보호에 관한 내무부 태스크포스, 2007).

청소년의 사회생활에서 필수가 된 인터넷은 어떤 면에서 청소년의 삶을 더 단순하게 만들었다. 오프라인에서 했던 일을 지

금은 온라인에서 편리하고 훨씬 더 빨리 할 수 있기 때문이다. 더욱이 관계 영역에서 보면, 인터넷은 아동이 성적인 문제에 대해 배우는 중요한 지식의 원천으로 인식될지 모른다. 물론 이 주제는 보다 전통적인 사회 환경의 맥락에서 볼 때 학부모나 교사, 또는 다른 사람들과 의논하기 어려울 수도 있다(Shannon 2007).

전반적으로 봤을 때, 쉽게 접근할 수 있는 온라인 의사소통 도구의 등장은 많은 청소년의 사회적 상호작용 방식을 크게 바꾸어 놓았다. 다음 채팅 사례는 런던 동쪽에 거주하는 15세 소녀 두 명이 야후 메신저 채팅방에서 나눈 대화 중 일부를 옮긴 것이다. 이 대화는 2010과 2011년에 런던 광역경찰청과 함께 진행한 '학교에서의 온라인 안전'에 대한 조사의 일환으로 기록된 것으로 약어와 신조어 사용 같은 온라인상 새로운 언어관습과 다문화 런던의 언어적 복잡성이 잘 드러난다.

청소년들의 언어는 그 언어가 학습되는 사회역사적, 종교적, 문화적, 사회경제적 맥락과 얽혀있다. 그러므로 언어가 발전하는 환경이 다양할수록 그 언어는 더 복잡한 양상을 띤다고 볼 수 있다. 연구 중 인터뷰에 응한 교사에 따르면, 영국에서는 이러한 모든 문화의 혼합 때문에 청소년들이 의사소통하는 방식을 이해하기가 더 복잡해졌다고 한다. 그뿐만 아니라 온라인 상호작용은 여타 의사소통 방식에서는 찾아볼 수 없는 매우 차별화된 문화적 요소와 패턴을 발전시킨다.

ARE U GNA BANG DOE? 너 누구랑 섹스할 거니?

naah im alryttn 아니, 난 괜찮아

sik maaan 멋진데

RE YOUALRYT MY SEXY BITCH
넌 어때? 섹시 레이디?

Jam ur hype fam LOL 진정해 친구, 하하

HOWS RK BBZ? 무작위로 뽑은 남자친구는 어때?
오랄 섹스가 더 나은가?

HUSH YUR MOUTH X 조용히 해

wagl every one yuu kw i need ur sexy numba
계속해봐. 네가 아는 모든 사람들.
난 섹시한 애 번호가 필요해

:)

You Slag. Piss Off U ASSWIPEEEEEEEEE
문란하기는, 넌 걸레야

heey u uglii 넌 못생겼어

bitch 나쁜 년

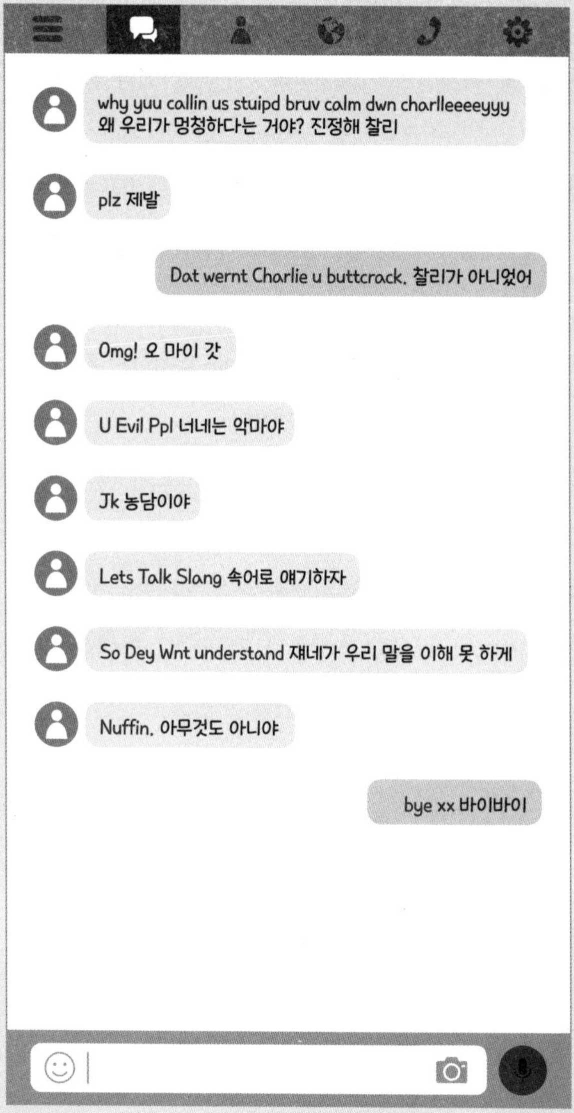

15세 소녀들 사이의 온라인 의사소통

이러한 청소년들 사이의 온라인 상호작용의 특성 때문에 관련된 위험에 대해서는 다소 이해가 부족한 면이 있다. 대부분의 아동과 청소년들은 인터넷을 긍정적으로 활용하는 반면, 일부는 위험에 노출될 수도 있는 방식으로 인터넷을 이용한다. 하세브링크(Hasebrink 2009) 등은 온라인에서 아동과 청소년이 처하는 위험을 포괄적으로 분류한다. 다음 표는 위험이 상업적, 공격적, 성적 또는 가치와 관련된 것인지와 상관없이 온라인 제작자의 동기에 따라 범주화할 수 있음을 보여준다.

분명한 것은 청소년에게 인터넷은 포르노와 폭력적인 콘텐츠를 포함해 부적절한 콘텐츠에 접근할 새로운 기회를 제공한다는 사실이다. 이러한 저작물에는 노출 또는 성적인 것이 담긴 콘텐츠, 인종차별이나 혐오를 조장하는 웹사이트, 담배와 술, 마약에 대한 정보, 사탄이나 이교도 집단에 대한 정보, 집에서 만들 수 있는 폭탄 제조법 등이 있다.

특히 아동에게 노출되는 온라인상 위험으로는 성착취 유혹과 온라인 그루밍이 있다. 또한 인터넷은 취약한 청소년들에게 섹스팅[9], 왕따, 그리고 위험하고 부적절한 콘텐츠를 시행하거나 제작에 참여하는 기회를 제공하기도 한다.

---

9 음란한 메시지나 사진을 휴대폰으로 전송하는 행위(옮긴이)

	상업적	공격적	성적	가치
콘텐츠 아동이 수신자	광고, 스팸, 스폰서	폭력/혐오 콘텐츠	포르노그래피적 또는 원치 않는 성적 콘텐츠	인종차별, 편견 또는 정보/조언 호도 (예: 약물)
콘텐츠 아동이 참여자	개인정보 추적/수집	따돌림, 스토킹, 괴롭힘	낯선 사람과의 만남 또는 그루밍을 당함	자해, 원치 않는 설득
시행 아동이 행위자	도박, 해킹, 불법 다운로드	타인 따돌리기 또는 괴롭히기	포르노그래피 제작 및 업로드	자살/거식증 옹호 채팅과 같은 조언 제공

온라인에서 아동과 청소년이 처하는 위험을 분류(EU Kids Online; Hasebrink et al. 2009)

표에서 열거된 위험 중 극소수의 아동이 직면하게 되는 최악의 위험보다 사회와 미디어에서 더 관심을 갖고 우려하는 위험의 유형은 포르노그래피 또는 불쾌한 성적인 콘텐츠와 관련된 것이며, 그루밍을 당한 후 낯선 사람과 실제로 만나는 위험에 대한 것이다.

이 책의 목적에 따라 이 장의 나머지 부분에서는 온라인상에서 나타나는 청소년의 행동 방식과 성범죄자의 범죄행위에 대해 조명해줄 수 있는 경험적 연구 결과를 탐색하고자 한다. 이와 관련한 평가는 다음 장들로 이어진다.

●●●

성적 요구와 성착취에 관한 연구

성착취의 심각성에 관한 최근 연구들을 살펴보기 전에, 이 용어가 다양한 행동을 포괄하기 때문에 다소 광범위하다는 개념이라는 점을 명확히 하는 것이 중요하다.

성착취에는 다음과 같은 행동들이 포함된다(인터넷에서 아동보호에 관한 내무부 태스크포스 2007: 14).

- 성인 포르노그래피와 불법적인 아동 성학대 이미지를 포함한 유해한 콘텐츠에 노출
- 성적으로 노골적인 대화, 의사소통에 참여를 유도
- 성적으로 도발적인 포즈를 취하거나 웹캠을 통해 알몸 또는 성적인 행동을 취하도록 회유하는 것을 포함한 성적 조종과 착취
- 그루밍 행위, 아동을 성적으로 착취하기 위해 오프라인에서 만나자고 유혹

월락(Wolak 2006) 등은 성적 요구를 '성행위나 성적 대화를 요구하거나 개인정보 제공을 요구하는 것'으로 정의했다. 이 정의에는 성적인 행동에 대한 명확한 요구에서부터 원치 않는 '교활한 접근', 이와 유사한 온라인 상호작용까지 원치 않는 행동도 포함된다. 그러나 이 광범위한 용어는 일상 대화에서는 흔하게(Biegler and Boyd 2010), 언론에서는 잘못 해석되어 사용된다. 비글

러와 보이드(Biegler and Boyd)가 언급했듯이, 성적인 상호작용으로 분류된 모든 상호작용이 문제가 되지만, 각 상호작용이 일으킬 수 있는 해악의 심각성은 크게 다르다.

유럽과 미국 각지에서 청소년 성착취에 관해 수행한 연구는 모두 비슷한 결과를 도출했다. 스웨덴 전국협의회는 인터넷을 통한 성인과의 성적 접촉 경험이 청소년들에게 얼마나 흔한지 밝혀내기 위해 조사를 의뢰했다(Shannon 2007). 15세 청소년 7,500명을 대상으로 한 설문조사 결과, 많은 수의 청소년들이 지난 12개월 동안 성인으로 여겨지거나 믿었던 모르는 사람들에게 성적 접촉을 당했다고 한다. 흥미롭게도 이러한 경험은 남자아이들(18퍼센트)보다 여자아이들(48퍼센트)에게 편중되는 경향이 강했으며, 이들 대다수가 이러한 접촉은 인터넷을 통해 연락이 이루어졌다고 대답했다.

추가 설문조사가 약 1,000명의 15~17세 스웨덴 청소년들을 대상으로 실시되었고, 거의 50퍼센트에 달하는 여자아이들이 지난 12개월 동안 원치 않은 성적 접촉을 경험했다고 밝혔다. 연구 결과 여자아이들은 그러한 경험을 남자아이들보다 더 어린 나이에 겪는 것으로 보고되었다. 이 여자아이들 중 40퍼센트는 이러한 접촉이 15세 이전에 있었다고 말했다. 게다가 여자아이들은 남자아이들보다 원치 않은 성적 접촉을 일반적으로 '몹시 고통스러운' 경험으로 생각하는 것으로 나타났다(Shannon 2007:8).

이와 유사한 연구 결과가 영국에서도 있다. ‘ThinkUKnow’ 교육 프로그램 평가 연구에 의하면(Davidson et al. 2010), 청소년 5명당 1명꼴로 인터넷상에서 불편함을 느꼈거나 괴롭힘 등의 ‘위협’을 받았다는 사실을 발견했다. 더구나 여자아이들은 남자아이들보다 위험 가능성이 높게 나타났다. 왜냐하면 여자아이들은 실시간 메시지와 SNS를 더 많이 사용하고, 낯선 사람과 개인정보를 공유하고 상호작용하기를 꺼리지 않기 때문이다.

연구에 참여한 한 소녀의 말에서 긴 친구 목록을 갖는 것은, 비록 이 ‘친구들’ 중 일부를 직접 만난 적이 없더라도 ‘멋짐’으로 인식된다는 사실을 보여준다.

> “예를 들어 다른 나라의 모르는 사람을 추가하는 건 매우 흥미로운 일이죠. 많은 친구를 갖는 건 재미있어요.”
>
> – 소녀 ID: 14, ThinkUKnow 프로그램 평가 연구

SNS를 사용하는 청소년들은 보통 20명에서 300명의 친구들을 가지고 있었다. 하지만 온라인상에서 목록에 추가된 친구가 어떤 사람인지 아는 사람은 거의 없었다. 청소년 중 한 명은 이렇게 말했다.

> “나는 그들 중 단지 100명에 대해서만 알고, 나머지 500명에 대해서는 전혀 모르고, 알 수도 없어요.’
>
> – 소녀 ID: 16, ThinkUKnow 프로그램 평가 연구

이러한 답변에서 낯선 사람들과의 상호작용(SNS로 친구를 추가하고 메시지를 교환하는 것)을 '위험을 감수하는 행동'으로 인식하지 않고, 별다른 고민 없이 쉽게 수용하는 것을 알 수 있다.

온라인에서 만나고, 친구가 되는 사람들의 나이를 확실히 알기는 어렵다. 그리고 이러한 특징은 성인이 아동과 성적인 접촉을 맺기 위해 인터넷을 사용하는 주된 이유가 되었다(Shannon 2007: 7). 미국에서는 월락과 같은 연구자들이 채팅방을 성관계가 시작되는 가장 흔한 장소라고 주장했다. 이러한 주장들은 동서양 모두에 적용되며, 지리적 경계가 없고, 전 세계 사람들에게 다가갈 수 있는 인터넷이 가진 특징을 더욱 분명하게 보여준다.

온라인상의 위험 감수 행동

영국과 서아시아 일대에서 시행된 연구는 청소년이 온라인상에서 '고위험'이라고 분류된 행동을 어디까지 하는지와 그들이 겪은 부정적 경험에 초점을 두었다. 일반적으로 마리아 드 구즈만과 캐시 보쉬(Maria De Gutzman and Kathy Bosh 2007)는 고위험 행동을 '청소년기의 전인적인 발달과 안녕에 악영향을 미칠 수 있거나 미래의 성공과 발전을 방해할 수 있는 것'으로 정의한다. 위험 행동은 또한 정상적인 발달을 방해하거나 청소년이 또래집단의 '전형적인' 경험에 참여하는 것을 막음으로써 청소년에게 부정적인 영향을 줄 수 있다.

인터넷에서 낯선 사람[10]과 개인정보를 공유하거나 그들과 의사소통하는 것은 위험을 감수하는 행동이다. 이러한 행동은 오늘날 청소년 사이에 만연한 현상으로 학계와 전문가들의 관심을 끌 정도이다. 청소년들이 낯선 사람을 쉽게 자신의 페이스북 계정에 추가하고, 그들과 상호작용하는 것은 신체적, 정서적 혹은 두 가지 측면에서 피해를 입는 매우 비극적인 결과를 초래할 수 있다는 사실이 한 사건을 통해 입증되었다.

2001년 영국 세이지필드에 있는 작은 마을에서 살인 사건이 일어났다. 한 성범죄자가 십 대 소녀를 납치해 강간한 후 살해한 사건이었다. 종신형을 선고받은 이 범죄자는 거짓 신분을 이용하여 온라인에서 피해자와 친구가 되었고, 지속적인 그루밍을 통해 신뢰를 쌓았다. 결국 그는 오프라인에서 소녀와 만나는 것에 성공했다.

영국의 한 연구(Davidson et al. 2010)에 따르면, 청소년들은 일정 기간 이상 채팅을 한 사람을 낯선 사람이 아닌 친구로 여긴다고 한다. 이러한 사실은 청소년들이 '낯선 사람'과 얼마나 자발적으로 정보를 공유하고 상호작용하는지를 알아보는 지표가 되었다. 또한 상당수의 아동이 온라인에서 '고위험' 행동을 한 적이

---

10 낯선 사람은 온라인에서 대화한 적은 있지만 만난 적은 한 번도 없는 사람이다.

있는 것으로 밝혀졌다.

- 37퍼센트는 이메일 주소를 공유했다.
- 34퍼센트는 자신이 다니는 학교 정보를 제공했다.
- 23퍼센트는 핸드폰 번호를 제공했다.
- 26퍼센트는 개인적인 사진을 제공했다.

인터넷상에서의 위험 감수 행동에 관한 연구 결과는 다음과 같이 요약된다.

- 아동 대다수가 온라인에서 고위험 행동을 했다고 보고하였다(정보를 공유하고 낯선 사람과 상호작용하는 정도에 따라 정의됨).
- 아동 상당수가 그런 행동을 지속할 것이라고 보고하였다(특히 13세 이상).
- 낯선 사람을 친구로 추가하고 메시지를 교환하는 행동은 아동 사이에서 '위험 감수' 행동이라고 인식되지 않는다.

몇몇 청소년들은 온라인에서 사귀게 된 친구나 누군가로부터 온라인으로 소개받은 사람의 경우, 낯선 이와의 만남을 생각해볼 수 있지만, 이때는 보호자나 친구가 동행할 경우에만 온라인 친구를 만날 것이라고 말했다.

> "친구들을 늘리고 있고 정말로 그 친구들이 보고 싶다면, 부모나 보호자, 책임감 있고 지켜줄 만한 어른을 데려가야 한다고 생각해요."
>
> – 소년 ID: 13, ThinkUKnow 프로그램 평가 연구

반면 일부 학생들, 특히 고학년 학생들은 전에 만난 적이 없는 사람과의 만남을 긍정적으로 고려하는 것으로 보고되었다. 일부 학생들은 온라인에서 그들과 채팅하는 데 상당한 시간을 보냈고, 웹캠을 통해 실제 얼굴을 확인한 후 그 사람과 만날 것이라고 말했다. 이 결과는 데이비슨과 마르텔로조(2008)의 연구에 의해 확인되었으며, 응답자들은 어느 정도 채팅을 통해 이야기를 나눠보고, 편안함을 느낀다면 온라인에서 사귄 친구를 기꺼이 만날 생각이 있다고 답했다.

인터넷에서 친구를 사귀는 것은 온라인 사교 활동으로서 사회적 추세의 일부이기 때문에 청소년들이 이런 행동을 그만두길 기대하기란 어렵다. 또한 이것은 온라인 안전 메시지 효과에 대한 문제를 제기한다. 표본 집단의 청소년들은 온라인 안전에 대해서 얼마만큼 알고 있는지를 질문 받았을 때, 이와 관련된 지식이 매우 풍부한 것처럼 보였다. 그들은 ThinkUKnow 프로그램과 기타 인터넷 안전 인식 교육에서 배운 모든 메시지들을 나열할 수 있었다.

> "MSN에 있는, 실제로 알지 못하는 누군가와 이야기를 나누지 않아요."
>
> – 소년 ID: 13, ThinkUKnow 프로그램 평가 연구

> "모르는 사람들에게 집 주소 같은 개인정보를 제공해서는 안 돼요."
>
> – 소년 ID: 12, ThinkUKnow 프로그램 평가 연구

청소년들은 온라인에서 맞닥뜨릴 수 있는 위험에 대해서는 익히 알고 있었으나, 대부분 그러한 위험을 예방하는 데는 관심을 두지 않았다.

다른 온라인상의 위험

하세브링크 등은 21개 유럽국가의 400개의 연구를 살펴본 결과, 청소년이 처할 수 있는 가장 흔한 위험들을 빈도[11]순에 따라 다음과 같이 정리했다(Livingstone 2009:163~164).

- 개인정보 넘겨주기: 십 대 청소년의 절반 정도(국가 편차 13~19퍼센트)
- 포르노그래피 보기: 유럽 전역에서 10명 중 4명
- 잔인하고 혐오스러운 콘텐츠 보기
- 따돌림/괴롭힘/스토킹 당하기: 대략 5~6명 중 1명
- 원치 않는 성적 표현 듣기: 독일, 아일랜드, 포르투갈에서는 10명 중 1명. 노르웨이, 아이슬란드, 스웨덴, 영국에서는 3~4명 중 1명
- 온라인에서 만나 오프라인에서 접촉: 대부분의 국가에서 인터넷을 사용하는 청소년의 약 9퍼센트(11명 중 1명). 체코, 폴란드, 스웨덴에서는 5명 중 1명으로 증가

11 이 수치들을 볼 때 자료 수집을 위한 방법론에 있어 국가 간 차이점을 고려해야 한다.

십 대 청소년들은 엄밀하게는 친구라고 말하기 어려운 사람들과도 개인정보를 공유하는 것이 매우 일반적이다. 청소년들은 SNS에 모르는 사람들을 계속 추가하고, 그들이 다니는 학교, 개인 사진과 같은 사적인 정보를 계속해서 생성한다.

영국 통신국이 최근 연구에서 16~24세 청소년을 대상으로 온라인 행동을 탐구한 결과, 가장 어린 집단(16~19세)이 웹사이트에서 개인정보에 접근하고 입력할 때의 잠재적 위험에 대한 인식이 가장 낮은 것으로 나타났다.

> "청소년들은 개인정보를 올리기 전에 웹사이트에 대해 판단을 내리거나 온라인에서 개인정보를 공개하는 것에 대해 주의할 가능성은 적다. 특히 이런 행동은 가장 어린 집단인 16~19세에서 가장 두드러진다. 이들은 인터넷에서 개인정보를 공유하고, 다양한 콘텐츠들을 내려받는다. 하지만 위험성을 확인할 가능성은 적으며, 인터넷이 통제된다고 믿을 가능성이 크다."
>
> - 영국 통신국 2009

이 결과는 16~19세의 청소년들이 온라인에서 '위험 감수' 행동을 보일 확률이 높고, 반대로 인터넷 안전을 고려할 확률은 낮다는 것을 암시하고 있다. 데이비스(Davies 2008) 등에 따르면, 고학년 학생들은 온라인에서 자신의 안전과 정체성을 보호할 방법에 대해 상당히 잘 알고 있는 듯 보이지만, 실제로 온라인에서 합리적인 방식에 따라 행동할 수 있는지 여부는 확신할 수 없다.

'프로필에 어떤 정보가 있습니까?'라고 물었을 때, 대부분의 청소년은 혼자 또는 친구와 함께 있는 사진을 올린다고 대답했다. 많은 사람들이 시나 노래 가사, 좋아하는 영화, 하는 일, 방문한 곳, 취미 활동, 생각하는 것들을 올리기도 한다. 물론 전화번호나 주소 같은 개인정보는 올리지 않을 것이다. 하지만 학교 로고가 보이는 교복을 입고 찍은 사진은 포함될 것이다. 한 아이는 이렇게 말했다.

> "보통 내가 뭘 하는지, 어디를 가는지 따위를 적어요. 특히 기분이 좋을 땐 '진짜 멋질 거야'라고 써요. 심심해서 올리기 시작했는데, 이젠 페이스북이 좀 지겨워요."
>
> – 소녀 ID: 13, 런던 광역경찰청에서 실시한 연구

페이스북을 이용하는 대부분의 학생은 자신의 프로필을 공개 상태로 해두었고(42퍼센트), 32퍼센트는 비공개 상태였으며, 나머지 26퍼센트는 공개와 비공개의 차이점을 인식하지 못했다.

●●●

아동, 학부모, 대중을 대상으로 한 교육과 안내 방침

이미 국내외로 온라인 아동보호를 강화하기 위한 상당한 노력이 있었다. 가상 글로벌 태스크포스와 인터넷감시재단 같은 단체들은 온라인 아동보호의 선두주자라고 할 수 있다. 가상 글로

벌 태스크포스에는 전 세계 여러 법집행기관[12]이 포함되어 있으며, 인식과 지원을 통해 온라인 학대로부터 아동을 보호하기 위한 국제 파트너십 구축을 목표로 하는 조직이다.

영국에서는 온라인 아동 학대 방지를 위해 2006년에 이미 구축된 아동착취와 온라인 보호센터 같은 공공 기관이 아동보호에 중요한 역할을 담당한다. 이 기관에서는 인터넷을 안전하게 사용하는 방법에 대한 조언과 지침을 아이들에게 제공하기 위해 'ThinkUKnow'라는 국가 캠페인을 시작했다. 현재 영국 전역의 아동들에게 전달되는 이 프로그램은 5~16세 아동과 청소년들에게 인터넷 안전 정보를 제공한다.

ThinkUKnow 프로그램에는 보통 교사나 훈련된 사람들이 학교에서 제공하는 교육, 각각의 연령대 그룹과 부모, 교사, 트레이너를 위한 별도의 섹션이 있는 웹사이트가 포함된다. 그리고 안전 정보는 웹사이트를 통해서도 제공된다.

다른 교육 프로그램은 차일드넷 인터네셔널 같은 자선단체에서 개발한 것으로 아동이 온라인에서 안전하게 머물 수 있도록 포괄적인 교육 패키지 목록을 제공한다. 차일드넷의 웹사이트는 개인정보 보호, SNS 안전, 휴대전화 안전, 온라인상 윤리적인 행

12 가상 글로벌 태스크포스는 호주 연방경찰, 영국의 아동착취와 온라인 보호센터, 이탈리아 우편통신 경찰 서비스, 캐나다 왕립경찰, 미국 국토안보부와 인터폴에 의해 구성되었다.

동과 온라인 구매 같은 문제들에 관해 부모와 청소년, 교사에게 필요한 안전 정보를 제공하는데, 주요 내용은 다음과 같다.

1. 언제나 SNS의 개인정보 설정을 꼼꼼히 살펴 개인정보를 보호하고 낯선 사람으로부터 자신을 보호하라.
2. 당신의 친구와 가족이 당신의 SNS를 살피게 하라. 당신은 당신도 모르는 사이 개인정보를 너무 많이 흘리고 있거나, 부적절한 이미지나 비디오를 올렸을지도 모른다.
3. 비밀번호를 아무에게도 알려주지 마라.
4. 온라인에서 스스로와 타인을 존중하라.
5. 불행히도 당신이 온라인에서 안 좋은 경험을 겪었다면, 서비스 제공자와 어른에게 당장 알려라.
6. 당신이 번호를 줄 땐 번호를 받는 사람에 대해 고려해봐라. 그 번호가 누구 손에 들어갈지 모른다.
7. 이상한 문자를 받았을 때는 답장하지 말고 증거로 저장해놔라. 만일 답장을 보냈다간 곤란한 일이 생길 수 있다.
8. 이상한 사진이나 영상을 실수로 내려받았을 경우 다른 사람에게 알리고 보고해라.
9. 사이버 폭력은 절대 괜찮지 않다. 만일 당신이나 당신이 아는 다른 누군가가 대상이 되었을 땐 그들에게 다음과 같은 사항을 말하라.
   a) 웹사이트나 서비스 운영자에게 사이버 폭력을 알릴 것
   b) 사이버 폭력의 증거를 모아두되 답장은 하지 말 것
   c) 어른들에게 알릴 것

이탈리아, 미국, 뉴질랜드, 노르웨이를 포함한 세계의 다른 국가들에서도 이 프로그램들과 매우 유사한 계획들에 착수했다. 바레인에서는 Be-Free 기관이 인터넷 안전에 대한 워크숍을 진행하고 웹사이트에서 부모와 아동들에게 조언을 제공한다. 이 기관은 부모, 아동, 교사들에게 아동 학대에 대한 교육을 제공하기 위해 만들어졌으며, 기관의 목표는 다음과 같다.

- 똑똑하고 안전하고 강한 아이로 키우기
- 정서적으로 똑똑한 아이로 키우는 방법을 부모와 보호자에게 제공
- 학대 피해 아동과 성인들이 힘을 회복하고 스스로와 타인에 대한 신뢰를 회복하기 위해 힘을 실어주기
- 특별 조사와 연구 시행
- 아동 학대와 방임에 대한 사회적 인식 제고
- 전문가를 위한 특별 자문과 교육 제공

유럽과 미국에서는 부모, 보호자, 대중을 위한 교육 프로그램도 만들어졌다. 예를 들어 미국 인터넷 범죄 대책반은 부모들이 아동을 위해 방대한 인터넷 자원들을 배우고, 아동들이 직면할 수 있는 위험을 인식하고 이를 극복하는 방법을 배울 수 있도록 도와주는 프로그램을 시작했다. 넷스마트 워크숍에 의해 발전된 이 프로그램은 전국 실종 착취 아동센터와 연령에 적합한 3D 활동을 사용하여, 아동과 젊은 세대에게 안전하게 인터넷을

사용하는 방법을 가르치는 미국 소년소녀클럽에서 비롯된 상호작용적 교육 안전 자원이다. 넷스마트는 현재 전국적으로 3,000개 이상의 미국 소년소녀클럽에 가입된 330만 명에 달하는 청소년들을 지원하고 있다(Davidson and Martellozzo 2008; http://www.netsmartz.org).

부모는 자녀를 온라인에서 안전하게 머무는 방법을 교육시키는 것과 그들에게 가이드라인을 제공하는 데 있어서 중요한 역할을 한다. 세이퍼 서핑(Safer Surfing) 프로그램(영국에서 만들어진 최초의 프로그램 중 하나)에 대한 평가에서 데이비슨과 마르텔로조(2004)가 권고한 바에 의하면 부모가 자녀, 특히 십 대 자녀와 주기적으로 직접적인 대화를 나누는 것은 매우 중요하다. 현실적으로 부모들이 자녀에게 묻는 말은 흔히 '너 어디 가니?' '누구랑 가니?' '몇 시에 집에 오니?' 등이다. 이 세 가지 질문은 자녀의 인터넷 사용 행태를 알아보는 기초 질문에도 적용될 수 있다. 상황에 맞게 조금 바꿔 보면, '어떤 사이트를 방문할 거니?' '누구와 인터넷에서 대화를 할 거니?' '인터넷을 얼마나 오래 할 거니?' '무슨 목적으로 컴퓨터를 쓸 거니?'가 된다.

하지만 단순히 질문하는 것에서 그치면 안 된다. 부모는 자녀들의 대답을 듣고 이해해야 하며, 그러기 위해선 자녀들의 인터넷 사용에 동참해야 한다. 이는 SNS와 다른 인터넷 서비스를 포함한다.

아이들이 온라인상에서 불편하거나 혼란스럽거나 무서운 상황에 맞닥뜨렸을 때, 부모에게 편하게 털어놓을 수 있어야 한다. 그러나 대부분은 인터넷 사용을 금지당할까 봐 온라인상에서 겪은 나쁜 경험들에 대해 부모와 얘기하는 것을 피한다. 보통 이런 일이 생기면 아이들은 과잉 반응에 대한 두려움 때문에 부모와 얘기하는 것을 더 꺼릴 것이다. 따라서 무엇보다 자녀들과의 신뢰가 만들어지고 유지되는 것이 중요하다.

기회를 잡는 것과 위험을 피하는 것의 균형을 잡는 일은 쉽지 않다. 리빙스톤에 의하면, 아동의 인터넷 사용을 규제할 때 우리는 기회를 얻지 못하는 실패와 위험으로부터 보호하지 못하는 실패를 겪을 위험이 있다(Livingstone 2002: 19). 최근 연구가 입증하듯, 부모들의 가장 큰 두려움은 자녀가 그루밍 대상이 되고, 학대당하고, 부적절한 자료에 노출되거나 따돌림을 당하는 것이다. 이 두려움은 부분적으로는 인터넷과 온라인 안전에 관한 청소년과 성인들 간의 지식 격차에서 비롯된 것으로 보인다.

부모들은 이러한 위험을 인식하고 있는 반면, 때때로 온라인에서 자녀들의 안전을 위해 어떠한 도움을 주어야 하는지 잘 모르는 경우가 많다. 혹은 부모의 불안감 때문에 아이들은 SNS를 두려워하거나 사용할 수 없게 될 수도 있다. 이러한 문제들은 부모와 교사가 아이들과 충분히 소통하고, 인터넷의 적절한 사용과 안전에 대해 교육할 필요성을 제기한다.

●●●

청소년들의 온라인 행동과 성범죄

청소년이 온라인에 게시한 콘텐츠가 그들의 현재와 미래의 평판을 손상할 수 있다는 점에 유의해야 한다. SNS가 자신을 표현하고 창의력을 발휘할 기회를 제공해주는 것은 사실이다. 그러나 종종 자신의 사진이나 글이, 비록 적은 관중을 대상으로 할지라도, 훨씬 더 많은 사람을 끌어들이고 다른 사람들의 인식에 지속적으로 영향을 끼칠 수 있다는 사실을 모르는 듯하다.

> "언젠가 제 친구가 비보에서 무작위로 친구를 찾고 있었는데, 거기서 제 사진을 프로필에 걸어놓은 소녀를 발견했어요. 그 소녀는 저인 척을 했고, 그 아이의 앨범은 온통 제 사진뿐이었어요. 그 소녀는 저인 척하고 남자애들에게 말을 걸었고, 제 친구들은 그 사람에게 왜 제 사진을 갖고 있냐고 물었어요. 이런 일들은 비보에서 가끔 일어나요."
>
> – 소녀 ID: 14, ThinkUKnow 프로그램 평가 연구

유럽 인터넷 안전프로그램 집행위원회의 지원을 받아 유럽 4개 국가에서 온라인 그루밍 행동을 탐구한 연구(Webster et al. 2009)에 의하면, 성범죄자들은 사회적으로 고립되어 온라인에서 받는 관심에 목말라 있는 청소년을 대상으로 삼을 가능성이 크다. 그들은 페이스북 같은 대중적인 온라인 매체를 이용해 범행 대상으로 삼을 아동과 청소년들을 찾고 만날 수 있다.

•••

결론

이 장에서는 SNS가 아동의 위험 행동과 결합될 때, 성인이 아동을 성착취할 기회가 생긴다는 우려에 대해 이야기했다. SNS를 둘러싼 기술은 온라인 그루머가 상당히 쉽게 아동에게 접근할 수 있게 만든다. 잠재적 피해자를 찾은 온라인 그루머는 성적 접촉을 목표로 아동의 참여를 유도하기 위한 다양한 방법들을 쓸지도 모른다. 물론 현실 세계에서 실제 신체 접촉이 일어나지 않을 때도 아동과 청소년은 온라인에서 성적으로 착취당할 수 있다. 대개 음란물의 교환 또는 아동과 청소년에게 성적인 사진을 보내도록 설득하는 방식으로 이루어진다.

웹스터(Webster 2009) 등이 실시한 유럽 4개 국가의 온라인 그루머에 대한 최근 연구에 따르면, 그루밍은 굉장히 짧은 시간에 일어나기도 하고, 수개월에 걸쳐 천천히 진행되기도 한다. 성범죄자의 채팅 기록을 분석한 결과, 그들의 친구 목록에는 많은 청소년들이 있었으며, 청소년과의 대화는 굉장히 빨리 성적 주제로 넘어가는 것으로 보고됐다. 이어지는 장들에서도 소개될 것이지만, 많은 성인들이 아동과 청소년을 성착취하거나 그루밍하는 수단으로 SNS를 사용해왔다.

3

온라인 그루밍과 성범죄법

온라인 아동 성범죄 단속을 위한 법률구조

온라인과 오프라인 양쪽 모두에서 아동 성범죄에 관한 최근 학문적 논쟁은 법적(Ost 2009), 사회심리학적(Quayle and Taylor 2005) 접근법에 입각한 범죄학의 기여와 신자유주의적 정부 관행에서 문제를 정치적으로 구성하는 것에 관한 사회학적 연구(Wacquant 2009) 사이의 현저한 차이로 특징지어진다. 이 부분의 연구에 관한 논쟁은 종종 두 영역 간 상호침투 없이 일어나는 것처럼 보인다.

이 장에서는 후속 장에서 탐구할 실증적 자료를 준비하기 위해, 성인과 아동 간의 온라인 성적 접촉을 법률구조와 함께 설명한다. 그 과정에서 주로 법적, 사회심리학적 연구를 주로 활용했다. 그러나 이 책에서 주장하고 있는 바를 정치적 맥락에서 간략히 제시하는 것 또한 중요하다.

섹슈얼리티의 법체계 구성과 법에 따른 보호와 처벌은 결코 단순한 실용적 편의의 문제가 아니라 역사적, 지역적으로 특정한 다양한 도덕적 담론 속에서 이해되어야 한다. 지난 40년 동안 섹슈얼리티에 관한 사회학 연구에 따르면(Foucault 1998; Laqueur 1990), 이 주장은 오늘날 크게 문제되지 않는다. 이는 아동 성도착자 또는 피해 아동과 같은 사회적 범주가 특정한 담론의 틀에 따라 영향을 받고 유지되며, 대중적 이해와는 달리 생물학적, 심리적, 사회적 영속성을 갖추고 있지 않다는 통찰로 이어진다.

이러한 기초적 통찰 덕분에 로익 바캉(Loic Wacquant 2009) 같은 학자들은 성범죄자의 법적 추적을, 형벌 정책의 처벌적 재개념화를 향한 정치적, 문화적 경향과 성공적으로 연결시킬 수 있게 되었다. 여기서 초점은 자유주의 세계화의 맥락 속에서 사회적 엘리트에 의해 바람직하지 않다고 여겨지는 인구 집단의 '창고화(warehousing)'에 있다. 바캉은 이러한 처벌적 방향으로의 변화를 미국 내 '성적 약탈자'를 반대하는 캠페인과 연결 짓는다.

> "범죄와의 싸움을 선과 악 사이의 죽음을 건 의로운 싸움으로 묘사하는 신랄한 수사학적 표현에 힘입어 - 형벌의 권리, 책임, 그리고 합리적 배분과 피해를 주는 일탈행동을 예방, 완화, 억제하기 위한 수단들을 조직적인 일로 보는 대신에 - 대개 하류 인생, 사회적 표류자로 묘사된 '성적 약탈자'는 범죄자를 악마화하는 영국 대중문화에서 중심적인 위치를 확보했다. 그들은 도덕적 비열함의 살아있는 화신으로, 1970년대 후반 이래 미국 형벌 정책의 근간이 되는 재활에 대한 이상을 완전히 부인하고, 강력한 무력화와 복수심 가득한 응징으로의 전환을 위해 긴박하고 끊임없이 재생되는 동기를 제공한다."
>
> \- Wacquant 2009: 214

이와 유사하게 낸시 베임(Nancy Baym 2010)은 최근 대중의 인식과 온라인 성범죄의 현실 사이의 차이를 설명한다.

> "요즘 아동은 포르노그래피와 성행위에 쉽게 노출(또는 설상가상으로 이용)되는 듯 보인다. 인터넷 관련 담론에서 가장 두드러진 사례는 성적 약탈에 관한 것이다. 인터넷 대중성의 많은 부분들은 아무것도 모르는 어린아이들이 성희롱, 납치, 심지어 죽음으로 끝나는 기만적인 관계로 끌려 들어가면서 성범죄가 새로운 차원으로 치닫는 세계에 대한 것이다. 성인 남성들은 때때로 소녀들을 부적절한 관계로 유도하기 위해 인터넷을 사용한다. 이것은 분명히 끔찍한 일이나 흔치 않은 일이다. 성인 남성과 미성년자인 소녀가 성행위를 위해 인터넷을 통해 만날 때, 도덕적으로 의심스러울지라도 일반적으로는 합의적이며 솔직하다."
>
> \- Baym 2010: 42

최근 영국의 형사정책 발전과 관련한 공개 토론에서 바캉과 베임의 주장처럼 공공문화의 강력한 요소를 보여주는 논쟁이 있었다는 것은 전혀 터무니없지는 않아 보인다. 2000년대에 진행된 성범죄자들 신상공개에 대한 우파 신문의 캠페인은, 테리사 메이(Theresa May) 내무장관이 성범죄자 등록부에서 범죄자들이 자신의 이름을 삭제하도록 노력하는 것을 허용하는 대법원 판결을 비판하는 것과 유사하다. 사실 성범죄자들이 정치적 관점에서 제기한 위험을 사회 구조적으로 분석하는 것은 이 책을 범위를 벗어나는 일이다. 대신에 이 책에서는 현장 실용주의 측면에서 경찰 수사를 통해 온라인 성범죄의 위험에 대해 접근한다.

온라인 아동 성범죄 정의

새로운 디지털 미디어와 디지털 카메라, P2P 파일 공유 기술, SNS, 웹캠 등과 같은 기술적 발전들로 인해 많은 학자들과 현장전문가들은 온라인 아동 성범죄 정의를 면밀히 고심했다. 지난 수년간 여러 가지 정의들이 고안되고, 형성되고, 다듬어졌다.

2005년 가상 글로벌 태스크포스는 온라인 아동 성범죄를 아동이 신체적 또는 성적 학대를 당하는 이미지를 공유하고 내려받는 것, 그리고 '그루밍'이라고 알려진, 실제 세계에서의 성관계를 목적으로 아동에게 접근하는 행위라고 정의했다. 이 정의는 아동이 온라인상에서 맞닥뜨릴 수 있는 여러 가지 심각한 위험들에 대해 경고한다.

그 위험들은 부적절한 대화에 노출되고, 자신도 모르는 사이 성적 판타지의 대상이 되고, 보통의 성인 또는 아동인 척하는 성인에게 유혹당하고, 음란물을 받거나 자신이나 친구의 나체 사진을 보내라는 요구를 받고, 성적으로 노골적인 대화에 참여시키고, 자신이나 친구를 상대로 성적인 행위를 하도록 요구하는, 일종의 사이버섹스 형태로 나타난다. 이 모든 위험 행동들은 온라인상 새로운 세상을 만들어냈고, 이 가상공간에서 매일 심각한 수의 아동들이 성범죄의 희생양으로 유인당한다.

이러한 심각한 상황은 온라인 아동 성범죄 근절을 위한 국가적, 국제적 수준의 법률구조를 탄생시켰다. 예전 법률에서는 아동 성학대와 성착취, 포르노그래피 같은 형태의 온라인 아동 성범죄의 초기 형태만이 금지되어 있었다. 그러나 최근에는 이러한 범죄들을 모두 '사이버 범죄'의 한 형태로 보고, 온라인 불법 콘텐츠 제작 및 배포와 관련된 범죄로 규정하려 노력하고 있다.

이러한 최근 국제적인 법적 노력에도 불구하고 온라인 아동 성범죄를 사이버 범죄로 규정하는 것은 여전히 어려운 과제이다. 아동보호가 아동 음란물 제작, 그루밍 성범죄 같이 지역적 차원에서 다뤄지던 문제인 반면, 사이버 범죄는 다중관할권의 문제이기 때문이다. 온라인 아동 성범죄를 사이버 범죄의 한 형태로 규정하는 것은 기존 경찰 조직에 대한 도전이며, 기본 법률과 법률 구조뿐만 아니라 수사와 아동보호 관행의 체계적인 조화까지 요구되는 일이다. 또한 지역사회와 국가를 초월해 자원을 지속적으로 분배해야 하는 어려움이 따른다.

사회-법적 변화와 기술 발전의 결합은 맞춤화되고 광범위한 법적 개입이 요구되는 범죄 행동의 뚜렷한 범주인 온라인 그루밍 성범죄를 급부상시켰다. 사회-법적 변화에는 대개 법집행 개입이 뒤따르는 만큼, 여기서는 그루밍 법률에 대응하여 경찰의 수사 방법이 어떻게 발전했는지, 개정된 법령의 조항을 수용하기 위해 수사 관행이 어떻게 변화했는지 몇 가지 전형을 들어 영국 경찰의 수사 과정을 강조하는 사례연구들을 제시한다. 끝으로 그루밍 법률의 도입으로 나타난 경찰 수사와 아동보호 관행에서 떠오른 새로운 문제점과 도전들을 밝힌다.

●●●

현행 입법 맥락: 2003년 〈성범죄법〉

2004년 5월 1일 시행된 2003년 〈성범죄법〉은 기존 〈성범죄법〉(1956)의 심각한 허점들을 보완하고 빅토리아 시대가 아닌 현대의 성 인식을 반영하기 위해 개정되었다. 성착취와 성학대로부터 취약한 개인을 보호하려는 목적에서 성범죄의 일관적인 정의를 규정하고, 성범죄자 등록을 관장하는 법을 마련하고자 한 이유에서였다(내무부 2004). 게다가 2003년 〈성범죄법〉은 개정 〈성범죄법〉(2000)에 명시되어 있었던 신뢰관계와 지위를 이용한 범죄의 범위를 확장하고, 해당 범죄에 적용되는 새로운 직업들을 추가했다.

추가된 역할에는 관련 법률에 따라 임명된 개인 고문(예를 들어 청소년이 지방 당국의 보호를 떠나는 경우)과 1989년 〈아동법〉, 1984년 〈입양 규칙〉, 1991년 〈가족 소송 규칙〉에 명시된 보호자, 청소년 범죄팀 및 치료사 등이 있다(내무부 통신관리국 2004). 또한 신뢰관계와 지위를 이용한 범죄 대상 연령을 16세 미만(2000년 〈성범죄법〉)에서 18세 미만으로 확장하였다(2003년 〈성범죄법〉).

이런 엄격한 조치는 법적인 동의 연령은 넘었지만 이미 알고 있고 믿고 있는 사람에게 착취당할 가능성이 높은 16세, 17세 청소년을 보호하기 위해 마련되었다. 실제로 신뢰 관계에서 일하는 사람들이 저지르는 범죄는 일반 대중에게도 똑같이 적용된다. 그러나 신뢰관계의 지위에 있는 사람이 성범죄를 저지른 경우, 법은 16세 미만이 아닌 18세 미만일 때도 적용된다. 이러한 조치가 취해진 이유는 성범죄자가 종종 아동에게 쉽게 접근할 수 있는 직업을 갖거나 봉사활동을 하는 경우가 많다는 연구 결과가 제시되었기 때문이다(Gallagher 2000b; Miller 1997). 이를 갤러거(Gallagher 2000a)는 '기관적 아동 성학대'라고 정의한다.

> "아동(18세 미만)과 함께 일하는 성인이 아동을 성학대한 것. 이때 성범죄자는 임금노동자이거나 자원봉사자로 공공부문이나 민간부문에 종사하며, 아동과 함께 거주하거나 거주하지 않는 환경에서 일한다. 그리고 아동과 직접 일할 수도 있고 보조적인 역할을 할 수도 있다."
>
> – Gallagher 2000a: 797

동의 연령 미만의 아동이나 13세에서 15세 사이 청소년들은 해당 법률의 일반법에 의해 보호받는다.

특히 2003년 〈성범죄법〉은 이 법이 제공하는 새롭고 광범위한 변화를 면밀히 검토하고 살펴볼 가치가 있다. 이 법은 먼저 성범죄의 정의를 검토하여 새로운 범죄를 추가하고, 기존 성범죄의 범위를 확장한다. 그다음으로 아동과 아동보호에 중점을 둔다. 2003년 〈성범죄법〉을 분석하면, 비동의 범죄는 제1~4조, 5~8조에 명시되어 있다. 범죄는 강간(제1조), 삽입 폭력(제2조), 성폭행

(제3조, 영국에서는 물리적 행위 이전까지를 뜻함), 동의 없이 성행위에 참여하도록 유도하는 것이다(제4조). 5~8조는 13세 미만의 피해자에 대한 동일한 네 가지 범죄를 추가한다.

강간은 언제나 심각하고 두려운 범죄로 인식되어 왔고, 가장 논의가 많았던 성범죄다(Kelly 1988). 1956년 〈성범죄법〉에 의해 강간은 동의 없이 음경을 질이나 항문에 삽입하는 행위로 정의되었다. 이는 삽입적 구강성교 같은 다른 심각한 형태의 성범죄가 단순히 '음란한 폭력'으로만 취급되었다는 의미이기도 하다. 그러나 2003년 〈성범죄법〉에서는 삽입적 구강성교를 강간으로 분류했다. 이 새로운 정의는 검찰에게 의도적 삽입, 동의 부재, 동의에 대한 합리적인 믿음의 부재라는 세 가지 기소 조건을 요구한다.

또한 아동 성학대의 관점에서 이 법은 강간을 13세 미만 아동과 갖는 모든 종류의 성관계로 정의하고 있다. 13세 미만 아동에 대한 또 다른 동의 없는 범죄로는 삽입 폭력, 성폭행, 아동이 성행위에 참여하도록 유도하거나 자극하는 것이다. 이 범죄들에 대해서는 기소를 위해 동의 부재를 증명할 필요가 없다. 이 규정은 연령에 상관없이 모든 피고인에게 적용되며, 그 때문에 서로 나이가 비슷한 청소년들끼리의 충동적 행동에도 같은 형법의 무게를 실었다는 비판을 받기도 했다.

2003년 〈성범죄법〉은 성폭행에 대해서도 검토한다(제3조). 1956년 〈성범죄법〉에서 '음란한 폭력'이라는 용어는 아동에게 하는 성적인 키스부터 성기 접촉, 강제 구강성교까지 광범위한 행위를 포괄했었다. 그러나 애쉬워스(1999)가 지적하듯, 이 범죄의 범주들은 피해자에게 미치는 영향 면에서 분명한 차이가 있다. 2003년 〈성범죄법〉에서는 이 범주들을 재고하고 합당하게 정의하여 강제 구강성교를 강간으로, 음경 외의 다른 것을 질 또는 항문에 삽입한 것을 삽입에 의한 폭력으로 재분류하였다. 결과적으로 새로운 성범죄들은 다음의 네 가지 요소들에 의해 재정의된다. (1) 피고(A)가 고의로 다른 사람(B)을 만진다(법에 따라 '만지기'는, 그 외 어떤 것을 갖고, 또는 그 어떤 것을 통해서 몸의 어떤 부위라도 만지는 것을 포함한다). (2) 정의된 바대로 만지기는 반드시 성적이어야 한다. (3) B는 만지는 것을 동의하지 않는다. (4) A는 이성적으로 B의 동의를 믿지 않는다.

또한 피해자의 상황을 공정하게 만들기 위해서(공정한 재판을 받을 피고의 권리를 위협하지 않고) '동의'와 관련해 다음 세 가지 새로운 조치들이 포함되었다.

- 개인이 성행위에 대한 선택에 동의하고, 그 선택을 할 수 있는 자유와 능력이 있다.
- 범죄 당시의 모든 상황은 피고가 원고의 동의를 얻었다고 믿고, 동의 과정에서 이성적으로 행동했는지 여부를 검토할 때 활용될 것이다.
- 협박을 받거나 심각한 피해에 대한 두려움을 느낄 때, 의식이

없거나 약에 취하거나 납치되거나 신체적 장애 때문에 의사소통을 할 수 없는 경우, 사람들은 성행위에 동의했을 확률이 매우 낮다고 여길 것이다.

아동이 성매매나 포르노그래피를 통해 학대당하는 것을 예방하기 위해서 2003년 〈성범죄법〉에는 새로운 범죄들도 명시되었는데, 이 범죄들은 다음과 같은 다양한 행위들을 포괄한다. 아동의 성적 서비스 구매, 아동 성매매나 포르노그래피 주선 및 조성, 성매매 또는 포르노그래피에 연관된 아동의 행동을 통제하는 행위 등은 물론이고, 피해자에게 당혹, 괴로움, 모욕을 줄 수 있는 비접촉 행위들도 포함되었다. 이러한 비접촉 범죄에는 남성 또는 여성이 자신의 성기를 드러내는 노출과 관음증(2003년 선고 지침)이 포함되었다. 또한 정신병이 있거나 이해 부족으로 거절할 수 없는 사람들도 이 새로운 법에 따라 보호받는다.

2003년 〈성범죄법〉은 기존 범죄들을 재정의했을 뿐만 아니라 새로운 범죄도 규정했다. 특히 그루밍 범죄의 도입은 바람직한 진보적 변화로 볼 수 있다. 이는 개인이 성적 목적으로 아동을 그루밍하는 온라인 범죄행위를 근절하기 위해 고안되었다.

●●●

음란물

아동 음란물의 수집과 배포를 새로운 현상으로 착각하는 경우가 많다. 그러나 실제로 이 현상은 18세기로 거슬러 올라간다(Lane 2001; Yar 2007). 퀘일과 테일러(Quayle and Taylor 2005)에 따르면, 아동 음란물의 교환은 빅토리아 시대에도 존재했으며 당시 주류 포르노그래피의 상당 부분을 차지했다고 주장한다. 이 시기 매체는 엽서였을 것으로 추정되는데, 아동 대 성인의 포르노그래피 비율은 5 대 1이었다.

오늘날 인터넷을 통해 음란물 제작과 배포가 훨씬 대규모로, 더 빠르게, 거의 비용 없이 일어나고 있다. 최근 들어서는 아동 성학대가 사이버공간에서도 발생하기 시작했고, 이러한 가상 세계 속 성학대가 아동에게 미치는 영향은 현실 세계에서의 성학대만큼이나 심각한 것으로 보고되었다(O'Connell 2003; Davidson and Martellozzo 2008; Yar 2007).

지난 몇 년간 '아동 포르노그래피'의 심각성과 범죄적 성격을 축소하지 않고, 적절한 정의를 찾고자 하는 토의가 몇 차례 이루어졌다. 테일러(2002)는 아동 포르노그래피가 아동에게 성폭행을 저지르는 모습을 시각적으로 표현하고 있는 것을 가장 심각한 문제로 보았다. 아동 포르노그래피가 성폭행이나 강간 장면을 묘사한 것일 때 이것은 클릭 한 번으로 물리적으로 파괴되거나 삭제할 수 있는 끔찍한 행위를 담은 단순한 이미지가 아니다. 이것의 제작 과정은 훨씬 더 심각하다.

래닝이 정확히 지적했듯이, 아동 포르노그래피는 '실제 아동에 대한 성학대나 성착취의 영구적 기록'이며(Lanning 1984: 89), 사이버공간에서 원본의 출처를 찾거나 완전히 삭제하기도 어렵다. 또한 모든 아동 포르노그래피가 성인 또는 동물이 등장하여 아동을 성학대하는 이미지인 것은 아니다. 상당수는 아동이 성적으로 도발적인 자세를 취하거나 그러한 옷차림을 하거나 반쯤 혹은 완전히 벗고 있는 아동을 묘사하고 있다. 이러한 이미지들은 어떻게 취급되어야 하는가? 이 질문에 답하기 위해 우리는 카메라 뒤에 누가 서 있는지 고려할 필요가 있다. 켈리와 스콧(Kelly and Scott)은 다음과 같이 주장했다.

> "… 아동을 담고 있는 사진과 영상 바깥에는 그 상황과 아동의 행동을 통제하는 어른이 존재한다. 이 어른은 마치 사진사처럼 아동에게 요구하고 지시한다. 이 또한 아동 성학대의 한 형태이다."
>
> – Kelly and Scott 1993: 116

모든 정의는 아동이나 청소년의 포르노그래피 사진을 소지, 제작, 다운로드, 배포하는 행위의 심각성을 명백히 강조한다. 어떤 정의에서는 아동에게 성적으로 끌리는 사용자를 만족시키기 위해 의도적으로 행해지는 심각한 폭력과 강간의 묘사 또한 처벌의 대상이 된다. 이를 염두에 둔다면, 다음과 같은 질문이 제기된다. '제작되고 배포되는 이미지 속 아동이 현실에서 실제 학대당하는 아동일 때, 과연 아동 포르노그래피에 대해 이야기하는 것이 옳은가?' '영상이나 사진, 다른 매체를 통해 아동을 계획적으로 강간, 학대, 고문한 기록물을 아동 포르노로 정의하는 것은 정당한가?'(Edwards 2002: 1)

이 질문들에 답하기 위해서는 이미지 속 묘사된 아동에 초점을 맞출 필요가 있다. '아동'과 '포르노그래피'라는 두 용어의 결합은 이미지 속 아동을 대상화한다는 점에서 심각한 오류가 발행한다. 이에 대한 증거는 채팅방에서 찾을 수 있는데, 성범죄자들은 혐오스러운 이미지를 컬렉션에서 누락된 '우표(stamp)'로 언급하며, 이 아이들을 피해자로 보지 않고 대상으로 간주한다 (Edwards 2002; Quayle and Taylor 2001; Davidson and Martellozzo 2008).

이 주장은 또한 퀘일(2001) 등의 주장을 뒷받침한다. 퀘일은 아동 음란물을 묘사하는 데, '아동 포르노그래피'라는 용어가 사용된다면 신문 판매대나 비디오 소매점에서 손쉽게 구할 수 있는 성인 간 합의된 성관계 묘사와 비교될 위험성이 있다고 주장한다. 런던 광역경찰청 총경 피터 스핀들러(Peter Spindler) 역시 이러한 견해를 지지한다. 그는 '아동 포르노그래피'라는 용어가 수용 가능한 수동적 용어가 되는 위험이 있고, 아동에게 강제로 행해진 성행위를 현실적으로 정확히 묘사하지 못한다고 주장한다. 윌리엄스(Williams)는 조금 더 소극적인 입장으로, 이러한 표현들이 왜곡된 이미지를 제공한다며 다음과 같이 주장한다. '물론 최악의 경우 아동 포르노그래피는 중범죄의 증거이다. 범행 상황을 기록하고 있지 않지만, 아동 음란물법에 저촉되는 행위를 묘사하는 경우가 있다'(Williams 2004: 247).

에드워즈(Edwards 2002: 121)는 잉글랜드와 웨일스의 형사법원에서 최초로 아동 포르노그래피 재판에 대한 연구를 시행했다. 연구의 주요 발견 중 하나는 아동 포르노그래피를 소지하거나 아동의 음란한 사진을 촬영하는 것과 실제 학대 사이에 잠재적 연관성이 인지되는 경우가 드물며, 인지되는 경우에도 과소평가된다는 점이다. 에드워즈는 경범죄법원과 형사법원 양쪽에서 아동 포르노그래피 사진 촬영과 실제 아동 학대 사이의 구분이 어떻게 이루어지는지를 묘사한다.

아동 포르노그래피를 소지하거나 배포한 혐의로 기소된 피고인들은 법정에서 자신의 행위를 최소화하는 데 성공한 반면, 판사는 유죄판결을 받은 피고인들이 제기하는 위험을 인지하지 못하는 경우가 많다. 아동 음란물을 보거나 배포하는 행위가 아동의 온전함과 안전을 침해하는 게 아니니라는 듯 유죄판결을 받은 범죄자들에게 종종 매우 짧은 형량이 선고되곤 한다.

문제는 아동 포르노그래피를 소비하는 심각성을 과소평가하면 잠재적 위험이 더 커질 수 있다는 점이다. 이미지에 묘사된 아동을 간과하게 될 뿐만 아니라 무의식적으로 범죄의 심각성에 대한 잘못된 인식에 기초하여 범죄자들을 구별하게 된다. 즉 피해자와 접촉하면 나쁜 범죄자, 나쁜 범죄자가 한 일을 감상만 한 사람은 착한 범죄자라는 식이다.

이러한 인식은 아동 포르노그래피를 소비하는 수요를 증가시키며 결과적으로 피해의 고리를 지속시킬 수 있으므로 필히 개선되어야 한다. 실제로 카(Carr)는 '아동 포르노그래피 소지자는 대리인에 의한 적극적 학대자이다. 만약 누군가가 그들을 대신해 아동을 학대하지 않는다면 그들은 그 이미지를 소지하거나 볼 수 없다. 그들이 지금 하고 있는 행위를 하지 않는다면, 학대당하는 아동이 적어질 것'이라고 주장한다(Carr 2003: 15).

이 분야에서 일하는 많은 현장전문가들이 여러 번 동의했듯, 아동 포르노그래피를 지칭할 때 쓰는 용어는 '아동 음란물'이며 이 용어는 이 책 전반에서 사용될 것이다. 다만 만들어진 음란물이 실제 아동을 담고 있지 않을 때, 적절한 정의를 찾는 것은 더욱 복잡하고 논란의 여지도 많다. 아동은 때론 로리콘이나 쇼타콘, 헨타이[13] 속 그림이나 아바타(사람 또는 생각의 구현)로 세컨드 라이프[14]와 같은 가상 환경에서 성인과 성행위를 하는 어린 소녀로 묘사될 수 있다. 기술은 너무 빨리 발전하고 있기 때문에 정의적 관점에서뿐만 아니라 법과 법집행 개입의 관점에서도 이러한 모든 변화를 따라잡기 어렵다.

---

13 사춘기 이전 또는 사춘기의 젊은 캐릭터가 암시적이거나 선정적으로 묘사되는 만화와 애니메이션 장르를 가리킨다.

14 사용자 또는 거주자가 아바타를 통해 서로 상호작용할 수 있게 하는 온라인 환경이다. 가상공간에서 거주자들은 자신의 아바타를 만들고 사회 활동을 하고, 상호작용하며, 그룹 활동에 참여할 수 있다. 그러나 아동처럼 보이는 아바타가 아동처럼 행동하지 않고 성적 행동을 보이는 경우도 있다.

1985년 타일러와 스톤(Tyler and Stone)은 아동 포르노그래피를 다음과 같이 정의했다. '성적으로 노골적인 자세를 취하거나 행동을 하는 아동의 사진 위주의 묘사로 살아있는 아동을 모델로 했을지 아닐지 모르는 스케치나 그림, 조각과 달리 사진 제작물에서는 제품 생산을 위해 아동이 반드시 착취당해야만 한다'(Tyler and Stone 1985:314). 타일러와 스톤이 언급했던 스케치와 그림은 오늘날 성적으로 노골적인 행동을 취하는 아동을 대표하는 애니메이션의 현실적인 이미지가 되었다.

그 결과 유럽의회 사이버 범죄 조약(2001)은 아동 포르노그래피와 관련된 범죄의 정의에 '노골적인 성적 행위를 하는 미성년자를 표현하는 현실적인 이미지들'을 포함했다. 하지만 9조4항에서는 각 국가가 이 정의를 적용하지 않을 권리를 가진다고 서술한다. 한편 아동의 성학대와 성착취 방지를 위한 유럽협의회 협약(2007)은 이와 관련해 더 많은 정의를 제시한다. 제20조에 의하면 아동 포르노그래피는 노골적인 성적 행위에 참여하는 실제 또는 시뮬레이션된 아동을 시각적으로 묘사하거나 성적인 목적으로 아동의 성기를 묘사하는 모든 자료를 의미한다. 그러나 지금까지 이 정의를 시행한 국가들은 거의 없다. 베인스(Baines)가 서술했듯, 이런 애매함은 컴퓨터로 제작된 아동 학대 이미지와 관련된 현재의 혼란과 합의의 결여를 나타낸다(Baines 25-28 2008/11: 9).

아동 음란물에 관한 법률

아동 음란물 제작과 배포를 기소할 법은 충분히 많고, 명확하며, 지속해서 수정 과정을 거치고 있다. 1978년 〈아동보호법〉에 따르면, 음란하거나 학대적으로 보이는 18세 미만 아동의 이미지나 유사 사진[15]을 촬영, 제작, 소지, 보여주기, 배포, 광고하는 것은 불법이다.

또한 아동 음란물을 '촬영', '제작', '배포'하는 범죄를 구성하는 것이 무엇인지 명확히 하기 위해 더 많은 수정안이 작성되었다. 1994년 〈형사사법과 공공질서법〉과 개정된 1978년 〈아동보호법〉 1조1항에서는 다음과 같은 행동을 범죄라고 서술한다[16].

a. 아동의 음란한 사진이나 유사 사진을 촬영, 촬영의 허용 또는 제작
b. 음란한 사진 또는 유사 사진의 배포 또는 보여주기
c. 음란한 사진 또는 유사 사진을 본인이나 타인에 의해 배포 또는 보게 할 목적으로 전달
d. 음란한 사진 또는 유사 사진을 배포 또는 보여주거나 그렇게 할 의도로 이해되는 광고를 게재 또는 게재하도록 유도하기

---

15 유사 사진은 컴퓨터 페인팅 패키지를 사용하여 수정된 이미지 콜라주로 구성된 아동 음란물이다.

16 1994년 〈형사사법 및 공공질서법〉에는 1998년 〈형사정책법〉과 1978년 〈아동보호법〉의 범위를 확장하여 '유사 사진'의 소유와 배포를 금지하는 조항이 포함되었다. 1978년 〈아동보호법〉에 따라 범죄가 성립된 바 있다. '유사 사진에 의해 생성된 이미지가 아동이라면, 유사 사진은 이 법의 모든 목적을 위해서 아동을 보여주는 것으로 취급되어야 하며, 보이는 신체적 특징 중 일부가 성인의 것일지라도 우세한 이미지는 아동으로 보여야 한다.' (7조7항).

스미스와 제이슨(Smith and Jayson 2002)은 음란한 사진이나 유사 사진을 제작하거나 촬영하는 행위는 그 이미지가 아동의 음란한 사진이나 유사 사진처럼 간주되거나 간주될 가능성을 인지한 상태에서 이루어지는 고의적이고 의도적인 행위여야 한다고 주장한다. 그러나 '음란한'이라는 단어는 당시 법에서는 정의되지 않았기 때문에, 사진 또는 유사 사진의 음란성을 따지는 것은 배심원의 몫이었다. 판사는 배심원들에게 올바른 생각을 가진 사람들이 봤을 때 음란한 것인지 판단해달라고 요청했다(Akdeniz 1997). 배심원은 아동의 나이를 고려하면서, 사진을 찍은 사람의 동기를 근거로 사진의 음란성을 판단했다.

2003년 〈성범죄법〉에는 양형 판례법이 없는 새로운 범죄나 재정의된 범죄가 많이 포함되어 있다. 따라서 이 법이 시행된 이후 〈아동보호법〉과 〈형사사법〉 역시 개정이 필요했다. 2003년 〈성범죄법〉 45조에서는 '아동'의 정의를 16세에서 18세로 높였으며, 이에 따라 음란물에 묘사된 아동의 연령은 16, 17세 청소년과도 관련된다. 그러나 2007년 양형기준위원회에 따르면, 아동 성범죄에 있어서 피해자의 연령이 낮을수록 처벌이 더욱 강력하다. 피해자가 13세 미만인 경우 형량은 높게 시작하며, 연령이 16, 17세에 가까워질수록 형량이 낮아진다(선고지침위원회 2007a).

학대 콘텐츠를 구분하고, 원활한 양형 절차를 위해 유럽 아동 성도착자 근절정보의 아동 성도착자 사진 수집 유형이 올리버, 하테리, 발드윈 사건(R v (1) Oliver (2) Hartrey (3) BaLldwin [2002] EWCA Crim 2766)의 판례에서 잉글랜드 법에 반영되었고, 양형 기준에 영향을 미치게 되었다(Taylor and Quayle 2003). 이 기준은 아동에게 성적 흥미가 있는 성인에 의해 성적인 성격을 띠게 된 사진의 다섯 가지 범주에 기초한다. 아동이 나체 또는 반라로 포즈를 취하고 있는 1단계부터 삽입적 성폭력이 발생하는 4단계, 가학 및 수간이 행해지는 5단계로 나누어진다. 각각 단계에 대한 좀 더 정확한 설명은 다음과 같다(양형기준위원회 2007b: 10).

1단계 성행위 없이 선정적인 자세를 묘사한 이미지
2단계 아동들 간의 비삽입적 성행위 또는 아동의 단독적 자위행위
3단계 성인과 아동 간의 비삽입적 성행위
4단계 한 명 혹은 여러 명의 아동이나 아동과 성인 모두를 포함하는 삽입적 성행위
5단계 가학증, 동물을 대상으로 한 또는 동물에 의한 삽입

이러한 단계 분류가 음란물 완화에 도움을 주었을지도 모르지만, 묘사된 이미지의 심각성을 인지하는 과정에서 굉장히 중요한 한 걸음임에는 틀림없다(Martellozzo and Taylor 2009).

2002년 양형자문단은 아동 음란물을 생산, 제작, 배포한 성범죄자들의 판결에 고려해야 할 요소들을 담은 지침서를 발간했다. 범죄자의 판결 성격과 형량을 결정하는 주요인은 수집한 음

란물의 양보다는 심각성에 있다. 음란물의 심각성과 관련해 항소 법원은 양형자문단의 제안에 따라 음란성 측면에서 이미지를 분류하고 유럽 아동 성도착자 근절정보의 색인 척도를 채택하는 것이 도움이 될 것이라고 결정했다(Sheldon and Howitt 2007).

온라인 그루밍

성적인 목적으로 아동을 그루밍하는 것은 오래 전부터 있어 왔으며, 아동 성범죄의 주된 방식이었다(Beckett et al. 1994; Erooga and Masson 2006; Finkelhor et al. 2000). 그러나 인터넷의 발달로 범죄자들은 잠재적 피해자를 유혹하기 위해 더 이상 공원이나 쇼핑몰에 잠복할 필요도, 그들의 가족일 필요도, 신뢰 관계에 있어야 할 필요도 없어졌다(Medaris and Girouard 2004). 대신 그들은 사이버공간의 익명성 아래, 집 안에서 편하게 아동을 그루밍한다.

'그루밍'에는 의사소통과 사회화 과정이 포함된다. 이것은 범죄자가 성학대를 목적으로 피해자를 준비시키기 위해 신뢰를 얻으려는 의도로, 아동 또는 청소년과 상호작용하고 관심사와 취미를 공유하고 이들에게 정신적 지지와 공감을 제공하는 과정에서 이루어진다(Davidson and Martellozzo 2008). 존 매카시와 네이선 가운트(John McCarthy and Nathan Gaunt 2005)도 유사한 견해를 갖고 있으며, 온라인 그루밍 현상을 아동이 알고 있든 모르고 있든 성적 행동 또는 대화에 참여하도록 유혹 또는 유인하도록 고안된 온라인 행동의 한 종류로 정의한다. 이들은 온라인 아동 그루밍에는 다양한 방식이 있다고 주장한다. 이러한 방식은 성희롱(괴롭힘 또는 성적 목적의 이메일, 문자, 전화 등을 통해 원치 않는 접촉을 지지속적으로 하는 것)이라고 할 수 있으며, 결국 강제 성 접촉이라는 결과로 이어지는 성폭행(아동·청소년과 채팅방에서 만남을 주선)으로 이어질 수도 있다(McCarthy and Gaunt 2005).

양형자문단(2007)에 따르면, 성적 그루밍은 범죄자가 성학대를 목적으로 피해 아동을 준비시키기 위해 상호작용하는 동안의 사회화 과정으로 정의할 수 있는 심각한 약탈적 범죄이다(2003년 〈성범죄법〉). 양형기준위원회는 범죄자가 피해자를 만나기 위해 이동하기 전에 그루밍 범죄로 검거될 수 있다고 지적한다. 여기서 이동하기 전이라 함은 사회화 과정 중을 의미한다. 또한 양형기준위원회는 범죄의 심각성은 그루머의 의도에 근거한다고 말한다. 길레스피의 주장대로, '그루밍은 결국 접촉으로 이어지는 별도의 준비행위'로 인지된다(Gillespie 2008: 117).

그루밍에는 다양한 유형이 있지만, 이 책에서는 2003년 〈성범죄법〉 15조에 반하는, 그루밍 과정을 거쳐 아동과 실제 접촉해 유죄판결을 받은 범죄자만을 다루고자 한다. 온라인 아동 성범죄의 주요 정의가 정립된 것은 이 획기적인 법의 맥락 안에 있다.

온라인 그루밍에 관한 법률

2003년 잉글랜드와 웨일스의 성범죄법은 인터넷을 통한 아동의 성적 그루밍 범죄를 인정했다. 2003년 〈성범죄법〉 15조에는 '성적 그루밍 뒤 아동과의 만남'을 중범죄로 규정하고 있으며, 범죄자는 18세 미만의 아동과 성행위를 할 의도를 갖고 이전에 적어도 한 번 이상 의사소통을 하고(직접적으로 또는 인터넷이나 다른 매체를 통해) 아동과 만날 준비를 한다(Davidson and Martellozzo 2008). 이는 인터넷, 모바일폰과 같은 온라인 환경에서뿐만 아니라 '현실 세계'에도 적용된다.

'그루밍' 개념은 스코틀랜드 법에서도 인정되는데(Davidson 2007), 2005년 〈아동보호와 성범죄 예방법〉에서는 '특정한 예비 접촉 후 아동과의 만남'(1조)이 포함된다. 이는 잉글랜드 법에서의 '그루밍' 정의가 같다. 뉴질랜드의 경우 2005년 〈범죄 개정법〉에 성적 그루밍이 추가되었다. 미국에서는 성범죄를 목적으로 16세 이하의 아동에 관한 정보를 전자기기를 이용해 전달하는 것을 금한다(US Code Title 18, Part 1, Chapter 117, AS 2425). 호주 〈형사법〉(218A조) 또한 캐나다 〈형사법〉(172조1항)과 유사한 제재를 가하고 있다. 다른 국가들에서는 인터넷과 모바일폰을 이용한 온라인 그루밍만을 다루는 반면, 영국법에서는 성적 그루밍 범죄가 인터넷과 '현실 세계' 모두에 적용된다는 차이가 있다.

아동 성범죄, 기술적 변화와 법: 루크 새도우스키 사건

루크 새도우스키(Luke Sadowski) 사건은 새로운 범죄를 밝히고 영국법의 주요 허점을 매우는 데 기여할 만큼 중요한 사건이므로 분석할 가치가 있다.

루크 새도우스키는 교육과정의 마지막 해를 보내던 18세 교사 연수생이었다. 체포 당시 그는 5세에서 11세 학생들이 다니는 초등학교에 발령을 받아 1개월 째 근무 중이었다. 경찰 수사는 복잡했지만 성공적이었고, 미국과 영국 당국의 공조가 있었다.

2002년 미국 법집행기관들은 인터넷에서 성관계를 할 아동을 구하는 아동 성도착자들을 찾아내고, 이들을 체포, 기소하기 위해서 암암리에 수사를 하고 있었다. 미국 법집행부의 이민과 세관 집행기관은 가장 어리게는 8세 아동과 독특한 성관계를 제공하는 광고를 웹사이트에 게재했다. 이 광고의 목표는 아동 성범죄자를 사이트로 끌어들여 그들의 정체를 밝혀내는 것이었다. 벤 스미스(Ben Smith)라는 신분으로 가장한 새도우스키는 이 광고에 반응했고, 이메일로 소통을 시작했다. 그의 요구는 명확했다. 성관계를 위한 10세 소녀를 소개시켜 달라는 것이었다.

미국에서 게재한 광고라는 것이 확실해지자 새도우스키는 미국으로 여행할 수 없다고 말했다. 그러자 미국 이민과 세관 집행기관은 런던 소재 뉴스코틀랜드야드에 위치한 아동성도착전담팀과 긴밀히 공조하고 있던 미국 대사관에 연락을 취했다. 미국 대사관의 법무담당관은 영국 요원이 미국 요원과 연락할 수 있도록 조치했다. 하지만 얼마 지나지 않아 영국 법집행기관은 이러한 범죄를 다루기는커녕 제대로 인지조차 못하고 있으며, 위장경찰관도 없어 비밀 요원을 승인하고 배치할 수 없다는 사실이 드러났다. 결국 뉴스코틀랜드야드의 아동성도착전담팀이 사건을 맡아 새도우스키와의 원할한 의사소통을 위해 위장경찰관을 이용했고, 그 경찰관은 영국에서도 원하는 아동을 구할 수 있을 것이라고 새도우스키를 설득하는 데 성공했다.

2002년 10월 4일, 새도우스키는 위장경찰관과 만나 런던의 한 호텔로 들어갔고, 그곳에서 체포되었다. 그러나 당시 영국에는 그의 혐의를 입증할 만한 충분한 법이 없었다. 또한 법원에 주어진 판결권이나 통제 조치들도 부족했다. 고든(Gordon) 판사는 재판이 끝난 후 선고 과정에서 존재했던 법의 한계점들에 대해 다음과 같이 언급했다.

"법에 따라 범죄 행동에 대한 형을 선고한다. 법의 최고 형량이 어리고 취약한 사람들을 보호하기 위한 충분한 권한을 조금이나마 제공하는지 시급히 고려되기를 바란다. 이 범죄 상황은 여성에게 닥칠 수 있는 위험에 대해 심각한 우려를 낳는다. 잘못된 사람의 손에서는 인터넷이 판타지를 양산하는 기반이 될 수 있으며 심각한 형사범죄의 수단이 될 수도 있다."

– Gordon, 2002 in BBC News 2003

새도우스키는 3년형에 처해졌지만 법의 허점 때문에 성범죄자 등록부에 기재되지는 않았다.

새도우스키 사건에서 떠오르는 복잡성은 새로운 2004년 〈성범죄법〉 법안에서 다루어졌다. 이 법안은 인터넷을 통한 아동의 조달과 성매매를 최고 14년 징역형에 선고할 수 있는 형사 범죄로 취급한다(Sanderson 2007). 이 사건 이후 사이버공간의 익명성과 모호한 경계로 인해 조성된 그루밍 문제가 기하급수적으로 늘어났다. 그 결과 영국 법집행기관은 아동을 온라인 성범죄에서 보호하기 위한 새로운 조치들을 마련하고 있다.

성적 그루밍 개념은 성범죄자에 관한 문헌에 잘 기록되어 있으며(Marshall 1996; Quinsey et al. 1998; Wyre 1990), 다음 장에서 광범위하게 논의하고 평가할 것이다. 이 개념은 현재 법, 정책, 범죄 탐지 및 예방 계획에 포함되어 있다.

국제적 법률구조

온라인 아동 성범죄에 관한 조화로운 국제적 법률구조의 개발은 상당한 진전을 이루었지만, 여전히 어려운 과제로 남아있다. 한 보고서에서 유럽평의회 장관위원회는 다음과 같이 주장한다.

"유럽 내 아동 성범죄 건수를 나타내는 통계는 없지만 경찰, 사회복지 기관에 신고된 아동 성범죄 건수와 실제 건수에는 상당한 격차가 있다는 것은 잘 알려져 있다. 또한 아동은 성학대 경험에 대해 누군가에게 이야기하는 것을 극도로 어려워하는데, 그 이유로는 가까운 관계에 있는 사람이나 가족 구성원에게 피해를 입는 경우가 빈번하고 협박을 받기 때문으로 인지된다. 이용 가능한 자료에 따르면, 아동 성범죄의 대다수는 가족 체계 내에서 아동과 가까운 사람에 의해서 또는 아동의 사회적 환경 내부에 있는 사람에 의해서 발생한다."

– 아동의 성학대와 성착취 방지를 위한 협약(유럽평의회 2007)

세계 어느 국가라도 성범죄 피해 아동 숫자를 확실히 파악하기란 절대 불가능하다. 신고율 자체가 낮고, 아동의 가족 환경 또는 사회적 환경 안에 포함되는 사적인 생활 영역에서 사건이 발생하는 경우가 많기 때문이다. 여기서 중요한 것은 오늘날 '사회적 환경'이 갖는 의미이다. 전통적으로 사회적 환경은 '그 안에서 규정된 집단의 사람들이 상호작용하는 물리적 환경, 사회적 관계, 문화적 환경'을 말한다(Barnett and Casper 2001: 265). 또한 아동의 사회적 환경 구성 요소에는 학교, 운동장, 종교시설, 그리고 최근에는 인터넷과 같은 기반시설들이 포함된다.

따라서 온라인 아동 성범죄를 감시하는 데 있어 중요한 문제들 중 하나는 유럽평의회에서 언급한 바와 같이 경찰, 사회복지기관에 신고된 아동 성범죄 건수와 실제 건수의 차이에 의해 좌우될 뿐만 아니라 유럽 내 이웃 국가들과 다른 국가들 간의 법률 차이에 의해서도 좌우된다는 것이다.

지난 15년 동안 유럽에서는 아동 성학대와 성착취 문제를 근절하기 위한 중요한 진전이 있었다. 1997년 스트라스부르에서 열린 제2차 국가정상회담 이후 유럽평의회는 회원국의 아동과 무고한 피해자 보호를 위해 적절한 조치를 마련하려는 노력을 지지했다. 회원국들은 유럽평의회 내 협력을 공고히 하기 위해서 각국의 법률을 검토할 것을 요청받았다. 검토의 목적은 비인간적 대우로 고통받거나 그러한 위험에 처해있는 아동을 보호하기 위한 공통된 기준을 세우기 위함이었다. 이 결의는 2005년 5월 바르샤바에서 열린 제3차 정상회담에서 재확인되었다. 3차 회담에서는 아동 포르노그래피를 포함한 모든 종류의 폭력으로부터 아동보호가 최우선 과제가 되었다.

이 주요 정상회담 이후 2007년 7월 유럽평의회는 아동의 성학대와 성착취 방지를 위한 협약을 도입했다. 이 협약은 '가정이나 가족 내에서 발생하는 학대를 포함하여 다양한 형태의 아동 성학대를 정립'한 최초의 규정이라고 할 수 있다(유럽평의회 2007). 또한 성적 그루밍과 성관광을 다루고 있으며, 심각한 아동 성범죄 문제를 근절하기 위해 유럽 각국의 법률 사이의 차이를 좁히고 조화로운 법률구조를 구성하려는 시도를 담고 있다.

그러나 회원국들 간에 법적 동일성이 여러 관할권에서 수사의 효율성을 높여주고는 있지만, 실질적으로 조화로운 법률구조

조성은 아직 초기 단계에 머물러 있다. 예를 들어 2007년 아동의 성학대와 성착취 방지를 위한 협약에 따르면 아동 음란물의 소지는 모든 국가에서 범죄행위로 취급하는 반면, 다운로드를 하지 않고 감상만 하는 경우 어떤 국가에서는 범죄로 취급되지 않는다(Baines 25-28 2008).

온라인 그루밍도 다수 국가에서는 범죄로 인정되지 않고, 이 행위에 대한 법률도 존재하지 않는다. 그러나 뉴질랜드, 호주, 미국, 노르웨이 등 많은 국가들이 영국의 선례를 따르고 있다. 이 국가들에서 온라인 그루밍에 관한 법은 '오프라인에서의 만남 전에 부적절한 온라인 관계를 저지하는 예방적 조치'의 한 형태이다(Baines 25-28 2008: 10). 앞으로 더욱 많은 국가들이 이러한 법적 변화를 채택하고, 가속화되는 인터넷 환경의 변화에 직면해야 한다는 것에는 반론의 여지가 없다.

인터넷의 지속적인 변화로 인해 많은 사람들이 자신의 사회화 방식을 바꿀 것이고, 법이 진화하지 않는 이상 더욱 많은 사람들이 스스로를 취약한 환경에 빠뜨리는 위험에 노출될 것이다. 베인스(Baines)가 주장하듯, 조화로운 법률구조가 없으면 법집행기관의 범죄자 기소 노력을 위태롭게 할 것이며, 수사를 위해 자료에 접근하는 것을 지연시킬 것이다. 동등한 법이 모든 관할권에 존재한다면 국가들 사이의 수사력은 분명 향상될 것이고, 전 세계 아동들을 더 잘 보호할 수 있을 것이다. 그러나 강력한 법이 작동하기 위해서는 충분한 수사 능력을 갖춘 경찰력이 동반되어야 하는데 개발도상국에서는 그러한 경찰력을 찾아보기 드물다.

어떤 성범죄자들은 해외로 나가기도 하는데, 이때 아동에게 쉽게 접근할 수 있고 아동보호에 다소 취약한 지역을 선택하는 경우가 많다. 또 다른 범죄자들은 유사한 생각을 가진 사람들이 신뢰할 만한 네트워크를 통해 집 안에서 편안하게 아동을 '주문'할 수도 있다. 이러한 방법을 통해 원하는 목적지에 도착하면 모든 것이 준비된 상태인 것이다.

또한 동의 연령이 낮고 아동과의 성관계가 용인되는 국가를 방문하기로 마음먹을 수도 있다. 아동 성범죄와 관련한 법이 약하고 법집행기관의 재원이 부족한 곳이 바로 이러한 국가들이다. 그러나 2003년 〈성범죄법〉 114조에 의하면 경찰은 범죄자가 아동의 성착취를 위해 영국 밖으로 여행하는 것을 막기 위해 외국여행을 금지하는 명령을 적용할 수 있다. 2008년 형사정책과 〈이민법〉 72조는 2003년 〈성범죄법〉 72조를 대체한다.

개정된 법률에 따라 영국 시민 또는 영국 내 거주자가 다른 관할권에서 저지른 범죄에 대해서도 기소가 가능하게 되었다. 이로 인해 성범죄자들은 더 이상 아동보호에 관한 충분한 법이 존재하지 않는 국가들로 자유롭게 여행할 수 없게 되었다. 그러나 유럽 내에서도 아직까지 인터넷과 여타 미디어 기술과 관련된 아동 성범죄를 인지하지 못하는 국가들이 많다.

맨섬에서의 온라인 아동 성범죄:
영국 시민의 사건 연구

이 사건은 아동이 함께 있는 자리에서 성행위를 시도한 것과 관련된다. 2003년 〈성범죄법〉 11조는 다음 행위를 범죄로 규정한다.

"18세 이상인 A가 성적 만족을 얻기 위해 16세 미만의 아동이 함께 있거나 그 아동이 A를 볼 수 있는 자리에서 의도적으로 성행위(78조에 정의된 바와 같은)를 하는 것."

이는 아동 앞에서 또는 웹캠을 통해 노출을 하거나 자위행위를 하는 것, 또는 아동이 얼굴을 가리고 있는 상태에서 그 아동에게 노출, 자위행위를 묘사하는 것을 포함한다.

2009년 애덤은 어린 소녀로 가장한 위장경찰관에게 접촉해 자신을 영어 선생님이라고 소개했다. 대화한 지 얼마 되지 않아 애덤은 자신이 14세 소녀라고 믿는 소녀와 인터넷과 모바일폰을 통해 성적인 대화를 시작했다. 이 행동은 계속되었고, 애덤이 웹캠 앞에서 나체로 자위행위를 하기에 이르렀다.

수사 결과 애덤은 맨섬의 한 학교에서 근무하는 영어 교사라는 사실이 밝혀졌다. 애덤의 행동들은 영국 법에 분명히 저촉되지만 맨섬 법에 의하면 아무런 문제가 없다는 점이 검거 작전의 첫 번째 장애물이 되었다. 따라서 애덤을 2008년 형사정책과 〈이민법〉 72조에 따라 체포하는 것이 올바른 수순이었다(2003년

〈성범죄법〉 72조 '영국 밖에서의 범죄')
애덤은 훗날 런던 형사법원에서 성적 쾌락을 얻을 목적으로 16세 미만의 아동이 있는 자리에서 성행위를 시도한 두 건의 범행을 시인했다.

●●●

결론

이 장에서는 새로운 정보통신기술들, 특히 인터넷을 통해 성범죄자들이 익명으로 자신의 판타지를 실현시키고 욕망을 충족시킬 수 있는 새로운 방식을 찾아내는 기회를 얻게 되었다고 설명했다. 여기에는 아동에 대한 정보, 경험, 음란물을 교환하기 위한 사이트 구축, 성매매를 목적으로 아동을 구하거나 아동 음란물을 전문적으로 제작하는 범죄 활동, 성관광을 조장하는 범죄 활동 등이 포함된다(Davidson and Martellozzo 2008).

아동 음란물 제작과 배포와 관련된 범죄는, 그 규모가 점점 커지고 수익성이 높아지는 사업이 되어가고 있으며(Wyre 2003), '국제적 규모'의 문제로 규정되고 있다(UNESCO). 그런데 사이버공간에서는 더욱 큰 위험이 도사리고 있다. 온라인에서 아동은 성학대를 목적으로 그들을 노리는 성범죄자의 접근을 받고 유혹당할 수 있다(McCarthy and Gaunt 2005; Sanderson 2007).

아동을 성범죄, 추가적 학대로부터 보호하려면 법집행기관이 효율적 방식으로 작업할 수 있는 알맞은 도구를 갖추고 있어야 한다. 이는 자국민들의 온라인 그루밍과 관련한 정보를 수집 분석하고, 위험한 사람이 가까이에 있는 아동을 찾아내 보호하기 위해서이다. 그러나 국가 간 법률 차가 상당하여 법집행기관이 국경을 넘어 활동하기는 힘들다.

영국에서 온라인 그루밍은 신중하게 수사된다. 사람들은 온라인 그루밍이 의심되는 사건들을 경찰이나 온라인 채팅 모니터링이 가능한 아동착취와 온라인 보호센터 같은 기관에 신고할 수 있다. 하지만 대부분 국가의 인터넷 서비스 제공자들은 아동보호를 위한 조치를 취할 의무가 없으며, 온라인 데이터를 저장해야 할 법적 책임도 없다. 이는 다시 한번 2007년 아동의 성학대와 성착취 방지를 위한 유럽평의회 협약에 명시된 '정보통신기술을 이용해 성적 목적으로 아동을 유혹하는 행위'가 범죄임을 유럽연합 이외의 관할권까지 확대 적용되어야 할 필요성을 보여준다.

온라인 그루밍 과정의 추가적 분석인 인터넷 성범죄자들의 범행 방식과 경찰 대응은 이 책의 주요 핵심을 구성하므로 이어지는 장들에서 자세히 논의할 것이다.

4

온라인 성범죄 단속을 위한 대대적인 작전들

아동을 보호하기 위한 여러 기관들의 공조 노력

"아동 학대 사건에 대한 경찰의 개입은
지역사회를 보호하고 범죄자들을 응징하기 위한
그들의 주요 책임에서 기인한다.
그들의 가장 중요한 고려사항은 아동의 복지이다."

- Working together Under the Children Act 1989

온라인 아동 성범죄는 기술의 문제가 아니라 사람의 문제다. 아동을 위험에 빠뜨리는 것은 사람이지 컴퓨터가 아니다. 존스(Jones)가 주장했듯, '아동 성학대와 인터넷'을 둘러싼 가장 중요한 이슈는 아동보호이다(Jones 2003: 41). 따라서 법집행기관은 컴퓨터 기술에 기존의 경찰 수사 방식을 더해 온라인 성범죄에 대한 해결책을 찾고자 노력할 것이다. 그러나 경찰과 기술의 관계는 다음과 같이 오래되고 복잡하다.

> "경찰은 산업혁명 기술들로 인해 야기되는 사회적 혼란을 처리하기 위해 생겨났다. 그러나 다른 한편으로 경찰의 대응적이고 지역화된 특성은 항상 경찰 스스로가 기술에 대한 접근성과 기술 사용에 관해 시대에 뒤떨어진다고 느끼게 되었다."
>
> \- Wall 2007: 190

이 장에서는 경찰과 같은 공공기관이나 자선단체들이 온라인 아동 성범죄로부터 아동보호를 촉진하고 강화하는 데 있어 마주하는 어려움들을 탐구한다. 초반부에는 정부와 경찰이 기하급수적으로 증가하는 아동 음란물 제작과 배포, 온라인 그루밍 문제에 대응하는 방식을 밝힌다. 이와 관련한 경찰의 중요 작전들, 특히 대성당 작전(Operation Cathedral)[17]과 ORE 작전(Operation ORE)[18]에 초점을 맞추어, 마치 전염병과도 같은 온라인 아동 성범죄의 급격한 확산을 역사적으로 고찰할 것이다. 후반부에서는 성학대를 목적으로 하는 온라인 그루밍에 관한 이슈와 취약한 아동을 노리는 성범죄자의 유혹을 근절하기 위한 실행 방법들을 살펴볼 것이다.

문헌연구 과정에서 특히 경찰과 다른 기관들이 사이버 범죄

---

17 대성당 작전은 서식스 경찰이 1997년 10월에 이안 벌닥(Ian Baldock)을 체포하면서 시작된 국제경찰 작전이었다. 압수된 그의 컴퓨터에는 거대한 음란물 도서관이 발견되었다. 추가적인 과학수사 분석을 통해 용의자가 '원더랜드(W0nderland)'라 불리는 거대한 커뮤니티의 회원이었음이 밝혀졌다.

18 ORE 작전은 1999년 전 세계 인터넷 사용자들이 아동 음란물을 공유하는 것을 보고 미국 법집행기관의 정보에 따라 시작된 국제경찰 작전이었다.

근절에 참여하게 된 방식과 ORE 작전을 비롯한 몇몇 작전들이 많은 비난을 받고 실패한 작전으로 평가받는 것에 대한 의문을 둘러싸고 기존 연구들 간의 상당한 격차가 있음이 밝혀졌다. 물론 어느 정도는 기존 연구의 최근 경향과 분절적 특성이 이 장의 초반부에 필연적으로 반영될 것이다. 이 책의 핵심 목표 중 하나는 기존 정보들 간의 격차를 줄이는 것이다. 이는 온라인 아동 성범죄 문제, 구체적으로 말해 그루밍 과정, 경찰 수사, 그리고 아동보호에 관한 보다 총체적인 고찰과 분석을 제공하기 위해서이다.

아울러 이 부분에서 검토되는 상당량의 정보는 학계 자원뿐만 아니라 공공정책 문서, 전문가 콘퍼런스, 아동보호 영역에서 수행한 주요 실증연구(Davidson and Martellozzo 2007; Taylor 2005; Livingstone 2009)로부터 나온 것이다.

아동 성범죄에 대한 정부와 경찰의 대응: 음란물

아동 음란물 제작과 배포는 인터넷에서 매 순간 발생하고 있는 심각한 문제이다. 인터넷 시대가 시작된 이래로 이 문제는 '국제적 규모'의 범죄로 불리었다. 온라인 신문 《허핑턴포스트》에 실린 존 카(John Carr)의 최근 기고문은 현재 증가 추세에 있는 아동 음란물 문제가 어떻게 인식되고 있는지를 잘 보여준다.

> "런던에서 길을 걷다 보면 반경 6피트 내에 반드시 쥐가 있다고 한다. 인터넷 보급 초기 시절 신문의 헤드라인을 보면, 모든 사용자들이 클릭 두 번이면 아동 포르노그래피에 접근할 수 있었다고 생각할 만하다. 대중의식 속에서 아동 포르노그래피의 증식은 사이버공간에서의 주요 범죄들 중 하나가 되었다."
>
> – John Carr, Huffpost UK 07/07/11

최초의 온라인 아동 성범죄 수사를 다룬 신문기사들이 수천 개는 된다. 일간지들은 앞다투어 형사법원에서 처리된 기소건과 판결을 헤드라인에 실었다(BBC Panorama 2001). BBC는 전례없는 접근권을 얻어 대성당 작전에 관한 TV 다큐멘터리 프로그램을 제작했다. 제작된 다큐멘터리는 18개국에서 상영되며 국가범죄수사대에 대한 상당한 대중적 지지를 끌어냈을 뿐 아니라 아동 성범죄자에 대한 대중들의 관용 없는 분노를 자아냈다. 이는 국가범죄수사대의 언론 부서가 대중에게 이 주제를 허술하게 드러낸 것이 아니라 매우 강력하게 드러냈다는 것을 의미한다. 이는 '미디어를 부채질'(Cohen 1972)했고, 대중으로 하여금 '어쩌다가 이 지경이 되었는가?' 하는 매우 심각한 의문을 갖게 했다.

아동 음란물에 대한 수요, 예를 들어 파일 공유 기술을 이용한 음란물의 급속한 증가로 오늘날 법집행기관들은 성적 학대를 당하는 아동들을 국제적으로 추적하고 있으며, 전 세계적으로 아동 음란물을 근절하기 위한 상당한 재원이 지속적으로 투자되고 있다.

2006년 인터넷감시재단은 31,766건의 아동 음란물을 신고 처리했다. 이 통계 수치를 분석 평가하여 아동의 성학대 근절을 위해 노력하는 법집행기관과 다른 기구들에 핵심 자료로 제공하였다. 그러나 80퍼센트가 넘는 웹사이트들이 영국 밖에서 운영되고 있는 탓에(미국, 러시아에서 운영되는 사이트가 많음), 단속과 통제에 굉장한 어려움이 따른다[19]. 게다가 현재 온라인 그루밍과 아동 음란물 관련 인터넷 규정에 관한 그 어떤 국제적 합의도 없는 상태이다. 인터넷감시재단의 2008년 연간 보고서에 따르면, 아동 음란물을 게재하는 웹사이트 숫자는 감소(10퍼센트)했지만 음란물의 수위는 점점 심해지고 상업화되는 경향을 보인다.

- 아동 음란물이 게재된 사이트의 도메인을 추적한 결과 58퍼센트가 삽입과 고문을 포함하는 그래픽 이미지를 담고 있다(2007년에는 47퍼센트).
- 음란물 속 성학대를 당하는 아동의 69퍼센트가 10세 이하로 보인다. 24퍼센트가 6세 이하, 4퍼센트가 2세 이하로 보인다(2007년에는 80퍼센트가 10세 이하)
- 아동 음란물이 게재된 사이트의 도메인을 추적한 결과 74퍼센트가 상업적으로 운영되어 이미지를 판매하고 있었다(2007년에는 80퍼센트).
- 아동 음란물이 게재된 사이트의 도메인을 추적한 결과 영국

19 1996~2006년 동안 아동 음란물을 게재한 웹사이트의 국가별 분류: 미국 51퍼센트, 러시아 20퍼센트, 일본 5퍼센트, 스페인 7퍼센트, 영국 1.6퍼센트(인터넷감시재단 2006)

에서 운영되는 웹사이트는 아직 드물다(1퍼센트 미만).

인터넷을 통한 아동의 음란물 배포에 연루된 범죄자들을 검거하기 위해 실시된 다수의 경찰 작전들은 온라인 아동 성범죄에 대한 대중의 인식을 제고했다. 대중에게 익히 알려진 작전 중에는 아동 성도착자 검거를 목적으로 한 최초의 국제경찰 작전인 스타버스트 작전(Starburst Operation 1995)을 비롯하여, 대성당 작전(1998), ORE 작전(2001) 등이 있다. 그러나 프롤로그에서도 언급했듯이, 아동 음란물은 빅토리아 시대(Quayle and Taylor 2005)에도 있었고, 아마 그보다 더 오래되었을 것으로 추정된다.

레놀드(Renold 2003) 등은 최초로 아동의 음란물을 소지하고 배포한 범인들은 대개 사후에서야 밝혀지는데, 아동 성범죄로 체포된 용의자들의 컴퓨터를 분석한 후라고 주장한다. 영국 내 초창기 온라인 성범죄 사건 중 하나는 14세 미만 소년 4명을 성학대한 혐의로 체포된 가톨릭 사제에 의한 것이었다. 그는 당시 영국 내에서 음란물 수집 양이 가장 많았는데, 약 9,000장의 이미지를 소지하고 있었다(The Eros Foundation 2000). 또한 그의 컴퓨터에는 다른 아동 성도착자들과 교환한 것이 분명한 긴 목록의 이메일과 함께 잠재적 성범죄자들이 서로 의사소통하고 아동 음란물을 교환했던 토론방 메시지들이 남아있었다. 그의 유죄판결은 아동 성학대에 대한 것이었지만, 6년형을 선고받은 배경에는 인터넷을 통한 아동 음란물(유사 사진 포함)의 소지 및 배포라는 온라인 성범죄가 있었다(Akdeniz 1997a).

웨스트미들랜드 유해광고전담팀이 토론방 메시지들을 분석한 결과 아동 음란물의 소지 및 교환이 사제관이나 몇몇 집에서만 국한된 것이 아니라 아동에게 성적 흥미를 느끼는 취향을 공유하는 강력하고 거대한 위계로 구성된 인터넷 커뮤니티에서 이루어진다는 사실을 밝혀냈다. 이를 계기로 선버스트 작전(Sunburst Operation)이 시작되었다(Akdeniz 1997b). 한 토론방에서 주고받은 메시지가 전 세계 성범죄자들을 이어주는 얽히고설킨 수천 개의 웹사이트의 발견으로 이어진 것이다.

1996년 법집행기관은 음란물 제작과 배포에 대한 정밀 조사를 강화했고, 이 범죄만으로 용의자들을 구속했다(Renold et al. 2003). 스타버스트 작전 동안 영국인 9명과 외국인 37명이 전 세계에서 체포되었다(Akdeniz 1997a). 첫 번째 용의자가 체포된 뒤, 그는 유즈넷(Usenet)에 자신의 전문 기술을 이용하여 두 개의 경고 메시지를 게재하였는데, 그 제목은 '영국 사용자 보안 경고'와 '영국 사용자 보안 경고 2'였다. 이 메시지들로 인해 수많은 용의자들은 경찰 침입에 대한 경고를 받았다. 그가 올린 게시물 중 하나는 본 연구 기간 동안 온라인 열람이 가능했다. 그는 경찰 작전에 대해 알려주고 조언했다.

"영국 경찰이 특정 토론방들을 모니터링하고 있다고 의심하십니까? 당신 생각이 맞습니다. 당신의 이메일 프라이버시가 걱정되시나요? 당연히 걱정해야 합니다. 온라인에서 사생활과 안전을 확보하는 유일한 방법은 PGP(소프트웨어)를 사용하는 것입니다. 해당 프로그램을 찾고 최대한 활용하고 싶다면 바로 저에게 알려주세요. PGP에 관해 제가 모든 해답을 갖고 있지는 않지만 당신이 단기간에 기본 기능들을 사용할 수 있도록 해드릴 수는 있습니다."

그의 첫 재판에서 판사는 그에게 다시 범죄를 저지르면 구금형을 받게 될 거라고 경고했다.

흥미롭게도, ORE 작전과 유사한 또 하나의 대규모 작전인 원더랜드 작전(W0nderland Cathedral) 중 동일한 사람 이름이 발견되었다. 결국 그는 루이스 형사법원에서 '유포할 의도를 가진 소유' 혐의로 다시 유죄판결을 받았다. '스미스'라는 이름으로 불린 두 번째 기소에서 그는 이미지를 '제작'하지 않았고, 단지 첨부파일을 열었을 뿐이라고 주장했다. 항소법원은 만일 그가 메일을 열기 전에 음란물을 담고 있거나 담고 있을 것 같다는 사실을 인지하지 못했다면 이메일에 첨부된 음란한 유사 사진 '제작'(또는 이 법의 s.160(1) '소유하게 됨')에 대해서는 무죄라는 주장을 전적으로 받아들였다. 하지만 검찰은 스미스가 고의로 특정 아동의 이미지를 찾았고, 이메일 첨부파일로 아동의 이미지를 건네받았음을 증명했다(Lord Justice Dyson et al.).

이 사건은 성범죄자들에게 그들 사이에 존재하는 긴밀한 연결뿐만 아니라 의사소통 수단을 차단당하고 사이버 커뮤니티 활동을 방해받을 수도 있다는 두려움을 낳았다. 한편으로는 영국 경찰이 최초로 직면한 온라인 수사 과정의 어려움을 보여주는 사건이기도 하다. 경찰은 무형의 광활한 사이버공간 속에 사는 '직접적인' 성범죄자들을 수사하면서 그들의 불법 행위는 물론이고, 합법적이고 좋은 평가를 받는 웹사이트에서의 위장 메시지까지 감시해야 했다.

이어지는 내용에서는 스타버스트 작전 이후 영국 내에서 가장 널리 알려진 작전이 어떻게 시작되었는지, 이것이 정부와 법집행 관점에서 온라인 아동 성범죄 사건들을 다루는 지형을 어떻게 변화시켰는지 비판적으로 검토한다. 이 조사에서는 대성당 작전, ORE 작전 등을 통해 어떻게 경찰이 사이버공간에서 익명으로 활동하는 잠재적 성범죄자들을 식별할 수 있게 되었는지, 인터넷 사용의 증가로 광범위해진 규모에 대처할 수 있도록 국내외 경찰력 공조가 얼마나 필요한지를 강조할 것이다.

얼마 지나지 않아 음란물 9,000건은 더 이상 전자기기에 모아진 최대 불법물이 아니게 되었다. 경찰이 이 문제에 대해 더 깊이 인식하고 온라인 성범죄자의 행동을 더 많이 경험하게 되면서 체포된 범죄자들 개개인의 신상을 더욱 잘 파악할 수 있었고, 그들의 사회 연결망이 세상에 드러나게 되었다(Renold et al. 2003).

●●●

대성당 작전

대성당 작전은 온라인 아동 성도착자를 대상으로 경찰이 실시한 세계 최초의 대규모 작전이다. 이 작전에서 악명 높은 '원더랜드 클럽(W0nderland club)'의 회원인 영국인 성범죄자 7명이 유죄판결을 받았다(Spindler 2003). 대성당 작전에 참여한 검사 카맨 다우드(Carman Dowd 2003)에 따르면, 원더랜드 클럽의 진입 장벽은 매우 높았고 앨리스(Alice)라는 컴퓨터 프로그램과 'W0nderland'의 알파벳 'o'를 숫자 '0[20]'으로 대체하는 등 암호화 장치들로 보호받고 있었다.

이 클럽의 회원이 되려는 사람들은 기존 회원의 초대를 받은 후 음란물 만 장을 제출해야 했다. 그리고 그 이미지들은 전 세계에 배포되었다. 더 우려스러운 것은 클럽 회원들이 아동을 성학대하는 모습을 다른 회원들에게 실시간으로 전송할 수 있는 설비(facility)를 만들었다는 점이다. 회원들은 온라인으로 학대에 참여하면서 실시간으로 지시를 내릴 수도 있었다(Dowd 2003: 89). 모든 회원들이 직접 성학대에 참여한 것은 아니지만, 엄청난 양의 음란물을 조사한 결과 사안의 심각성이 드러났다.

대성당 작전에는 12개 국가들이 참여했고, 국가범죄수사대가

---

20 이는 글자가 숫자로 대치되는 '엘리트 스펠링'으로 정의되었다.

지휘를 맡았다. 이 작전을 통해 백만 장에 육박하는 음란물과 성적 학대를 당하는 아동을 묘사한 약 1,800개의 '컴퓨터 촬영 영상' 압수에 성공하였다(Zdnet 2001). 게다가 세계에서 가장 큰 인터넷 아동 성도착자 집단을 끌어들인 방대한 아동 음란물의 집합체, 이른바 '대여 도서관'이 적발되었다(BBC News Online 2001).

영국인 7명을 기소했던 검사 데이비드 페리(David Perry)는 다음과 같이 말했다.

> "아동들은 모두 16세 미만이었고, 어떤 사건에서는 겨우 생후 3개월된 아이도 있었습니다."
>
> – David Perry in BBC 2001

원더랜드 작전을 맡은 영국검찰청 검사 카맨 다우드 역시 이미지의 특성과 엄청난 분량에 충격을 받았다.

> "처음 이 사건을 맡았을 때 저는 관련 이미지들의 특성에 대해 전혀 아는 바가 없었습니다(실제 학대당한 아동의 연령은 1세 미만에서 십 대까지 다양했다). 범죄자들이 소지했던 방대한 이미지 양에 대해서도 무지했죠. 영국인 범죄자에게서만 나온 이미지가 75만 장을 넘었습니다. 1999년 사건 프레젠테이션 당시 저의 분석에 따르면, 법령에는 이러한 범죄 유형에 대한 고려가 없었고, 당시 아동 음란물 배포와 관련한 최고 형량은 고작 3년이었습니다."
>
> – Carman Dowd 2003: 96

다우드 검사의 프레젠테이션은 바라던 영향력을 발휘했다. 이 작전은 언론에 충분히 보도되었고, 2000년 〈형법과 법원 서비스법〉의 제2부가 발효되어 아동 음란물 소지와 배포에 대한 최고 형량이 크게 늘어났다. 이 작전 이전까지는 음란물 소지에 대한 판결 범위는 벌금형이나 보호관찰이 대부분이였고, 게리 글리터(Gary Glitter)가 1999년에 선고받은 6개월 형이 최고 형량이었다(BBC News Online 1999/11/12).

대성당 작전 결과 많은 국가들이 점점 증가하는 이 심각한 범죄 현상에 대해 면밀한 주의를 기울이기 시작했다. 각국 정부는 성범죄자들을 다룬 수많은 언론 보도로 생긴 대중들의 우려에 대응할 필요를 느꼈다(Soothill and Walby 1991; Greer 2003; Spindler 2003; Davidson 2008). 그 결과 G8 장관들은 온라인 아동 성범죄를 국제 정치의제에 올리기로 결정했다.

잉글랜드와 웨일스에서는 주요 법집행기관들을 대표하는 새로운 경찰 조직을 만들었다. 이들 업무는 온라인 아동 성범죄를 근절할 전략을 찾기 위한 전문 기술과 아이디어를 모아 영국경찰지휘관협회 범죄 콘퍼런스에서 발표하는 것이었다. 스핀들러에 따르면, 그 자리는 이전까지 영국경찰지휘관협회의 각각의 실마리들(클럽과 악덕, 아동보호, 첨단기술범죄)에 개별적으로 답했던 다양한 법집행기관들이 한 자리에 모여 지식과 경험을 공유할 수 있는 최초의 기회였다(Spindler 2003: 35). 그 결과 온라인 아동 성범죄가 전 세계적으로 일어나고 있다는 특성을 인지하고, 초기부터 다른 국가 경찰력과 국제적으로 협력하는 데 노력하였다.

2001년 5월, 전 영국 내무장관 잭 스트로(Jack Straw)는 아동이 온라인에서 맞닥뜨릴 수 있는 위험에 대응하기 위한 '아동 학대와 인터넷에 대한 내무부 태스크포스'의 발족을 알렸다. 이 조직의 목표는 인터넷 서비스 사업체, 아동 자선단체, 주요 정당, 정부 부처, 법집행기관, 그리고 영국을 아동이 인터넷을 사용하기에 가장 안전한 나라로 만드는 목표를 공유하는 대표들 간의 파트너십을 만드는 것이었다(Straw 2005: 4). 태스크포스 내부 그룹들은 각자 맡은 역할과 책임이 있었다. 형사법, 법집행, 훈련, 아동보호 조치, 교육, 그리고 아동과 부모, 교사의 인식 제고를 둘러싼 이슈들과 관련해 많은 하위 그룹들이 만들어졌다.

법집행기관들의 주요 업무는 아동보호와 사용자들을 위해 인터넷을 안전한 공간으로 유지하는 것이었다. 스핀들러의 주장처럼 '이는 경찰 수사에 있어 새로운 업무이긴 하지만 우리의 수사는 컴퓨터와 그 사용자의 위치 파악으로 끝나는 게 아니라 시작된다. 인터넷은 우리에게 아동을 성적으로 학대하는 성향이 있는 자들을 밝혀낼 첫 번째 기회'(Spindler 2003: 35; emphasis added)였다.

2장에서 언급했듯이, 오늘날 인터넷은 정보, 의사소통, 오락, 교육에 접근하는 필수적 도구이다. 인터넷은 저렴한 비용에 익명성을 보장하며 방대한 자료에 즉시 접속할 수 있게 해준다(Cooper et al. 2000; Robbins and Darlington 2003). 그러나 인터넷이 긍정적 기능만 하는 것은 아니다.

2010년 현재 인터넷을 사용하는 사람이 약 20억 명으로 늘어나고, 집에서 인터넷에 접속하는 사람들이 엄청나게 증가하면서(2009년 14억 명, 2010년 16억 명, International Telecommunication Union 2010/10/19) 아동 음란물의 제작, 생산, 배포 그리고 그루밍 범죄 역시 계속해서 늘어나고 있다. 따라서 인터넷을 그저 단순히 도서관이나 월등하게 뛰어난 백과사전으로만 인식해서는 안 된다. 우리 사회의 다양성과 이상행동을 포함한 인간의 표현을 비추는 거울로 인식하는 것이 더 적절할 것이다.

ORE 작전

ORE 작전은 영국에서 시행된 가장 큰 규모의 경찰 작전이었으며(Renold et al. 2003), 역설적이게도 경찰의 사이버 범죄 근절 결의를 가속화시키면서 동시에 방해물로 작용했다(Jewkes 2003b: 502).

1999년 4월, 미국 텍사스 우편검열국은 미국인 커플이 개인적으로 소유한 랜드슬라이드 프로덕션(Landslide Production)이라는 웹사이트와 관련한 정보를 입수했다. 랜드슬라이드 프로덕션의 목적은 성인 포르노그래피 이미지나 아동 음란물에 접근할 수 있는 서비스를 제공하는 것이었다. 이 회사는 수백 장의 아동 음란물을 제공하는 브로커로 활동했고, 1997년부터 1999년까지 약 927만 5,900달러의 수익을 거두었다. 이 웹사이트는 매우 교묘하게 구축되어 우연히 발견되지 않았고, 다양한 스크린이 접속자에게 여러 번 경고를 표시하는 방식으로 숨어있었다. 사이트에 접속한 고객들은 신용카드로 아동 음란물을 다운받을 수 있는 정기구독권을 구입했다.

1999년 5월 17일, 텍사스 연방 대배심은 토머스(Thomas)와 재니스(Janice)를 기소했고, 그들은 각각 1335년, 14년 형을 선고받았다. 이 커플의 체포로, 인터폴은 랜드슬라이드 프로덕션 웹사이트의 정기구독자 25만 명의 신용카드와 은행 정보를 입수하게 되었다. 한 경찰관은 이렇게 말했다.

> "… 개인이 아동 음란물을 제공하는 웹사이트에 돈을 지불하면, 온라인 아동 성도착자의 수요를 발생시키고 다른 이가 아동 음란물을 배포하도록 부추기게 하는 결과를 가져옵니다. 만약 그들이 이 음란물을 복제해 자신의 컴퓨터로 옮긴다면 음란물 제작의 죄를 저지르게 되는 거죠. 그러나 경찰의 가장 큰 우려는 랜드슬라이드 사건 리스트에 오른 모든 이름 하나 하나가 아동에게 즉각적인 위험이 될 수도 있다는 사실입니다."
>
> – 경찰관 ID: 3

이와 같이 아동 음란물을 내려받은 사람들도 아동 성범죄에 일조한다는 주장이 제기되고 있다. 이 주장에 힘을 실어주는 '이미지 다운로드 서비스 속에서 아동이 계속해서 학대받을 가능성은 높아진다'는 사실을 보여주는 연구들이 많다(Quayle 2003: 36, Carr 2003).

음란물을 다운받아 보는 사람들은 누구든지 간접적으로 이미 아동 성학대에 동참하고 있다는 사실을 아는 것이 중요하다. 막대한 양의 이미지들이 매 초마다 다운로드되며 '연속적인 피해'를 부추기고 있다(Quayle 2003). 카와 힐턴(Carr and Hilton 2010)은 다음과 같이 주장한다.

> "아동 음란물은 성적 학대를 당하는 아동의 시각적 표현이다. 학대는 주로 오프라인에서 발생한다. 이미지 캡처와 관련이 있는 어떤 형태의 성학대들은 웹캠 등을 통해서 원거리에서 일어나기도 한다. 인터넷은 상업적인 목적에 의해 이미지 배포를 촉진한다. 이는 결과적으로 범죄자들이 새로운 판매용 이미지를 제작하기 위해 더욱 많은 아동들을 학대할 동기를 유발시킨다."
>
> - Carr and Hilton 2010: 52

FBI가 랜드슬라이드 프로덕션으로부터 압수한 기록물들을 검토한 결과 7,000명이 넘는 이용자가 영국인이라는 사실이 밝혀졌다(Carr 2003). FBI는 용의자 명단을 영국 당국에 넘겼고, 경찰은 이를 전국에 배포했다. 런던 광역경찰청은 대략 1,200명의 용의자를 다루게 되었는데, 신속하게 수사하라는 정부의 압박을 받았다. 수사가 진행되면서 용의자들의 신원이 밝혀졌고, 영장을 발부받은 경찰관들에게는 용의자의 사업장을 수색하고 컴퓨터를 압수할 권한이 주어졌다.

ORE 작전의 대대적인 규모와 언론의 관심 덕분에 아동 음란물을 다운받고, 웹사이트에 접속했던 대다수의 용의자들에게 이내 경찰이 들이닥치게 되었다. 한 경찰은 이렇게 말했다.

> "집 안에 들어가 1978년 〈아동보호법〉에 따라 영장을 집행하는 순간 그 사람의 삶은 파괴되기 시작합니다. 지금까지 그들은 아동 음란물을 자신의 공간에서 자신의 컴퓨터로 다운받으며 안전하다고 생각했던 거죠. 그런데 경찰들은 그들의 삶에 걸어 들어가 이건 잘못이고, 당신들은 아동 성도착자라고 말합니다. 그 사람들 입장에서는 경찰이 그들의 삶을 망가뜨리는 거죠. 경찰이 음란물을 찾아내면, 그들은 유죄판결을 받고 성범죄자로 등록됩니다. 그들에게는 스트레스도, 잃는 것도 너무 많습니다."
>
> \- 경찰관 ID: 6

경찰관이 아동 성범죄 혐의로 누군가의 집에 들어서는 순간, 그의 삶은 법의학 조사로 유무죄가 밝혀질 때까지 정지 상태가 된다. 어떤 방식으로든 용의자는 자녀와 강제 분리되며, 아동과 함께 일하는 직업을 갖고 있을 시에는 직장에 복귀하지 못한다.

ORE 작전에서는 몇몇 유명 인사들의 이름이 조명을 받았다. 게리 글리터와 함께 작사가이자 밴드 '더 후(The Who)'의 기타리스트인 피트 타운센드(Pete Townshend) 역시 경찰의 긴 용의자 목록에 포함되었다. 그러나 타운센트는 '연구 목적'으로 그 웹사이트에 가입했지 그 어떤 이미지도 자신의 컴퓨터에 다운받지 않았다고 주장했다. 결론적으로, 그는 경고 조치를 받고 성범죄자 등록부에 기재되었다.

이러한 작전을 수행할 때는 경찰관이 용의자의 직업(아동과 함께 일할 경우), 위치, 아동과 함께 거주하는지 여부를 아는 것은 무척 중요하다. 이러한 요소들은 경찰의 개입을 최우선으로 요구하므로 위험 평가와 피해자 식별은 경찰에게 굉장히 중요한 업무일 수밖에 없다.

경찰이 고려해야 할 또 다른 요소는 경찰이 지닌 대중보호 의무이다. 영국이 서명한 1989년 유엔 아동권리협약은 아동의 권리 보호를 목표로 한다. 협약의 19조는 모든 당사국들이 '성학대를 포함한 모든 종류의 신체적 또는 정신적 폭력, 상해 혹은 학대로부터 아동을 보호할 적절한 모든 조치를 취할 것'을 의무화한다. 이는 아동의 안전이 위협받을 때 적절한 수사를 포함하여 아동이 보호받을 수 있도록 시민인권 보호 의무를 지방정부에 부과한다.

앞에서 언급한 의무과 책임이라는 관점에서 보면 아동 음란물을 구매했거나 불법 웹사이트에 가입했다고 의심되는 사람들을 조사하지 않는 것은 아동보호 의무를 위반한 것으로 해석될 수 있다. 학계 연구에 따르면, 아동 음란물을 구매한 사람들은 충분히 아동에게 위협을 가할 수 있다(Quayle and Taylor 2001; Jewkes 2003a; Carr 2003; Bourke and Hernandez 2009). 실제로 아동 음란물은 울프(1985)의 범죄 주기 모델에서 특정한 역할을 한다. 음란물은 아동 성도착자들의 판타지를 부추겨 접촉 성범죄를 저지르게 만드는 중독의 위험이 있다(Wolf 1985; Finkelhor 1986; Sandberg and Marlatt 1989; Eldridge 1990; Sullivan and Beech 2003)

아동 음란물을 보는 아동 성도착자들이 실제 성범죄를 저지르는 정확한 확률을 계산하는 것은 불가능하지만(Wyre 1996; Itzin 1996), 음란물을 수집하는 사람들이 아동에게 위협을 가할 수 있다는 위험을 인지하는 것 자체가 중요하다. 따라서 경찰이 아동에게 흥미를 갖는 잠재적 범죄자들을 식별할 수 있는 불법 유해물을 입수하고 나면, 용의자를 추적하고 추가 피해를 방지하기 위해 유해물을 분석할 의무가 있다(Gillespie and Upton 2004). 리처드 메인(Richard Mayne 1829)의 주장처럼 효율적 경찰의 목적은 범죄 예방이며, 그다음으로는 범죄 발생 시 범죄자 색출과 처벌이다. 이러한 정서는 국가정보모델 시행과 함께 현대 치안에도 적용되었다.

핀켈러의 '억제제' 이론과 설리번의 '행동 조건화' 이론의 결합은 적극적인 수색과 체포 전략의 핵심이 되었다. 경찰 활동과 형사 재판 과정은 내부 장벽(체포에 대한 두려움)과 외부 장벽(투옥)으로 작용한다는 점에서 주목할 만하다(Carrabine et al. 2004) 따라서 적극적인 수색과 체포 전략은 통제된 언론 보도와 더불어 내외부 장벽을 강화하여 범죄 예방에 도움이 될 것이다.

다양한 기관과의 협력을 통해 경찰은 ORE 작전 리스트에서 아동과 함께 일하거나 성범죄 전과가 있는 사람들을 찾아냈다 (Carr 2003). 그러나 지금까지의 논의에서는 개별 수사의 복잡성과 경제적 비용에는 주목하지 않았다. 이와 관련해 한 고위 경찰관은 다음과 같이 말했다.

> "ORE 작전에서 한 경찰관에게 할당된 업무량은 압수된 컴퓨터 10대 이상, CD롬 2,000개 이상, 플로피 디스크 500개 이상, 영상 55개, 필름 99개 정도였습니다."
>
> – 경찰관 ID: 2

대다수 용의자들은 한 대 이상의 컴퓨터와 모바일폰, 메모리 스틱 등을 가지고 있기 때문에 개별 체포 건마다 방대한 양의 경찰 업무가 발생한다. 그리고 모든 개별 항목마다 전문가에 의해 과학적으로 분석되어야 한다. ORE 작전 규모에 대한 많은 발표들은 현대적 수사의 어려움과 유일한 기회를 강조했다. 그 어려움은 수사의 우선순위 결정과 그러한 수사에 필요한 강력한 조치를 위한 자원에 있다. 개별 컴퓨터에서 나온 증거들을 모아 분석하는 데는 많은 비용과 시간이 든다. 몇몇 영국 경찰팀은 법의학 결과가 나오기까지 일 년 넘게 기다렸으며, 컴퓨터 한 대당 몇 천 파운드의 분석 비용이 발생했다.

이러한 재정과 인력 부족 문제는 ORE 같은 대규모 작전을 확실히 약화시켰다. 게다가 경찰 내부의 전문가 부족과 정책 결정 능력 부족 또한 작전을 희석시키는 요인이 되었다. ORE 작전 당시에는 없었던 첨단기술범죄팀 위장경찰관들의 주장대로, 미국 당국에서 제공한 용의자 리스트가 영국 당국 책상에 도착했을 때, 오랜 시간 동안 이행된 것은 많지 않았다(경찰관 ID: 4).

문제가 인정되고, 결정이 내려지고, 자원과 예산이 배치되고, 새로운 조직이 만들어져 훈련을 하고, 구체적인 경찰 개입이 실행되기까지 2년이란 시간이 흘렀다. 그동안 리스트 목록에 있던 용의자들은 온라인 아동 성범죄를 우리 시대의 도덕적 공황상태라고 묘사한 언론 보도로 겁을 집어먹고 증거가 든 컴퓨터를 없애고 새것을 샀다. 지체된 경찰 수사 탓에 용의자들을 증거 부족으로 기소하지 못하는 일이 벌어졌다.

경찰의 전술은 ORE 작전 기간 동안 많은 비판을 받았고, 잇따른 논쟁들을 통해 미래를 위한 많은 교훈을 얻게 되었다. 먼저, 영국 경찰은 아동 음란물을 다운받은 것으로 의심되는 혐의자들을 체포하는 데 너무 많은 자원과 예산을 투자했다. 이로 인해 아동보호 혹은 일반적인 사이버 범죄와 관련된 다른 심각한 문제들을 간과했다는 주장이 제기되었다.

게다가 OER 작전 동안 제기된 일관된 주장은 미국 당국에 신고된 용의자들이 음란물 구매에 쓰인 신용카드의 실제 사용자인지, 또한 랜드슬라이드 프로덕션이 합법적, 불법적 자료를 모두 보유했다는 사실을 고려했을 때 용의자들이 정말로 불법적 자료를 구매했는지 여부를 규명하는 데 실패했다는 것이다. 이러한 오류들은 학술적인 영역에서는 기록되지 않았지만, 수사 전문 기자인 던컨 캠벨(Duncan Campbell)이 작성한 논쟁적인 기사 시리즈에 기재되었다.

캠벨에 의하면, 사건 변호 중 증인으로 나선 한 전문가는 미국 기반 사이트로부터 음란물들을 구매하는 사람들은 주로 도난 신용카드를 사용하며, 본인의 신용카드를 사용하는 사람들은 오직 합법적 자료만 구매했고, 그 사이트를 방문 목적으로 가입했다고 주장하는 사람들은 절대로 그 사이트에 로그인하지 않았다고 증언했다(Cambell 2007/04/19).

캠벨은 영국 상원에 보낸 편지에서 1998년과 1999년에 신용카드 정보와 개인정보가 광적인 이익을 위해 제3자에 의해 도용된 탓에 기소되고 감옥형을 선고받고, 가족과 직업을 잃고 성범죄자로 낙인이 찍힌 피고인들에게 동정을 표했다(Cambell 2007:2). 같은 편지에서 그는 경찰이 인터넷 특성을 제대로 이해하지 못한 채, 인터넷 금융범죄와 인터넷 조직테러 대응을 위해 배치되었어야 할 자원을 부적절하게 사용한 것에 대해 공개적으로 비난했다.

그러나 캠벨의 믿음과 비난에는 주목할 만한 오류가 있다. 전 아동착취와 온라인 보호센터장 짐 갬블(Jim Gamble)은 신용카드 사기의 확산이 온라인 아동 성범죄 수사 진행에 어떤 문제를 일으켰는지를 묻는 질문에 다음과 같이 대답했다. '우리는 단순히 그들의 신용카드가 사용된 것을 근거로 누군가를 기소하지 않습니다. 당신은 합쳐지면 압도적인 증거를 제공하는 모든 환경적인 증거들을 보게 될 것입니다.'(Gambell 2007/06/01)

캠벨의 비난에 대한 응답으로 갬블은 로드 브로어스(Lord Broers)에게 보낸 편지에서 ORE 작전에 관한 흥미로운 통계를 제시했다. 그는 다음과 같이 주장한다.

> "… 2,450명이 넘는 개인들이 즉각 책임을 추궁당했다. 이 수치는 현재 93퍼센트의 유죄판결을 보여주고 있으며, 여기에는 700명 넘는 사람들이 공식적 주의를 받으며 유죄를 인정한 것을 포함한다. 거의 2,300건의 사건에서 아동 음란물이 발견되었다."
>
> – Gamble 2007/06/01: 2

게다가 갬블은 도난당한 신용카드 번호는 아동 음란물을 제공하는 웹사이트에 가입하는 것만큼 개인에 대한 많은 정보를 요구하지 않는다고 주장한다. 실제로 요구되는 개인정보는 다음과 같다.

- 이름
- 우편 주소
- 이메일 주소
- 개인 비밀번호
- 신용카드 정보

또한 시스템은 웹사이트 구독자의 주소 또는 위치 정보를 알려주는 IP 주소를 포착할 수도 있다. 이를 통해 구독자의 신원 조사를 할 수 있는데, 조사 내용에는 다음과 같은 요소들을 포함한다(Gamble 2007/06/01: 3).

- 전과
- 우편 주소 확인
- 분실 또는 도난 신고된 신용카드인지 확인
- 용의자가 아동과 함께 일하는지 확인

ORE 작전이 효율적 수사와 증거 수집 면에서 경찰에게 굉장한 어려움을 준 것은 사실이다. 하지만 ORE 작전 평가에 있어 꼭 고려해야 할 사항은 인터넷이 고도로 유동적이고 가변적인 환경을 구성하기 때문에 기술적으로 복잡하고 모니터링이 어렵다는 점이다(Shannon 2007). 게다가 앞에서 언급했듯이 ORE 작전은 아동에게 위협을 가할 수 있는 자들을 선제적으로 대응하기 위한 특별한 기회를 제공했다는 점에서 의의가 있다. 아동 음란물을 다운받거나 단순히 보기만 하는 사람들도 종국에는 아동 성학대를 계속해서 늘리는 데 일조하게 된다. 음란물 다운로드 시장 자체가 없어진다면, 음란물 공급을 위해 학대당하는 아동의 숫자는 훨씬 줄어들 것이다.

아동 음란물은 이전에는 침투할 수 없었던, 본질적으로 가정에서 발생하는 아동 성착취 세계를 들여다볼 수 있게 한다. 따라서 앞에서 언급된 작전들은 법집행기관뿐만 아니라 아동착취와 온라인 보호센터, 인터넷감시재단과 같은 기관들에게 '경종'으로 인식될 수 있다는 점에서 의미가 있다.

인터넷감시재단은 상업적 아동 성학대 웹사이트를 추적하고 감시하기 위한 전담팀을 두고 있다. 이들의 업무는 여러 가지 면에서 난관에 부딪친다. 예를 들어 2006년 인터넷감시재단은 아동 음란물을 판매하는 가장 활발한 웹사이트 가운데 몇몇 사이트가 서버 변경을 통해 경찰의 추적을 피했다는 사실을 알게 되었다. 다시 말해 그 웹사이트들은 기소를 피하고 웹사이트 운영을 계속하기 위한 목적으로 경찰 관할권을 바꾸려 거주지 주소를 변경했다(인터넷감시재단 2006: 9).

인터넷감시재단 연간 보고서에 따르면, 한 웹사이트는 2002년 이후 224번, 또 다른 웹사이트는 2000년 이후에는 54번이나 신고되었다(신고된 웹사이트는 당시 서버 7개를 각각 다른 국가에서 운영했던 것으로 밝혀졌다). 가장 활발히 활동하던 상업적 아동 성학대 웹사이트 중 일부는 인터넷감시재단의 노력에도 불구하고 아주 오랫동안 '운영 중'이었다.

국립 아동학대 예방협회의 보고서에 따르면, 아동은 자신의 성학대 장면을 담은 영구적 기록물이 존재한다는 사실에 고통스러워하고, 이는 결과적으로 폭로를 막거나 지연시키고 두려움을 악화시키는 것으로 조사됐다(Renold et al. 2003: 3). 어느 16세 아동의 말은 이 두려움을 잘 보여준다.

"내가 학대받은 사진이 어딘가에 있다는 사실에서 결코 벗어날 수가 없어요. 사람들이 아동을 성적으로 학대하는 사진을 보지 않도록 가능한 한 모든 조치를 다 해야 한다고 생각해요. 누군가 내 사진을 본다고 생각하면 다시 학대당하고 있는 기분이 들어요."

– 인터넷감시재단 2006: 9

온라인 그루밍에 대한 연구와 정부 대응

온라인 아동 성범죄는 '온라인 그루밍' 행위로 구성되며, 범죄자가 아동을 성학대하기 위한 준비 목적으로 아동과 상호작용하는 동안의 사회화 과정을 포함한다(2003년 〈성범죄법〉). 이 신생 온라인 범죄는 사이버공간의 익명성과 불명확한 경계의 범죄 특징으로 인해 촉진되어 지난 4년간 기하급수적으로 증가했고, 정부와 경찰, 인터넷감시재단, 아동착취와 온라인 보호센터 같은 기관들은 성학대로부터 아동을 보호하기 위해 훈련하고, 새로운 전략 및 인식 제고 프로그램들을 개발하는 데 힘썼다.

아동 음란물과 마찬가지로 그루밍 범죄는 새로운 현상이 아니다. 그 역사는 아동 성범죄가 처음으로 밝혀지고 정의되었을 때로 거슬러 올라가며(Conte et al. 1989), 온라인에서도 오프라인에서도 발생한다(Gillespie 2004). 그러나 성인이 피해 아동을 찾아내고, 모집하고, 순종을 유지시키는 과정에 대한 체계적인 연구는 거의 없다(Conte et al. 1989).

그간의 연구들은 범죄자들이 반복적인 행동 유형을 보이고(Groth 1978), 범죄를 꼼꼼히 계획하고(Herman 1987; Laws 1989; Salter 1995), 여러 피해자들을 대상으로 이러한 패턴을 반복하는(Abel et al. 1987) 중요성에도 불구하고 대개 피해자나 범죄자의 특성과 유형, 성적 일탈 행위의 빈도에 초점을 맞추었다(Groth et al. 1982; Abel et al. 1987; Stermac et al. 1989).

현실 세계의 그루밍 과정에 대한 연구 조사(Lang and Frenzel 1988)에서 주목할 만한 유사성이 드러났다. 범죄자들이 정상적이고 학대가 없는 성인과 아동의 관계에서 긍정적인 측면의 일부 전략을 활용한다는 점이다. 대부분의 범죄자들은 개별 아동과 단 둘이 행동했다. 그로스(Groth 1985)는 95퍼센트의 범죄자가 공범이 없었다는 사실을 밝혀냈다. 범죄자들은 자신의 자녀, 혹은 예쁘고, 어리고, 작고, 수동적이고, 조용하고, 사람을 잘 믿고, 외로움을 타고, 자신감이 없고, 물리적으로 혼자 있는 결손 가정의 아동들을 선호했다. 엘리엇(Elliott 1995) 등의 연구에서 34퍼센트의 범죄자가 낯선 아동을 상대로 범죄를 저지르긴 했지만, 전혀 모르는 아동을 학대하는 경우는 드물었다.

성범죄자들이 고른 피해자를 볼 때, 선호하는 성별이 있었다. 58퍼센트가 소녀를, 14퍼센트가 소년을, 28퍼센트가 소녀와 소년 모두를 목표로 했다(Elliott et al. 1995). 또한 베를리너와 콘테(Berliner and Conte 1990)의 연구에 따르면, 성범죄자들은 자신이 취약한 아동을 찾아낼 수 있는 특별한 '기술'을 갖고 있다고 믿는다. 친인척이 아닌 아동을 찾는 성범죄자들은 학교, 쇼핑센터, 아케이드, 놀이공원, 운동장과 같이 아동이 많은 장소에 자주 간다.

콘테(Conte 1989) 등의 연구에서 범죄자들은 아동을 학대하는 수법에 관한 전략 매뉴얼을 작성해달라는 요구를 받았다. 그들의 밝힌 전략에는 포르노그래피의 이용, 사생활 침해, 동정, 칭찬, 우연한 접촉, 가정에 문제가 있는 아동들 목표로 하기, 친근하게 대하기, 비밀 털어놓기와 특별한 관심 주기, 아이 부모와 친해지기, 선택에 관해서 아이 속이기, 두려움 조장과 아이에게 아무런 문제가 없다고 안심시키기 등이 포함되어 있었다. 위험 평가는 특정 아동을 학대할 것인지 말지를 결정하는 또 다른 결정적 요소였다. 범죄자들은 아동과 대인관계를 형성함으로써 학대가 일어날 수 있는 토대를 만드는 상황 조성 과정을 설명했다(Conte et al. 1989).

이 연구에서 흥미로운 점은 사이버공간의 피해 아동들이 현실 세계의 피해 아동과 유사한 특성을 보인다는 점이다. 인터넷감시재단 조사에 따르면, 2003년 이래 URL(균일한 자원 위치) 내 피해 아동의 약 80퍼센트가 여자아이였다. 그중 91퍼센트는 12세 이하(IWF 2006: 9)였고, 이들은 외롭고, 사람을 잘 믿는 무르고 약한 성격으로 나타났다(Wolak et al. 2003).

현실 세계와 가상 세계의 가장 큰 차이는 익명성에 있다. 온라인에 접속해 새로운 친구를 만드는 일은 아동에게 충분히 즐거운 일이다. 하지만 주의해야 할 것은 인터넷에서 사람들은 언제, 어디서나 자신이 원하는 모습으로 가장할 수 있다는 사실이다(Davidson and Martellozzo 2007). 소수의 사례에서 아동들은 그들이 절대적으로 믿을 수 있는 특별한 사람을 만났다고 생각했지만, 실제로는 그들에게 성적 관심을 보이는 성인과 이야기를 했던 것으로 드러났다(O'Connell et al. 2004).

이들은 아동을 사랑받는다고 느끼게 해 편안한 상태로 만들어 궁극적으로 현실에서의 접촉을 목표로 삼는다. 영국 내무부 태스크포스(2007)는 현장전문가, 자문가들과 함께 성범죄자가 아동이나 청소년과 접촉하고 관계를 맺기 위해 이용하는 기술들을 취합하여 목록으로 만들었다. 이 목록은 다음과 같다.

- 이름, 주소, 모바일폰 번호, 학교 이름, 사진 등 개인정보 수집
- 특히 어린 여자아이들에게 모델 일 제안
- 팝 아이돌이나 연예인과의 만남을 약속하거나 선물 제공
- 스포츠 경기나 음악 공연 티켓을 저렴하게 제공
- 전자 게임, 음악, 소프트웨어 등 물질적 선물 제공
- 리워드, 패스워드, 게임 치트 등 가상 선물 제공
- 쉽고 빠르게 돈을 벌 수 있는 방법 제안
- 청소년들에게 돈을 대가로 웹캠 앞에서의 노출, 성적인 행위 요구
- 긍정적인 관심을 보이고, 가정 문제를 털어놓게 하고, 공감과

지지를 꾸준히 보여 아동의 신뢰 획득

- 아동의 SNS 대화 내용이나 게시물을 부모에게 보여준다고 협박하거나 거주지 혹은 학교를 알아내 협박하면서 괴롭히거나 위협하는 행동
- 아동을 염탐하고, 사진과 영상을 찍기 위해 웹캠 사용
- '남자친구 있니?' '너 처녀니?'와 같은 성적인 질문하기
- 아동 또는 청소년에게 오프라인 만남을 제안
- 아동에게 성적인 이미지 보내기, 성인 콘텐츠 또는 다른 아동의 성학대 이미지를 묘사하기
- 아동을 속이기 위해 미성년자 행세를 하거나 가짜 신분 사용
- 아동의 흥미, 좋아하는 것, 싫어하는 것에 관한 정보를 수집하기 위해 학교나 취미 사이트 이용

– 인터넷에서 아동보호에 관한 내무부 태스크포스 2007: 15

영과 같은 학자들은 새로이 떠오르는 온라인 성범죄 현상을 임상학적 관점에서 분석했다. 특히 온라인 성범죄의 발전을 인터넷 중독 현상을 중심으로 들여다봤다. 22건의 온라인 성범죄자와의 법의학 인터뷰를 분석한 자료를 근거로 한 영(2008)의 인터넷 중독에 관한 연구에 따르면, 응답자들은 인터넷 중독의 기본 평가기준을 넘어섰다. 영은 '만족을 위해 더 많은 알코올을 섭취하는 알코올 중독자처럼 이들은 일상적으로 상당한 시간을 온라인에서 보낸다'라고 주장한다(Young 2008: 301).

영은 인터넷 중독으로 발전하는 다섯 가지 단계를 제시했

다. 그 다섯 단계는 발견, 탐색, 고조, 충동, 절망/후회(Young 2008: 301)이다. 왜곡된 생각(부정, 비난하기, 생략하기, 아동이 성적으로 적극이고 즐긴다고 믿기)으로 학대적 행동 주기를 거치는 전형적인 성범죄자들과는 달리, 영의 연구에 참가한 범죄자들은 대개 초범이었고 아동을 대상으로 한 성범죄 전과가 없었다(영의 연구표본이 적기 때문에 결과는 일반적이지 않을 수 있다). 그리고 연구에서 범죄자들이 저지른 범행은 사이버공간에만 국한되지 않았다. 이미 판타지와 발견 단계를 넘어서 현실 세계에서 저지른 중범죄들이었다. 이들은 인터넷에서 자신을 분리시켜 아동을 성적으로 학대할 의도를 갖고 움직였다.

•••

온라인 그루밍 단속을 위한 조치

경찰이 '아동에 대한 실제적이고 심각한 위협'이라고 묘사한 루크 새도우스키 사건(BBC News Online 2003/08/20)과 2003년 〈성범죄법〉 15조의 도입 이후, 경찰은 온라인 그루밍 성범죄 근절을 위한 새로운 위장 전술을 익히고, 이를 활용하기 위해 기존 연구들을 참고하기 시작했다. 연구들을 참고해 알아낸 사실들은 경찰이 아동의 프로필을 생성하여 성범죄자를 추적하고, 그들의 범행수법을 이해하는 데 도움을 주었다.

연구에 따르면 성적인 접촉에 성공하기 위한 주요 수단은 우연한 접촉과 점차 더 성적으로 변화되어 가는 아동 게임인 것으로 드러났다. 친구 관계를 맺어 신뢰 쌓기, 무감각하게 만들기 위해 서서히 성인 포르노그래피 보여주기, 보상과 뇌물을 제공하기, 위협과 물리적 힘의 사용(Finkelhor et al. 2000)과 같은 다양한 그루밍 수법들의 조합이 문헌에 잘 나타나 있다.

84명의 남성 범죄자에 의한 아동 피해에 관한 어느 연구에서 브리그스와 호킨스(Briggs and Hawkins 1996: 230)가 밝힌 가장 잔인하고 가학적인 범죄자들은 종교 인물, 아버지, 아동 성도착자 집단 내에서도 높은 사회적 지위를 가진 남성이었다. 이러한 발견은 이탈리아에서 아동 성범죄 근절을 위해 활동하는 선구적 자선단체인 프로메테오(Prometeo)가 시행한 연구에서도 나타난다(Frassi 2011). 그리고 아동의 순응, 협조, 침묵 유지는 '특별한 비밀'을 말하지 않도록 약속하거나 성적 학대를 교육이나 게임 등으로 묘사하는 방식으로 성립되었다. 경찰들은 작전을 세우는 데 있어 범죄 행동의 이러한 주요 요소들을 면밀히 고려했다.

물론 인터넷을 통한 아동 성범죄는 법집행기관에게 독특한 난제들을 던졌고, 계속 그러하다. 그러나 범죄 통제와 관련한 어려움에도 불구하고 경찰은 자신들이 맡은 중요한 역할이 있다는 것을 깨달았고, 그들이 할 수 있는 일을 최대화하기 위해 다음과 같은 노력들이 요구된다.

- 온라인 아동 성범죄에 관한 기술적 지식과 전문 지식과 습득
- 다른 기관과 관할권 연계
- 인터넷 서비스 사업자들과 연계
- 스스로의 노력을 최우선시

– Wortley and Smallbone 2006: 42에서 발췌

아주 초기부터 첨단기술범죄팀은 영국에 영향을 미치는 국가적이고 초국가적인 사이버 범죄에 대응하는 소관을 맡고 있었다. 많은 목표가 세워졌지만, 온라인 그루밍 근절에 있어 가장 중요한 요소는 선제적 네트워크 수사를 시행해 아동 성범죄를 밝히고 차단하는 것이다.

훈련의 또 다른 목표에는 잉글랜드와 웨일스 전역의 모든 범죄 관할구역에서 발생하는 신기술 범죄에 대한 경찰의 합동 대응을 발전시키는 것이 포함되었다(Taylor 2005). 훈련을 통해 경찰관들은 온라인에서 아동을 학대하는 개인이나 기관의 위치를 찾아내고 추적하고 확인하여, 궁극적으로는 체포로 이어지는 선제적 작전을 인터넷에서 시행할 수 있게 되었다. 경찰들은 음란물을 교환하는 사용자 그룹, 채팅방, 파일 공유 프로그램, '본만큼 내는' 웹사이트를 감시하기 시작했다.

●●●

결론

이 장에서는 온라인 아동 성범죄의 역사적 개괄을 통해 형사 재판부와 자선단체 같은 공공기관들이 이 끔찍한 범죄로부터 아동보호 정책을 장려하고 시행하는 데 있어 마주한 어려움들을 알아보고자 하였다.

경찰, 내무부 태스크포스, 아동착취와 온라인 보호센터, 인터넷감시재단, 가상 글로벌 태스크포스, 국제과학아카데미연구소와 같은 주도적인 기관들의 보고서에 따르면, 성인 남성이 갖는 아동에 대한 관심은 이전에 짐작했던 것보다 훨씬 큰 것으로 나타났다. 이는 인터넷이 성범죄자가 아동에게 끌리는 것을 표현할 수 있는 새로운 경로를 제공해주었음이 분명하다. 다시 말해 인터넷의 익명성은 성범죄자들에게 동기를 부여해 그들의 판타지를 만족시키기 위해 아동 음란물을 찾아 나서게 만들었고, 결국엔 그릇된 욕망이 형상화될 수 있도록 자신감을 부여했다.

정책입안자들과 법집행기관들은 이 '신기술을 이용하는 구 범죄'를 근절할 방법을 이해하고 알아야만 했다(Martellozzo 2006). 이 장의 초반부에 강조했듯, 온라인 아동 성범죄에 대한 경찰의 초기 대응은 신중하고, 늦은 감이 있으며, 평탄치 않았다(Gallagher et al 2006). 이러한 비효율성은 아동 성범죄 문제의 심각성에 대한 경험과 인식 부족에서 기인했다. 또한 앞서 살펴본 굉장한 규모의 작전들은 자원 부족과 전문 지식의 부재와 맞물려 신속하고 효율적인 대응에는 이바지하지 못했다.

그러나 대성당 작전과 ORE 작전 등이 온라인 아동 성범죄 수사에 기준점이 되었다는 사실에는 의심할 여지가 없다. 이 작전들은 법집행기관들이 이 영역에서 지식과 기술을 향상해야 할 필요가 있음을 일깨워주었다. 작전 종료 후 각국 정부들은 법을 검토하고, 판결지침과 절차를 개선할 것을 촉구받았다. 예를 들어 영국에서는 아동 음란물 소지에 관한 판결이 6개월 형에서 5년 형으로 늘어났고, 배포의 경우 3년 형에서 10년 형으로 늘어났다. 또한 유죄판결을 받은 범죄자들은 성범죄자 등록부에 이름이 실리게 되었다. ORE 작전이 종료되고, 그루밍 성범죄가 포함된 2003년 〈성범죄법〉의 시행 이후 영국 경찰은 이 범죄에 대해 점점 더 강경하게 대응하기 시작했고 훈련과 위장작전, 수사 과정에 더 많은 자원을 투자하고 있다. 그렇다고 모든 문제가 해결되었다는 의미는 아니다.

사이버공간은 끊임없이 유동적인 상태에 있으며 경찰, 정부, 지원기관들은 '자원, 우선순위, 책무' 면에서 이전의 개선 사항들을 지속해서 쌓아나가며(Gallagher et al. 2006: 125), 과거의 경험과 실수에서 배워나가야 한다. 그리고 범죄 해결을 우선에 두고, 필요한 재정 지원을 받기 위해서는 통계 자료를 문서화해야 할 필요가 있다.

만약 범죄 통계가 신고에 근거하여 작성된다면 법집행기관과 상위 관리팀들은 그 중요성을 숙고하여 위험을 규명하고 그에 맞는 대응책을 마련할 수 있을 것이다. 그러나 안타깝게도 온라인 아동 성범죄의 신고율은 미비하며, 결과적으로 통계에 잡히지 않는다(Taylor 2005). 그 대신 온라인 아동 성범죄는 책임 분담을 통해 범죄율을 줄일 수 있다. 법집행기관들은 치안 유지에, 보호자들은 아동보호에 목적을 둔 교육 노력에, 정보통신 업계는 온라인 환경의 아동 안전 기술 발전에 집중해야 한다(Carr 2003).

이어서 이 책의 남은 장들에서는 온라인 아동 성범죄 규제에 대해 집중적으로 다룰 것이다. 또한 앞서 검토했던 이론적, 방법론적, 실증적 문헌에 존재하는 차이점들을 메우고자 온라인 그루밍 문제를 집중적으로 살펴볼 것이다.

5

가장 위험한 사람은 누구인가

실증적 연구를 통한 성범죄자의 온라인 상호작용 관찰 및 위험성 평가

이 장에서는 런던 광역경찰청 첨단기술범죄팀과 아동성도착범죄팀에서 2005년부터 2009년까지 4년에 걸쳐 수집한 자료를 소개하고 평가한다. 이 실증적 연구는 성범죄자와 위장경찰관 간의 실시간 대화 기록 분석과 21명 경찰관의 반구조적 인터뷰를 통해 수행되었다.

> "도서관을 뒤지면 거기에는 메모 뭉치와 엄청난 먼지가 쌓여있다는 말을 들은 적이 있을 겁니다. 또 고리타분한 관료들이 만들고, 사무보조원이나 자원봉사자, 무관심한 직원을 대신해 지원한 사람들이 작성한 목록을 토대로 한 뻔한 기록들이 꽂힌 곰팡내 나는 서가에서 과제를 선택하라는 말을 들은 적이 있을 겁니다. 이를 '실제 연구에서 손을 더럽히는 것'이라고 합니다. 이런 조언을 해주는 사람은 존경받을 만하고, 그들이 제안하는 근거의 가치는 대단합니다. 그러나 한 가지가 더 필요합니다. 바로 직접 관찰. 직접 고급 호텔 라운지와 싸구려 여인숙 문 앞 계단에 앉아보십시오. 고급 주택의 안락의자와 슬럼가의 간이침대에도 앉아보세요. 요컨대 진짜 연구를 위해 바지를 더럽히세요."
>
> – Park in Bulmer 1984: 97

질적 방법을 이용한 덕분에 진짜 연구에 '손을 담글 수' 있었고, 연구 과정에서 경찰관과 성범죄 용의자 간의 실시간 상호작용을 관찰했으며, 기존 기술과 새로운 기술 발전의 효율성에 관한 논의에도 참여하게 되었다. 또한 사례연구 분석을 위해 온라인 아동 성범죄 수사 과정과 실행, 성범죄자들의 온라인 행동에 대한 경찰관 인터뷰도 진행하였다.

시카고 대학교 학장이자 창립자인 로버트 E. 파크(Robert E. Park)가 사회학에서 처음 제시한(Park and Burgess 1969) 방법론적 청사진을 따르게 된 근본적인 이유는 아동 성범죄에 대한 민감성 때문이다. 파베로우(Farberow 1963)에 따르면 민감한 주제는 금기에 둘러싸인 사회생활 영역과 동일시된다(Orfanelli and Tiberio 2005 참조). 그리고 아동 성범죄는 현대사회에서 매우 강력한 금기에 둘러싸여 있는 민감한 주제 가운데 하나이다.

2000년대에 이르러 인터넷과 치열한 언론 보도를 통해 이전까지 숨어있던 사회문제가 대중에게 드러나면서(Greer 2008), 아동 성범죄에 대한 대중의 논의를 가로막았던 많은 금기들이 깨졌다. 여전히 많은 사람들이 가정 내 아동 성범죄에 대해서 감정적이고, 역겨움과 혐오감을 일으킨다는 이유로 논의하기 꺼리는 탓에 많은 어려움을 겪지만(Greer 2003; Kitzinger 2004), 아동 성범죄가 20년 전(Greer 2003)보다 대중적인 논쟁거리가 되었다는 사실은 부인할 수 없다. 따라서 파베로우가 제공하는 정의는 너무 협소하며, 연구가 문화나 상황적 이유로 민감해질 수 있는 가능성을 허용하지 않는다.

이러한 이유로 리(Lee)는 민감한 주제에 대해 '잠재적으로 그 일에 관여하거나 관여한 사람들에게 실질적인 위협이 되는 연구'라는 더 광범위한 해석을 제공했다(Lee 1993: 4). 그는 이 정의를 확장하여 연구 과정에 개입된 세 가지 유형의 '위협'을 설명한다. 이 세 가지 위협은 참여자의 사회생활에 대한 사적이거나 비밀스러운 영역으로의 잠재적 침입 위협, 정치적 위협, 처벌의 위협을 말한다(Punch 1994).

첫 번째 위협은 이번 연구와 직접적인 연관이 있다. 이 연구의 상당 부분은 경찰 고유의 비밀스러운 영역을 침범하여 경찰의 수사 과정과 온라인 성범죄자와의 상호작용에 대해 탐구했다. 물론 위장수사의 성격을 감안할 때 잠재적 아동 성범죄자들에게 연구 허가를 구하는 일은 가능하지도 않거니와 바람직하지도 않다. 이는 경찰 작전을 근본적으로 위태롭게 하는 일이기 때문이다. 단, 필요한 경우에는 공식적으로 허가를 구했다. 특히 온라인 아동 성범죄자로 의심되는 사람과 위장경찰관과의 상호작용을 관찰할 때나 유죄판결을 받은 성범죄자와 관련된 사건 기록과 다른 기록물에 접근할 때는 반드시 허가를 구했다. 이는 새로운 경찰 수사 영역으로, 이 연구에서 최초로 시범 실시된 탐색적 수사 방법론이었다.

리는 연구 환경에서 생길 수 있는 부작용, 즉 작전의 운용을 방해하고, 악용될 우려나 탄로 날 위험이 있기 때문에 실증적 연구 방법이 위협적일 수 있다고 경고한다. 이러한 부작용을 없애기 위해 연구에 참여한 모든 사람들은 완전한 익명성과 기밀성을 보장받을 것을 확고히 약속받았다. 또한 이번 연구는 현장조사 동안 관련 학술기관에서 엄격한 윤리적 승인 절차를 거쳤다.

질적 자료를 검토할 때 목표는 언제나 '주요 이야기'를 확립하는 것이다(Strauss and Corbin 1990). 이 연구에서 '주요 이야기'는 성범죄자가 온라인 아동 성범죄를 저지르는 방식과 법집행기관이 이 현상을 다루는 방식을 탐구하는 것이다. 성범죄자가 욕구를 충족시키고 사이버 커뮤니티를 형성하기 위해 인터넷을 사용하는 방식은 잘 기록되어 있다[21]. 이러한 범죄 근절에 있어 경찰은 대중과 언론의 지원을 반긴다.

이 장에서는 온라인 그루밍 성범죄 수사가 어떻게 진행되는지, 경찰이 어떻게 위험 요소를 평가하고, 용의자의 우선순위를 정하는지에 대해 다룰 것이다. 이를 위해 온라인 아동 성범죄 수사와 경찰관의 일상 활동에 집중한다. 전반부에서는 먼저 위장수사가 이루어지는 맥락에 대해 논의한다. 조금 더 구체적으로 말

---

21 Jewkes 2003a; Gillespie 2004; Quayle and Taylor 2001; Davidson and Martellozzo 2008b; Jewkes 2003b; Carr 2003a; NSPCC 2007; Brennan 2006; O'Connell Spindler 2003; Taylor 2005; Davidson 2008; Martellozzo 2007; Sanderson 2007; Yar 2007; Davidson and Gottshcalk 2010

하자면 경찰관을 공작원으로 이용하고, 감시 규정과 위험 관리 모델 등과 같은 위장수사가 지닌 복잡한 요소들을 살펴본다. 후반부에서는 온라인 그루밍 과정, 경찰의 위험평가 전략, 그에 상응하는 수사 개입의 우선순위에 집중한다. 이 연구에서 성범죄자와 아동 또는 아동성도착자인 양 행동하는 위장경찰관 사이의 온라인 상호작용은 직접 인용과 녹취 기록 형태로 제시된다.

경찰 업무의 수행

아동 성범죄 수사에 효과적으로 개입하고, 증거를 입수하고, 궁극적으로 온라인상에 무섭게 퍼지고 있는 이 '전염병'을 줄이기 위해서 경찰은 다양한 사전, 사후 전술을 사용한다. 경찰이 아동 성범죄에 연루된 사람들을 체포하기 위해서 인터넷상에서 은밀하게 잠복해 있다는 사실은 널리 알려져 있으며, 이는 합법적이고 합리적인 수사 방법으로 인정받고 있다.

누랜더(Noorlander 1999: 49)의 주장처럼, 현대 수사는 더 이상 탐지, 자백, 증인에만 매달리지 않는다. 영국과 다른 국가들의 법집행기관은 점차 감시 기기, 정보원, 위장경찰관 이용과 같은 주도적이고 지능적인 방법으로 전환하고 있다. 이는 효과적인 수사 방법이지만, 한편으로 '감시당하는' 사람들의 인권을 침해할 우려가 있기 때문에 경찰은 위장수사의 기본 원칙을 지켜야만 한다.

위장수사의 원칙

하필드와 하필드(Harfield and Harfield 2005)에 따르면, 위장수사의 기본 원칙 중 하나는 정보원이건 수사관이건 모든 위장 정보원[22]은 절대 범죄를 조장해서는 안 된다는 것이다. 추와 멜러스(Choo and Mellors 1995)는 이와 관련한 시행 지침이 존재하며, 〈내무부 범죄와 유사 사건에 관한 경찰 통합 회보〉(1986 중판)에 이 지침이 실렸다고 주장한다. 그 내용은 다음과 같다.

a. 어떠한 경찰 인력이나 정보원도 범죄를 선동하거나 주선, 모의해서는 안 된다.
b. 정보원이 자신이 속해 있는 집단의 범행 의도에 관한 정보를 줄 때 그 정보원의 참여가 허락되는 경우는 다음에 한한다.
   i. 범죄 계획과 실행에 적극적으로 참여하지 않는 경우
   ii. 오직 사소한 역할만을 수행하는 경우
   iii. 사망, 상해와 같은 인명피해나 재산상의 심각한 손해가 발생하기 전에 (범죄 모의 또는 무기 소지 시도와 같이 심각성이 덜한 범죄일지라도) 경찰이 주요 범죄자를 좌절시키고 체포함에 있어 정보원의 참여가 반드시 필요한 경우

이처럼 위장수사 중에 정보원과 경찰관 모두는 범행을 선동

22 위장 정보원은 〈수사권한법〉에 다음과 같이 정의된다. '비밀리에 (a) 정보를 얻기 위해, 혹은 다른 사람이 그 정보에 접근하게 할 목적으로 타인과 개인적 혹은 다른 관계를 맺거나 유지하는 사람. 또는 (b) 그 관계를 이용하거나 그 관계의 결과로 얻은 정보를 비밀리에 공개하는 사람.' 감시는 오직 감시하에 있는 사람들이 감시를 의식하지 못할 때만 비밀이 유지된다.

하거나 주선해서는 안 된다는 점을 반드시 유념해야 한다. 정보원으로 활동할 경우 이미 계획수립이 완료된 범죄에만 참여할 수 있고, 그 역할은 사소한 것이어야만 한다. 이 원칙을 지키지 않고 경찰관이나 정보원이 범죄를 선동했다면, 법원은 그 수사관들을 정보공작원으로 활동했다고 간주할 것이다.

정보공작원은 '선동하지 않았다면 다른 사람이 하지 않았을 명백한 법 위반을 저지르도록 유혹하고, 그러한 범죄와 관련하여 그를 상대로 소송을 걸거나 정보를 제공하는 사람'(《수사권한법》 1974: 614)이라고 정의된다[R v Mealey and Sheridan (1974) 60 Cr App R 59 at 61]. 범죄를 선동하는 행동은 수사상 허용되지 않는 것으로 여겨진다. 그러나 허용의 범위를 규정함에 있어 하필드와 하필드(2005)는 효율성을 유지하기 위해 (위장경찰관이든 참여 정보원이든) 비밀 임무를 수행할 때 제안받은 범죄에 대해 관심과 흥미를 보이는 것은 무척 중요하다고 말한다.

위장수사의 실제

앞서 소개한 위장수사 원칙은 범용적으로 지켜지고 있기는 하지만, 일상에서 어떻게 적용되고 있는지는 오직 경찰과의 심도 깊은 인터뷰와 민족지학적 관찰을 통해서만 확인할 수 있다. 예를 들어 정보공작원과 관련된 원칙은 매우 중요한 개념으로 아동 성범죄 수사, 특히 온라인 그루밍 수사에 적용되며 경찰관들은 작전에 따라 각기 다른 역할을 수행한다. 이때 위장경찰관은 정보공작원 이슈에 대해 유념하면서 자신이 선택한 사람의 신분에 완전히 몰입해야 한다.

어린이로 위장하는 경우 경찰관은 아동의 언어와 유행가요, TV 프로그램, 컴퓨터 게임, 패션 트렌드 등을 익혀야 한다. 또한 13세 미만 소녀의 주된 취향, 언어 등의 차이도 알아야 한다. 위장경찰관이 그루머들을 다루는 데 있어 겪는 몇 가지 어려움에 대해 경찰관 중 한 명은 다음과 같이 말했다.

> "저는 12살 소녀의 프로필을 운영하고 있었습니다. 작전 시작 전에 저는 소녀의 학년, 관심사, 좋아하는 밴드를 조사하고 있었지요. 그런데 그때 이 소녀에게 성적인 관심을 보이는 교사가 나타났습니다. 그 사람은 이 소녀의 교육, 특히 수학 과목에 많은 관심을 보이며, 계속해서 소녀의 수학 과제를 도와주겠다고 제안했죠. 그러나 저는 그 교사의 말을 제대로 알아듣지 못했습니다. 제가 온라인에 접속해 있는 동안 동료가 제 대신 조사를 했고, 12살짜리가 배우는 수학에 대해 조금 알게 된 후에야 그 상황을 모면할 수 있었습니다."
>
> – 경찰관 ID: 6

만약 경찰관이 아동에게 성적 흥미가 있는 성인으로 위장했다면 제안받은 범죄에 열정과 흥미를 보여야 한다. 물론 어떠한 범죄도 저질러서는 안 된다. 예를 들어 다음에 나오는 채팅 기록은 위장경찰관 '데이브'와 '용의자'라 칭하는 성인과 나눈 대화이다. 데이브는 용의자를 지금은 폐쇄된 '아동 성애' 사이트에서 만났고, 사람들은 아동에 대한 사랑, 자신의 판타지와 욕망을 같이 이야기하려고 이 사이트를 이용했다.

2007년 위장경찰관 데이브와 용의자의 대화

용의자	hiya mate how are you today? 안녕! 친구, 오늘 어때?
데이브	come on you Villa… 좋겠냐?
용의자	piss off lol 꺼져, 하하!
데이브	what a come back 다시 왔네.
용의자	well it had to happen they would have got lynched if they lost lol 결과가 이렇지 않았다면 린치 당했을 걸.
용의자	but I think we should shoot robbinson 우리 로빈슨을 겨냥해야 할 거 같은데
데이브	yh him and James… 그래 로빈슨하고 제임스.
용의자	the mans a liability 걘 우리한테 짐이야.
데이브	neither should be England Keeper 잉글랜드 골키퍼도.
용의자	I actualy agree with you there but the thing is we as a nation are short on top class keepers 네 말에 동의해. 우리나라는 톱클래스 골키퍼가 필요해.
용의자	do you like this girl? - *suspect send pink20.jpg* 이 여자애 어때? - 사진 전송
데이브	she is lovely 예쁘다.
데이브	who is she 누구야?
용의자	im not sure of her name I just know that she is a ex Is model and she has a beautifull pussy wanna see? 이름은 모르는데 모델이었대. 그리고 거기 진짜 예뻐. 볼래?

데이브	u got a pic 사진 있어?
용의자	ive got a set or two of her in the nude - *suspect sends PTHC Childlover P006.jpg* 걔 누드 사진 두 세트 있어. - 사진 전송
용의자	ive got some pics of her when she younger as well 더 어릴 때 사진도 있어.
데이브	Yeah lovely 그러네, 예뻐.
데이브	how many you got 몇 장이나 있어?
용의자	about a hundred or so pics of her I think - *suspect sends lsm04-01-053.jpg* 이 여자애 사진은 100장 정도 있어. - 사진 전송
용의자	she has alovely little arse - *suspect sends pink10.jpg* 엉덩이가 작고 예뻐.
용의자	here she is in her younger days - *suspect sends ln-157-46.jpg - suspect sends ln-157-47.jpg* 이 사진은 더 어릴 때. - 사진 전송 - 사진 전송
용의자	which do you prefer? 어떤 게 더 좋아?
용의자	Younger or older? 어린 거, 나이 든 거?
용의자	ar you still there mate? - *suspect sends f0370.jpg* 아직 나랑 채팅 하고 있어? - 사진 전송
데이브	yh sorry abit busy… 응, 미안 바빴어.
데이브	lovely pics 진짜 예쁘네.
용의자	so what sort of pics have you got then? 너는 어떤 사진을 갖고 있어?
데이브	is that last one you… lol 마지막 게 다야? 하하
용의자	no I wish lol 그러면 좋겠지만, 하하
데이브	cute pic… 귀여운 사진이야.

용의자	ive got some nice vids as well mate **나 좋은 영상들도 갖고 있어, 친구**
데이브	have you got time… **한가해?**
용의자	yeah ive got the day off work and im all alone at the mo so its not a problem **응, 오늘은 일 쉬고 혼자 있어.**

아동 성애 사이트의 목적은 아동에게 성적 관심을 가진 성인들을 위한 글로벌 커뮤니티를 구축하는 것이었다. 사이트를 유지하기 위해서는 법적 경계를 존중해야 했기 때문에 사이트 개설자는 다음 내용을 포함한 명확하고 엄격한 규칙을 만들었다.

- 전면 누드 금지
- 모든 사진이나 비디오에서 남성 의사소통 금지
- 이미지 교환 금지
- 아동을 향한 공격적 언어 금지(이용자들이 '모델'로 지칭)

만약 포르노그래피나 누드를 볼 수 있는 링크가 게시되면 그 사람은 즉시 '왕국'으로의 접근이 영구적으로 금지된다. 따라서 그 사이트에 가입된 회원들이 음란물을 교환하고 판타지에 대해 드러내놓고 이야기하기를 원할 때에는, MSN과 같은 좀 더 사적인 사이트로 이동했다. 데이브는 채팅방에서 방 주제와 관련된 글을 올리거나 사진을 게재해 유사한 관심사를 갖고 있다는 걸 증명함으로써 일원이 되는 것에 성공했다.

사이트 내에서 신용을 얻고 아동보호 목적을 달성하기 위해 온라인에서 아동의 이미지를 게재하는 것에 관한 도덕성과 법률 관련 주요 이슈가 있다. 이 논의는 이어지는 장에서 충분히 다룰 것이다. 목적을 위해 데이브가 수사 과정에서 게재한 모든 이미지들은 법에서 정의한대로 품위를 손상시키지 않는 것이었다.

사이트에는 다양한 주제의 방들이 있었다. 예를 들어 빨간 치마를 입은 소녀, 자전거를 타는 소녀, 교복을 입은 소녀 등이다. 각 방의 회원들은 자신의 생각이나 느낌을 표현했고, 자주 자신의 행동을 정당화했다. 한 회원은 다음과 같이 말했다.

> "맞아, 친구! 나는 모든 살아있는 다른 남자들처럼 변태야. 인류 보존을 위해 필요한 완벽히 자연스러운 특성이지. 모든 남자는 어린 여자를 좋아해. 누구도 다르다고 생각하지 않아. 어떤 사람들은 더 어린 여자를 좋아하고, 물론 게이도 있지. 나는 십 대 이전 아이들에게 성적으로 끌리지 않아. 그래도 그들의 아름다움을 관찰하는 걸 좋아하지. 그래서 내가 나쁜 사람인가? 절대 그렇지 않다고 봐."
>
> – 용의자 ID: 2

데이브는 MSN과 같은 더 사적인 온라인 공간으로 옮겨가기 위해서 이 사이트의 다른 회원들과 신뢰를 쌓는 데 집중했다. MSN을 통해 IP 주소와 같은 용의자들의 정보를 더 많이 얻을 수 있고, 그들의 위험도 평가할 수 있기 때문이다.

앞에서 제시된 채팅 기록은 용의자가 아동 음란물에 얼마나 관심이 많은지를 보여준다. 실제로 축구 경기에 대한 짧은 대화 이후 그는 즉시 특정 피해자의 이미지를 배포('이 여자애 사진은 100장 정도 있어')하기 시작했다. 그동안 지속적인 관심을 드러낸 위장경찰관은 사진에 호응('진짜 예쁘네')하며, 더 많은 음란물을 용의자로부터 받았다('나 좋은 영상들도 갖고 있어'). 이것들은 저장되어 법정에서 증거로 사용될 것이다.

위장경찰관은 용의자의 신뢰를 얻기 위해 음란물을 배포할 수 없다. 음란물 배포가 아동 성범죄를 구조적으로 조장하기 때문이다. 이 채팅 기록에서 주목해야 할 대목은 조심스러운 범죄자가 위장경찰관에게 '너는 어떤 사진을 갖고 있어?'라고 물었을 때 위장경찰관이 질문을 무시하고 '마지막 게 다야?'라며 다른 것을 물어본 부분이다.

음란물 교환이 항상 신뢰 형성의 주요 수단은 아니다. 아동 성학대가 의심되는 범죄자와 대화하기 위해 경찰은 아동 성범죄 용의자의 프로필을 이용하거나 아동 또는 성인으로 가장한 새로운 프로필을 만든다. 프로필 생성은 상당히 까다로운 작업이다. 먼저 아동의 사진을 구해야 하고, 아동의 신원보호를 위해 사진을 수정해야 한다. 사진을 고를 때 경찰관들이 가장 중요하게 생각하는 것은 아동의 나이다. 이와 관련해 어느 경찰관은 다음과 같이 설명한다.

"13세 미만 아이의 프로필을 생성하는 경우가 많습니다. 저뿐만 아니라 팀원 모두가 13세 미만 아동에게 흥미를 보이는 범죄자에 법원이 가중처벌을 내릴 것으로 예상하기 때문입니다. 그러나 특정한 용의자를 대상으로 수사를 한다면, 상대의 성적 관심사에 가깝게 프로필을 만들 테죠."

– 경찰관 ID: 3

나이는 범죄자의 성적 관심사에 따라 달라진다. 예를 들어 용의자가 십 대 소녀에게 끌린다면 경찰관이 만드는 프로필은 이러한 취향에 부응할 것이다. 그리고 흥미롭게도 피해자의 나이는 범죄자가 받는 형량에 전적으로 영향을 끼치는 것으로 나타났다. 다시 말해 피해자가 어릴수록 형량은 가혹하다. 그러나 이 이슈가 통계적으로 명확히 입증될 수 없다는 점에서 이 주장의 신뢰성에 의문을 제기할 수도 있다.

일반적으로 형량에 대한 논의는 추가적인 정보와 연구의 필요성을 확연히 드러냈다. 예를 들어 'ORE 작전에서 문제가 가시화되었는데도 왜 구류 판결은 감소했는가?' '오늘날 법정은 온라인 성범죄를 어떻게 다루고 있는가?' '법정은 이 범죄를 얼마나 심각하게 다루고 있는가?' 하는 문제들이 꾸준히 제기되고 있다. 인터넷은 급변하는 환경이고, 아직도 명확하지 않은 것들이 많아 이 분야는 더 탐구해야 할 필요가 있는 영역이다.

감시의 원칙

감시는 위장수사에 있어 결정적인 요소이다. 위장수사의 광범위한 관행과 마찬가지로 감시는 2000년 〈수사권한법〉과 1998년 〈인권법〉에 명시된 특정 핵심 원칙에 의해 뒷받침된다.

온라인 위장수사에도 감시는 일반적으로 사용된다. 이는 〈수사권한법〉 48조2항에 정의되어 있으며, 다음 내용을 포함한다.

a. 사람의 움직임, 대화 또는 다른 활동이나 커뮤니케이션을 감시, 관찰 또는 청취
b. 감시 과정에서 모니터, 관찰 또는 청취한 모든 것을 기록
c. 감시 장비를 사용하거나 휴대

감시에는 관리 감시와 침해 감시라는 두 가지 형태가 있다. 관리 감시는 〈수사권한법〉 26조2항에 정의되어 있다. 관리 감시 권한이 필요한 경우는 다음과 같다.

- 어떤 수단으로든 은밀한 관찰이나 모니터링을 포함한 경우
- 특정 수사 또는 특정 작전의 목적인 경우
- 작전 대상뿐만 아니라 다른 사람에 대한 개인정보를 입수하거나 입수해야 하는 경우(유럽인권협약 제8조와 관련된 핵심 요소)
- 우발적 사건에 대한 즉각적 대응에서 수행된 관찰을 제외한 경우

마지막 항목에서 밝혔듯이 순찰 중인 경찰이 어느 집 근처에서 수상한 행동을 하는 사람을 발견한 것과 같은 우발적 상황에서는 감시 권한이 필요하지 않다(Harfield and Harfield 2005: 31). 따라서 관리 감시는 경찰 또는 다른 정부기관이 공공장소에서 개인을 미행하거나 그들의 움직임을 모니터링하고 기록하는 등의 행동을 포함한다고 할 수 있다(대검찰청 08/07/07).

침해 감시는 〈수사권한법〉 26조에 정의되어 있으며, 다음과 같이 구성된다.

- 잠복 감시
- 주거 지역 또는 개인 차량 내에서 수행
- 건물 또는 차량 내 개인이 존재
- 감시 기기의 사용

온라인 아동 성범죄 수사에서 런던 광역경찰청 아동성도착 전담팀은 관리 감시에 있어 엄격한 기준을 두었다. 관리 감시 전 경찰은 그들이 따라야 할 장문의 점검표를 숙지해야 한다.

예를 들어 경찰관은 관리자에게 감시 활동이 적절함을 증명해야 한다. 적절성의 원칙은 사용된 감시 방법이 소기의 목적을 달성할 뿐만 아니라 목적 달성을 위한 최소한의 요건을 초과하지 않는 것을 보장하기 위해서다. 다시 말해 감시는 범죄의 심각성에 맞추어 균형을 유지해야 한다(2000년 〈수사권한법〉). 많은 위장수사에서 관리 감시와 위장경찰관 투입은 적절하다고 여겨졌다. 이것들은 성착취를 목적으로 한 아동 그루밍과 같은 개인의 온라인 활동과 관련된 증거 수집에 필수적이다.

또한 관리 감시의 사용은 위장경찰관이 채팅방에 있는 동안 감시 대상자의 활동을 모니터링하기 위해서도 필요하다. 예를 들어 아동성도착전담팀 정보원이 활동을 저지해야 할 감시 대상자의 움직임을 모니터링하기 위해서는 관리 감시 권한이 필요하다. 감시하는 동안 입수된 증거들은 용의자 체포와 그들의 범행을 막는 데 결정적인 역할을 한다.

감시의 실제

위장수사 기간 동안 모든 용의자가 경찰의 감시망에 들어오는 것은 아니기 때문에 당연히 다른 방식의 수사들도 고려된다. 그 방법에는 수색영장 발부, 용의자의 컴퓨터와 거주지에서 발견된 자료를 압수해 분석한 후 체포하는 방식이 있다. 그러나 이러한 방식을 통해 확보할 수 있는 증거는 위장경찰관을 통해 얻을 수 있는 증거에 비하면 충분한 가치를 지니지 않은 것이 대부분이어서 그리 중요하게 다뤄지지 않는다.

지금까지 위장수사에서의 관리 감시에 대한 규제적 한계와 정당화에 대해 살펴보았다. 다음으로는 경찰의 온라인 성범죄 수사에 대해 자세히 알아볼 것이다. 조금 더 구체적으로 말하자면 어린 소녀로 가장한 위장경찰관과 아동에게 성적 흥미를 느끼는 성인과의 의사소통하는 방식, 그리고 이러한 상호작용과 관련한 경찰의 대응 방식을 살펴볼 것이다.

온라인 아동 성범죄 수사

위장수사와 감시의 원칙과 실행은 통상적인 온라인 아동 성범죄 수사, 특히 온라인 그루밍 수사에 영향을 미친다. 성범죄자가 만든 온라인 프로필은 그루밍을 포함한 온라인 성범죄 과정에서 중요한 역할을 한다. 한마디로 범죄자의 온라인 프로필은 사이버 범죄의 시작을 의미한다. 온라인 성범죄 수사 과정을 보여주는 다음 도표는 범죄가 발생하는 방식과 런던 광역경찰청이 이 문제에 대응하는 방식에 초점을 둔다.

온라인 프로필은 관계로 이어질 수도 있고 아닐 수도 있는 채팅의 문을 연다. 프로필에는 그 뒤에 숨어있는 사람이 아동에게 위험한 인물인지 판단하기에는 턱없이 부족한 제한된 정보만이 노출되어 있다. 그럴듯하게 꾸며진 프로필은 아동에게 시각적인 매력 요인으로 작용하며, 이는 온라인 '채팅'으로 이어진다.

범죄자가 범행을 저지르기 위한 자신의 내적 장애물을 극복하는 것이 바로 이 '채팅' 과정이다. 현실 세계에서 범죄자는 범

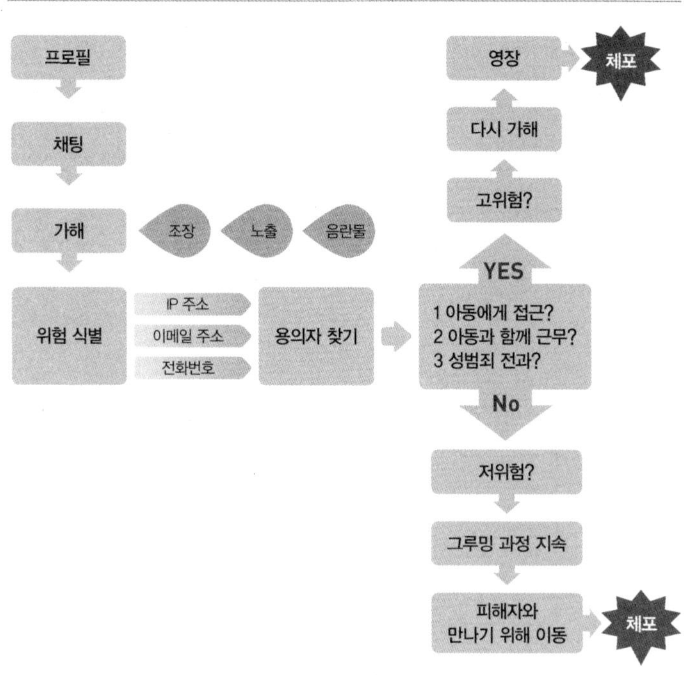

온라인 아동 성범죄 수사 과정

행 상황에서 발생할 수 있는 외부 장애물을 극복하기 위해 신중하게 상황을 설정할 필요가 있지만, 사이버공간에서 이러한 노력은 필요하지 않다. 앞서 제시된 도표는 성범죄자가 다음과 같은 범행을 저지를 수 있다는 것을 보여준다.

a. 웹캠 앞에서 노출 또는 자위행위
b. 아동에게 노출 또는 성적 행위를 부추김

c. 아동 음란물 배포

d. 세 가지 형태의 조합(a+b+c)

이러한 사건이 발생하면 경찰은 범죄자를 찾기 위해 공개자료 조사를 시행한다. 용의자 대부분은 같은 방식으로 조사되는데, 신원확인 과정에만 2주에서 3주가 소요된다. 이 기간에 경찰은 인위적으로 그루밍 과정을 지연시킨다. 조사관들이 용의자에 대한 그 어떤 정보라도 찾아내기 위해 자료를 분석하는 동안에도 위장경찰관은 용의자와 계속해서 의사소통한다(경찰관 ID: 3).

> "피해자를 만날 생각에 온통 정신이 팔린 용의자가 있었습니다. 그는 빈티지 자동차에 빠져 있던 상태라 위장경찰관에게 맞춤 번호판에 대해 말했습니다. 그 번호판 덕분에 우리는 그를 매우 빨리 찾아낼 수 있었지만, 보통은 그렇지 않죠."
>
> - 경찰관 ID: 3

경찰은 실제 세계에서 상당히 큰 위험으로 인식되는 온라인 범죄자들을 다루기 위해 제한된 자원을 적절히 배분하려 우선순위를 정한다. 정보에 입각한 우선순위 결정에는 위장경찰관이 사이버공간 속 성범죄자 그룹에 들어가 그들의 의도를 이해하기 위해 적지 않은 시간 동안 의사소통을 하는 과정이 포함된다.

또한 위장경찰관은 용의자의 위험평가를 위해 그들의 개인정보를 입수해야 한다. 도표 '온라인 아동 성범죄 수사 과정'에서 보여주듯, 범죄자를 추적할 수 있는 IP 주소, 이메일 주소 또는 전화번호 등의 개인정보는 위장경찰관과 용의자 간 상호작용을 통해 얻을 수 있다. 이는 다시 말해 위장수사 없이는 온라인 성범죄자 적발이 불가능하다는 의미이다.

용의자의 신원이 확인되면 범행의 종류에 따라 경찰은 많은 위험 요소들을 고려해야 한다. 용의자가 아동과 직접 접촉했는지, 아동에게 접근한 적이 있는지, 아동과 함께 일하는 직업을 갖고 있는지, 성범죄 전과가 있는지 등을 확인해야 하는 것이다. 만약 그중에 하나라도 해당된다면 용의자는 '고위험'에 속하고 즉시 체포된다. 해당 사항이 없는 용의자는 '저위험'에 속하고, 경찰은 용의자가 '아동'을 만나러 이동하는 시점까지 온라인을 통한 상호작용을 계속한다. 그러나 비록 용의자가 저위험에 속한다고 할지라도 위험 요소는 지속적으로 검토되어야 한다.

저위험 용의자가 성적 접촉을 목적으로 아동을 만나기 위해 이동할 의도를 보이는 즉시, 경찰은 그를 고위험으로 분류하고 용의자를 추적하고 위험을 평가하기 위해서 자원을 이용한다. 더구나 용의자가 16세 미만이라고 믿는 아동을 만나기 위해 움직이면(이전에 이 아동과 적어도 두 번 이상 의사소통한 경우), 이 용의자는 2003년 〈성범죄법〉 15조에 저촉된 그루밍 범죄를 저지르는 것이다. 따라서 아동성도착전담팀의 경찰관들은 만남 시점에 용의자를 체포한다. 그러나 용의자가 만나고자 하는 욕망을 드러냈지

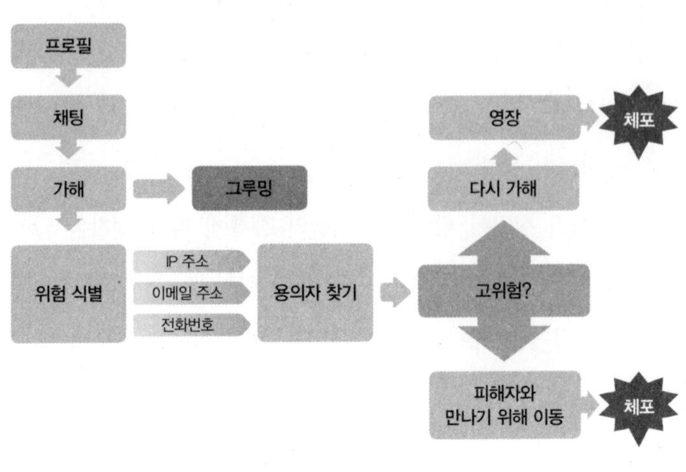

온라인 그루밍 수사 과정

만 만남을 취소하거나 만나러 가지 않은 경우 경찰은 영장을 발부하고 거주지에서 그를 체포한다.

2003년 〈성범죄법〉은 성적 목적에서 아동을 그루밍하고, 그 아동과 만나려는 의도를 가진 범죄자의 행동을 저지하고자 고안되었다. 다시 말해 '친해지기' 같은 그루밍 과정을 처벌하기보다는 그루밍을 통해 '아동을 만난다'는 개념에 형사 책임을 묻는다 (Gillespie 2008).

그루밍 과정에서 이용되는 기술들 중 몇몇 기술은 다음에 제시된 위장경찰관과 용의자 사이의 짧은 대화를 통해서도 확인할 수 있다.

2016년 9월 1일 위장경찰관과 용의자의 대화

위장경찰	Hi Amy here 안녕, 전 에이미에요.
용의자	hi how are you sweetie? 안녕? 예쁜이
위장경찰	kwl 좋네요.
용의자	I used to play hockey in my younger days by the way 나 어릴 때 하키 했었어.
위장경찰	how old r u now 몇 살이에요?
위장경찰	yeh 네.
용의자	lol. Not too old I hope. Good at sex anyway lol 너무 많지 않기를 바라. 어쨌든 섹스는 잘해. 하하
위장경찰	i don't play now 장난하지 말아요.
용의자	discovered boys and sex huh 남자애들이랑 섹스 해봤니?
위장경찰	aint dun sex yet 아직 안 해봤어요.
용의자	interested though? 관심은 있고?
위장경찰	corse 물론이죠.
용의자	I'd love to be your first 너의 첫 번째가 되고 싶어.
위장경찰	yeh rite 그렇군요.
용의자	lol 하하
위장경찰	im only 12 전 겨우 12살이에요.
용의자	I would though - I'm good at it. Did you read my hi5 profile? 그래도 하고 싶어. 나 잘하거든. 내 hi5 프로필 봤어?
용의자	doesn't matter to me - if you want to that's all that counts 상관없어. 네가 원하는지가 중요한 거야.
위장경찰	hav anothr look in mo 수염 있는 사진 더 있어요?
위장경찰	where r u im in London 어디 살아요? 난 런던
용의자	south London 런던 남부

위장경찰	serious **정말?**
용의자	of course. Ii don't like hun. And if you wanted to visit I'd love that **물론이지. 난 독일인하고는 달라. 만약 네가 온다면 환영이야.**
위장경찰	Im in oval **난 오발에 있어요.**
용의자	really? Only 20 minutes from me – I'm in Croydon **정말? 겨우 20분 거리네. 난 크로이든에 있어.**
위장경찰	wow so kwl **와우! 놀랍네요.**
용의자	so maybe we can have some fun together sometime. If you wanted to hehe **만나서 놀면 좋겠다. 네가 원한다면, 헤헤**
위장경찰	u joking me rite **농담하는 거죠?**

이 기록은 용의자와 위장경찰관 사이의 첫 번째 대화이다. 그들은 SNS(Hi5)에서 처음 만났고, 용의자는 위장경찰관을 MSN[23]으로 초대했다. 용의자는 전과가 없는 34세 남성으로 위장경찰관과 친구가 되기 위해 접근했다. 그는 자신감 있는 부류로 나이를 제외한 개인정보를 스스럼없이 밝혔다. 위장경찰관이 나이를 물었을 때 용의자는 '너무 많지 않기를'이라고 답했고, 오코넬(O'Connell 2003)이 '성적 단계'로 규정한 단계로 즉시 옮겨갔다

23 MSN은 마이크로소프트 네트워크의 메신저로, 사람들이 개인적으로 비밀리에 채팅을 할 수 있는 서비스를 제공한다.

('어쨌든 섹스는 잘해. 하하'). 그는 위장경찰관이 나이 많은 남자친구를 원할 것이라고 확신했다.

오코넬(2003: 44)은 그루밍 단계를 다음과 같이 밝힌다.

- 1단계 친밀감 형성 단계
- 2단계 관계 형성 단계
- 3단계 위험평가 단계
- 4단계 독점적 단계
- 5단계 성적 단계

이 단계에 따르면 범죄자와 아동은 마지막 성적 단계에 도달하기 전까지 단계별로 서로 간에 깊은 신뢰를 쌓는다. 그러나 위장경찰관과 용의자의 대화에서도 드러나듯이, 온라인에서 발생하는 대다수의 그루밍 범죄는 오코넬이 제시한 그루밍 단계를 반영하고 있지 않다. 대화를 보면 첫째, 용의자는 에이미의 나이를 짐작하지만 에이미가 다른 사람과 함께 집에 있는지 확인하지 않으며, 에이미의 신원을 의심하지 않는다. 그리고 에이미가 나이를 밝혔을 때('전 겨우 12살이에요'), 그는 즉각적으로 '그래도 하고 싶어. 나 잘하거든'이라고 말한다. 그는 더 나아가 '만나서 놀면 좋겠다. 네가 원한다면'이라고 말하며 만남을 제안한다. 여기서는 위험 요소가 완전히 간과되고 있는 것이 분명하다.

게다가 대화한 지 3분이 채 되지 않아 용의자는 성적 단계로 바로 옮겨가 '남자애들이랑 섹스 해봤니?' '너의 첫 번째가 되고 싶어'라는 말을 한다. 이 사례에서 드러나듯 온라인 그루머들은 아동과의 관계 형성에 그리 많은 시간을 투자하지 않고 위험 요소를 고려하지도 않는다. 범죄자가 아동과의 대화에서 성적 주제를 꺼내는 데는 약 8분밖에 걸리지 않는 것으로 나타났다[24]. 이러한 결과는 최근 연구에 의해 뒷받침된다.

고트샬크(Gottschalk 2011)에 따르면 온라인 그루밍은 실제 세계 그루밍과는 다른 양상을 보이는 경우가 많다. 그 이유는 몇몇 범죄자들이 본론으로 바로 들어가기 위해 채팅하는 데 시간을 덜 할애하기 때문이다. 이는 실제로 대면했을 때 존재하는 내적 장애물을 없애는 데 인터넷이 일정 부분 기여한다는 것을 의미한다.

다른 연구에 따르면 어떤 범죄자들은 온라인에서 적당한 피해자를 골라 그루밍하고, 궁극적으로는 성적 접촉을 시도하기 위해 긴 시간을 보낸다(Davidson and Martellozzo 2004; O'Connell 2003; O'Connell et al. 2004). 그리고 온라인 그루밍에 많은 시간을 쓰는 범죄자는 아동에게 더 큰 위험이 된다. 온라인에서 취약한 피해자를 찾아내 그들과 의사소통하고, 그들의 삶을 속속들이 파헤치기 위해 긴 시간을 보내는 것은 아동에 대한 관심과 의지의 징후이기 때문이다. 또한 청소년을 대상으로 이루어진 연구(Davidson

24 이 연구 샘플은 비교적 적고 전체 인터넷 커뮤니티처럼 전형적이지 않을 수 있다.

and Martellozzo 2008a; Martellozzo 2011; Davidson et al 2010)에 따르면, 청소년은 온라인상으로 어느 정도 의사소통을 하고 나면, 온라인 친구를 자신들이 믿고 상호작용할 수 있는 진짜 친구로 여기는 경향이 있다고 한다. 한 위장경찰관은 이렇게 주장한다.

> "누가 정말 아동을 만나고 싶어 하는지, 그렇지 않는지 금방 알 수 있습니다. 그저 범죄를 저지르기 원하는 용의자들은 겨우 10, 15줄의 채팅을 주고받자마자 카메라를 켜고 자위행위를 합니다. 대놓고 '너 섹스 해본 적 없니? 이런 남자 꺼 본 적 있니? 한 번 볼래?'라고 말합니다. 그러고는 채팅방을 나가죠. 제 생각에 그건 그루밍이 아닙니다. 그런 범죄를 저지르고 싶어 하는 사람일 뿐이죠. 반면 저와 이야기하고 싶어하고 제게 관심을 보이는 사람은 '그런 거 좋아하는구나? 우와! 무슨 스포츠 좋아해?'라고 묻습니다. 그리고 띄워주는 말도 섞습니다. '사진 정말 잘 나왔다, 너 정말 예쁘구나.' 그러고는 조금 더 다가가는 겁니다. '오늘 학교에서 어땠어?' '언제 내가 커피 사주고 싶다'라면서요. 이러한 것들이 가장 위험할 수 있습니다. 항상 그렇지는 않습니다만, 서두르지 않는 부류야말로 실제 만남을 원한다는 사실을 알게 됩니다."
>
> – 경찰관 ID: 7

온라인 그루머들은 인터넷에서 많은 이득을 얻는다. 가장 분명한 이득은 '보편성'(Gottschalk 2011)으로 언제, 어디서든, 누구와도 접촉할 수 있다는 것이다. 또한 사이버공간은 범죄자의 보안 감각에 자만심을 갖게 해 노출과 포르노그래피 사용을 통한 즉각적인 개인 보상의 성취를 제공하며, 이는 자위행위 같은 개인적인 욕구 충족에 사용될 수 있다.

성범죄자들은 그루밍 과정에서 여러 가지 도구를 사용한다. 개인적인 성적 자극을 충족하고, 아동을 함정에 빠뜨리고 협박하기 위한 목적으로 아동과 친분을 쌓거나 애정과 선물, 성인 포르노그래피나 음란물을 뇌물로 쓰기도 한다. 이러한 도구들은 실제 세계와 가상 세계 모두에서 사용되며, 특히 사이버공간에서 증가하는 추세이다.

그러나 두 세계에서 '시간'이라는 요소는 다르게 작용하는 듯하다. 고트샬크(Gottschalk 2011)의 주장처럼 시간은 온라인 아동 피해에 더 중심적이다. 아동이 선물이나 메시지를 받고 싶어 하지 않거나 오프라인 상태일 때도 그루머는 계속해서 메시지나 선물을 보낼 수 있다.

●●●

위험 식별

아동을 그루밍하는 사람들이 제기하는 위험을 식별하고 평가하기 위한 상당히 많은 연구가 있었다(Carich and Calder 2003; Calder1999; Davidson 2007). 일반적으로 음란물 관련 범죄로 용의자들을 현재 위험 관리 도구로 평가했을 때 저위험에 속하지만 접촉 범죄 관점에서 보자면 고위험으로 구분될 수도 있다.

예를 들어 음란물을 소지한 누군가가 어떠한 아동의 부모도 아니고 일상적으로 아동을 자주 접하는 직업을 갖지 않았다면,

아동과 직접적이고 규칙적인 접촉은 일어나지 않을 수도 있다. 최근 정보 수집 관행에 따라 이 누군가는 경찰에 의해 저위험으로 분류된다. 그리고 이들은 음란물을 소지하고 있고 아동을 자주 접하는 직업을 가진 누군가, 즉 고위험에 속하는 사람에 의해 우선순위가 밀릴 수 있다.

하지만 아동에 대한 접근은 꼭 직접적일 필요가 없다. 가족, 친구 또는 이웃 네트워크를 통해 접근성을 확보할 수도 있기 때문이다. 따라서 데이비드슨의 주장처럼 온라인 성범죄자를 평가하려는 모든 시도는 이러한 범죄 그룹의 다양성과 접촉 학대의 가능성을 반드시 고려해야 한다(Davidson 2007: 4).

접촉과 비접촉 범죄에서 경찰의 우선순위

온라인 성범죄: 접촉과 비접촉

인터넷은 실제 세계에서 쉽게 범할 수 없는 중범죄를 익명성을 보장함으로써 보다 빠르고 손쉽게 저지르게 만들었다(Cooper et al 2000b; Davidson and Martellozzo 2005)[25]. 증가하고 있는 온라인

25 이러한 연구 결과들은 옥스퍼드 대학교에 제출하고 옥스퍼드 대학교에서 출판한 보고서와 연결되어 있다. 이 연구는 런던 광역경찰경과 범죄단속반으로부터 후원을 받아 인터넷에서 아동의 안전과 아동 학대 관련 인식 재고를 위한 경찰의 역할을 탐색하기 위한 프로젝트였다.

성범죄 유형을 구분하는 것은 중요하다. 민족지학적 연구와 인터뷰를 통해, 경찰은 온라인 성범죄를 크게 두 가지 갈래로 인지한다는 것이 명확히 밝혀졌다. 바로 접촉 범죄와 비접촉 범죄이다.

그중에서도 비접촉 범죄는 피해자와 범죄자 사이에 비실시간 상호작용까지 포함하는 유형의 성범죄이다. 이 범죄는 주로 음란물 다운로드와 배포를 포함한다. 인터넷의 사회관계망이 점점 확대되고 기술적으로 발전하면서 실행 가능한 온라인 아동 성범죄의 유형들은 더욱 다양해지고 잠재적으로 심각해지고 있다.

마이스페이스, 페이스북, 비보(Bebo)와 같은 SNS가 제공하는 활발한 실시간 상호작용 환경은 새로운 종류의 온라인 성범죄를 더욱 용이하게 만들었다. 여기서는 이를 '가상 접촉 범죄'라고 칭한다. 이 범주에 속하는 범죄 유형 중 하나는 온라인을 통한 생중계 의사소통인데, 예를 들어 범죄자가 아동에게 성적 행위를 하도록 부추기거나 스스로 웹캠 앞에서 피해자가 볼 수 있도록 자위행위를 하는 것이다. 접촉 범죄와 비접촉 범죄의 광범위한 구분은 위험평가와 그 뒤로 이어지는 경찰의 우선순위 배정과 활동에 있어 상당한 영향을 미친다. 많은 학자들이 이러한 구분을 인지했지만(Sanderson 2007; Cawson et al. 2000; Carr 2003b), 아직까지도 상세하게 연구되지는 않았다.

아동을 대상으로 한 온라인 성범죄의 특성은 지난 10년간 더욱 다양하고 심각해졌다. 이러한 변화는 결과적으로 경찰의 수사 전략과 위험평가 관행에도 변화를 가져왔다. 특히 범죄의 심각성과 위험평가 단계 분류에 변화가 있었다.

경찰은 아동 성범죄에는 세 가지 종류가 있다고 말한다. 접촉 범죄, 비접촉 범죄, 가상 접촉 범죄이다. 가상 접촉 범죄는 영국 성범죄에 관한 방대한 양의 현행 법안에 고작 몇 줄밖에 언급되어 있지 않지만, 법적 인정은 온라인 아동 성범죄의 일상적인 수사를 유지하는 근간이 되었다. 실제로 런던 광역경찰청 첨단기술범죄팀의 작전들은 상당 수준 가상 접촉 범죄 수사를 둘러싸고 구조화되어 있다.

가상 접촉 범죄는 접촉 범죄와 강한 연관성을 가지고 있는 듯하다. 한 경찰은 인터뷰에서 '인터넷을 이용해 아동 음란물을 다운로드, 감상, 배포하는 범죄자들을 다룬다는 점에서 비접촉 범죄와 가상 접촉 범죄의 연결고리를 인정한다. 그런데 이와 마찬가지로 가상 접촉 범죄와 접촉 범죄 사이에도 강한 연관성이 있다. 우리는 업무의 상당한 비중을 이 연결 고리에 집중한다'고 밝혔다(경찰관 ID: 8).

접촉 범죄는 전체 범죄 중 상대적으로 적긴 하지만 꾸준한 비율을 차지한다. 이는 앞서 강조한 이유들로 인해 공식적으로 잘 기록되지 않기 때문이다. 온라인과 오프라인에서 아동 성범죄는 모두 '숨겨진 범죄'로 남아있는 경우가 많으므로, 경찰이 이 문제를 사전에 해결하기는 어렵다. 그러나 온라인 아동 성범죄 근절을 목표로 한 몇몇 작전들을 통해 온라인 아동 성범죄를 구성하고 있는 숨겨진 숫자를 밝혀낼 수 있었다. 1998년 대성당 작전과 2001년 ORE 작전에서 아동 음란물을 구매, 수집, 배포하는 사람들(비접촉 범죄)의 숫자가 당시 가장 보수적으로 추산한 숫자에 비해 훨씬 높다는 사실이 드러났다.

이 책 전반에 걸쳐 온라인 아동 성범죄는 아동 음란물 제작과 배포 같은 비접촉 범죄뿐만 아니라 온라인 그루밍 같은 가상 접촉 범죄도 포함된다고 주장해왔다. 가상 접촉 범죄는 2003년 〈성범죄법〉에서 최초로 도입되고 정의되었다. 1998년 대성당 작전 이후 개정된 〈성범죄법〉은 법집행기관이 온라인 아동 성범죄를 근절하는 데 근간이 되었다.

2003년 〈성범죄법〉은 아동을 대상으로 한 새로운 성범죄를 정립한다. 온라인에서의 상호작용이 증가함에 따라 이러한 새로운 유형의 범죄들이 접촉 범죄와 연관된다(또는 이어진다)는 사실에 유의해야 한다. 새롭게 추가된 성범죄는 다음과 같다.

a. 아동을 성행위에 참여하도록 유도하거나 강요하는 행위
b. 웹캠을 통해 아동 앞에서 노출하는 행위
c. 아동이 성행위를 하는 사람의 이미지를 보도록 하는 행위
d. 그루밍 과정의 공통적인 부분인 아동이 음란물을 보도록 하는 행위(Taylor and Quayle 2003)
e. 아동에게 만남을 제안하거나 주선하는 행위

런던 광역경찰청은 이러한 범죄들을 가상 접촉 범죄로 보고, 온라인 아동 성범죄 근절을 위해 이 범죄들에 선제적 전략 실행을 집중시키고 있다. 대다수의 위장경찰관들은 가상 접촉 범죄를 저지른 사람은 실제 세계에서 아동을 대상으로 접촉 범죄를 저지를 수 있는 심각한 위험성을 가지고 있다는 주장을 지지한다. 한 경찰관은 다음과 같이 말한다.

> "물론 인터넷에서 아동과 성인 간의 실제 접촉은 발생하지 않습니다. 그러나 어두운 골목에서 성인이 아동에게 자신의 신체를 노출했을 때, 둘 사이에 물리적 접촉이 없었더라도 이는 심각한 접촉 범죄이므로 즉시 고발할 수 있습니다."
>
> \- 경찰관 ID: 21

이 원칙은 웹캠을 통해 노출, 자위행위 또는 이를 부추기는 행위가 일어나는 사이버공간에도 적용된다. 실제로 2003년 〈성범죄법〉은 가상 접촉 범죄를 굉장히 심각하게 받아들인다.

그러나 가장 심각한 범죄는 어떤 이가 아동을 성적으로 학대할 의도를 갖고 현실에서 만남을 위해 이동하는 것이다. 이는 가장 심각한 범죄로, 최고 10년 구금형을 받을 수 있으며(제15조 4항), 처벌을 받는 성범죄이다(Gillespie 2008). 이러한 이유로 몇몇 경찰관들은 가상 접촉 범죄를 저지르는 성범죄자들과 이동하는 범죄자들을 구분하고, 이동할지도 모르는 범죄자가 아닌 실제로 이동하는 범죄자 검거에 자원을 투자해야 한다고 주장한다.

"이동하는 범죄자들은 음란물을 다운받는 경로를 거쳤을 수도 있지만, 많은 경우가 그렇지 않습니다. 그들 모두의 컴퓨터에 아동 음란물이 있지는 않아요. 그러나 사실 이런 부류가 훨씬 심각하고 위험한 범죄자입니다. 물론 집 안에서 자위하는 사람을 잡아가는 게 훗날 이동하는 성범죄자가 되는 걸 방지하는 방법일 수도 있습니다. 그러나 이미 이동할 준비가 되어 있는 자들은 너무 많고, 이들이야말로 우리가 집중해야 하는 부류입니다."

– 경찰관 ID: 6

위험평가는 복잡한 업무이며 모든 위험 단계에 있어 정확성을 갖고 이루어져야 한다는 것은 의심의 여지가 없다. 경찰이 일상적으로 처리해야 할 가장 어려운 업무 중 하나는 위장경찰관과 온라인에서 상호작용하며 이미지를 배포하는 용의자 중 누가 아동에게 위험을 초래할 가능성이 가장 큰지를 평가하는 것이다.

경찰관들은 스스로에게 한 가지 단순한 질문을 던진다. '이 그루머가 단지 공상을 갖고 게임을 하고 있는 것인가, 아니면 아직 발각되지 않은 아동 성 접촉 범죄자인가?' 하는 질문이다. 원칙적으로 모든 가상 접촉 범죄는 고위험에 속한다. 그러나 몇몇 경찰관들은 이것이 옳은 접근법이라고 생각하지 않는다.

"우리는 '안녕? 몇 살이야?' 하고 온라인에서 접근해오는 수많은 사람들을 만났습니다. 그들은 자기들이 18, 19살이라고 했어요. 그러고는 웹캠을 통해 신체를 드러내고 자위행위를 하고 싶어 합니다. 나는 이들을 아동 성도착자라고 보지 않습니다. 인터넷을 이용해 싸구려 스릴을 느끼려는 성적 해충이라고 봅니다. 이들은 아마 애인도 없고 만족스럽지 않은 성생활을 하고 있어서 집 안에 앉아 자위나 하면서 온라인으로 누군가와 채팅하고 싶은 거죠."

- 경찰관 ID: 5

이러한 '성적 해충' 유형들은 실제 세계에서 아동과 접촉하지 않을 가능성이 높다. 그럼에도 경찰은 스크린 뒤에 숨은 그자가 아동에게 위험을 끼치지 않는지 확인할 책임이 있다. 그리고 이 과정에는 많은 시간이 소요된다.

"전체 과정은 채팅 기록을 검토하는 겁니다. 다른 사람이 그 사람에 대해 조사할 수 있도록 검토 내용을 인텔 데이터시트(intel sheet)에 입력합니다. 그리고 우리는 우리와 다시는 채팅을 하지 않을지도 모르는 누군가를 찾아내기 위해 조사를 합니다. 런던에 살면 우리가 직접 가서 그자를 체포하고, 경찰서에 데리고 와 취조하고, 그의 컴퓨터를 분석실에 보냅니다. 우리는 어쩌면 쫓지 않아도 되는 자를 조사하기 위해 너무나 많은 일을 합니다. 그들이 위험한 범죄자인지 아닌지를 모르니까요. 그게 온라인 성범죄 수사의 어려움입니다."

- 경찰관 ID: 5

이렇게 말한 경찰관의 목소리에서 깊은 좌절감을 느낄 수 있었다. 인터뷰에 참여한 경찰관 대부분이 진짜 목표에 집중하고 싶어 한다. 가장 위험한 자들, 즉 아동을 만나기 위해 이동하는 자들, 직접 성학대를 행하는 자들을 쫓는 데 몰두하길 바란다. 그러나 사이버공간의 특성상 일정한 시험 없이는 경찰이 항상 가장 위험한 목표에 집중하도록 해주지 않는다. 언제 어디서든 원하는 사람으로 가장할 수 있는 가상공간에서는 오로지 위장수사만이 가장 위험한 그루머들을 추적할 수 있다(Carr 2006).

가상 접촉 범죄가 벌어지는 즉시 현장전문가는 수많은 위험 요소들을 고려해야 한다. 용의자가 아동과 함께 사는지, 아동들에게 접근할 수 있는지, 성범죄 전과가 있는지, 아동과 함께 일하는지 등을 알아내야 한다. 이 평가 요소 가운데 하나라도 해당 사항이 있으면 그자는 '고위험'에 속하며 즉시 체포된다. 따라서 경찰은 그자가 가장 심각한 가상 접촉 범죄인 '아동을 만나러 이동'할 때까지 그루밍 과정을 유지하게 한다.

만약 범죄자가 만남의 자리에 나타나지 않거나 마지막 순간에 마음을 바꾸면, 경찰은 영장을 발부해 집으로 찾아가 용의자를 체포한다. 이는 위험평가가 지속적이고 진행형이며, 가장 높은 위험을 보인 자들부터 위험이 거의 없는 자들까지 모든 잠재적 범죄자를 평가한다는 사실을 가리킨다. 요컨대 인지된 위험의 스펙트럼이 굉장히 넓지만, 아동에게 위험하다고 인지되는 모든 사람들을 한정된 자원으로나마 적절히 평가해야 하는 것이다.

●●●

가상 접촉 범죄

위장수사 초기 단계에서는 범죄자들의 학대 경향과 그들이 아동에게 제기하는 위험을 알아내기 어렵다. 이는 선제적 위장수사를 통해서만 파악할 수 있다. 현장전문가들이 아동에게 가장 큰 위험을 제기하는 용의자들, 즉 가상 접촉 범죄를 저지르고 아동과 만나기 위해 이동하는 자들을 최우선 목표로 설정하는 것은 반드시 필요한 일이다. 경찰은 아동을 성적 행위에 가담하도록 조장하는 등의 직접적인 위험을 제기하는 사람을 쫓는 데 자원을 투자해야 한다. 한 경찰관은 다음 같이 설명한다.

> "우리는 그들의 학대 경향을 모르고, 음란물 소지와 성학대 사이의 위험 차이를 설명할 시간도 없습니다. 그들이 아동에게 위험을 제기할 거라는 분명한 지표는 있지만 명확히 구분할 만한 위험이라는 건 또 없습니다. 90퍼센트가 접촉 성범죄가 아니라고 말할 수도 없고, 실제로 그렇지도 않습니다. 저는 잘 모르겠어요. 그래서 제가 알고 있는 이미지를 공유하는 100명 중에 1명이 섹스를 위해 아동과 만나고 싶어 하면 그 사람이 우선순위가 됩니다. 그자가 처리되고 나면 우리는 이미지를 공유하고자 하는 다른 이들을 살펴봅니다. 우리는 그들을 찾아내고, 그들이 아동에게 제기하는 개별 위험이 무엇인지를 알아냅니다. 예를 들어 우리가 교사 한 명을 찾으면, 그 사람은 고위험으로 분류되고 수사 과정에서 우선시됩니다."
>
> – 경찰관 ID: 1

경찰은 아동 음란물을 몇 개 소지한 것으로 의심되는 용의자에게 집중할 시간도 자원도 없다는 점을 강조한다. 따라서 아동을 만나고자 하는 욕망을 표출하고, 그렇게 하기 위해 이동하는 범죄자들을 우선시한다(Krone 2004).

이 영역의 연구는 아직 진전이 더디지만, 어떤 학자들은 아동 음란물을 다운받는 사람들이 접촉 범죄자가 될 가능성이 높다고 주장한다. 예를 들어 코핀 프로젝트(COPINE Project)에서는 아동 음란물을 다운받은 혐의로 유죄판결을 받고 인터뷰에 참여한 23명 중 20명이 아동 음란물을 교환했고, 3명이 제작자였으며, 11명이 내려받은 음란물을 보는 동안 아동에게 접촉 범죄를 저질렀다고 밝혔다(Taylor and Quayle 2003). 게다가 2001년 미국 체신부에 따르면 아동 음란물을 본 35퍼센트의 사람들이 실제 세계에서도 접촉 범죄를 저질렀다는 사실이 드러났다(in Carr 2003a).

이 연구에서도 성적 목적으로 아동과 만나기 위해 이동한 9명의 범죄자 모두가 아동 음란물을 소지하고 있었다는 사실을 발견했다. 물론 이러한 결과들이 실제 세계에서 아동에게 위험을 제기하는 온라인 성범죄자들을 위험평가하는 데는 충분하지 않을 수 있다. 하지만 그루밍을 포함한 가상 접촉 범죄와 온라인 성범죄에 대한 이해 증진을 돕는다는 점에서 매우 유의미하다.

위험평가에 있어 강조되어야 할 것은 가상 접촉 범죄가 정립되지 않았다면 온라인 성범죄자들은 경찰과 검찰의 수사망을 피해갔을 수도 있었다는 점이다. 한 경찰관은 이렇게 주장한다.

> "인터넷은 이러한 사람들을 발견하기 쉽게 만들었습니다. 대다수는 그늘 뒤에 숨어있어 그들의 무리에 침투하기가 쉽지 않죠. 그들은 주로 혼자 활동하며 자신의 활동을 숨기기 위해 많은 조치들을 취합니다. 그들은 인터넷에서 완벽하게 익명성을 보장받는다고 착각합니다. 그 덕분에 우리 일이 훨씬 쉬워졌고, 그들의 규모도 밝혀낼 수 있었습니다. 저는 약물, 절도, 강도 같은 범죄들도 다룬 적이 있습니다. 그 범죄자

중 대부분은 전과가 있는 재범들이었죠. 그런데 이 분야는 그렇지가 않아요. 이 사실은 경찰에게 이 분야에 아직 밝혀지지 않은 문제가 많다는 걸 말해줍니다."

– 경찰관 ID: 6

이 인터뷰는 인터넷이 새로운 종류의 성범죄자를 만든 것이 아니라 새로운 종류의 범죄, 즉 가상 접촉 범죄를 만들었다는 결론으로 이끈다. 다시 말해 인터넷은 아동에게 성적 매력을 느끼는 사람들에게 새로운 환경을 제공해준 것으로 볼 수 있다. 그러므로 온라인 성범죄자는 아직 검거되지 않은 실제 범죄자일 수도 있고, 인터넷의 사용은 '그들이 이미 갖고 있던 성적 도착 성향에 추가로 발현된 행동'으로 볼 수도 있다(Hernandez 2009: 5).

결론

지난 10년간 온라인 아동 성범죄는 법적 맥락, 특히 수사에 있어 혁신적인 변화를 가져왔다. 인터넷은 아동 성도착자들이 그들과 비슷한 생각을 가진 사람들을 찾고 음란물을 교환할 수 있는 환경을 제공해주었다. 인터넷에서 아동 성범죄가 포착된 초기, 경찰 수사는 음란물의 감상, 소지, 배포에 초점을 두었다. 그러나 성범죄자들은 거기서 멈추지 않았다. 그들은 인터넷을 이용해 피해자를 성적으로 학대하기 위한 방법을 찾았다.

2003년 〈성범죄법〉 이후 영국에서는 '그루밍'이라는 개념을 인지하기 시작했고, 다른 국가들은 영국의 선례를 따라 그루밍 행위를 처벌하기 시작했으며(Davidson and Gottschalk 2011), 경찰 내부 인력이 온라인에서 벌어지는 아동 성범죄를 수사할 수 있도록 선제적 훈련을 시작했다.

그러나 인터넷이 급속도로 발전하고, 다양한 SNS들이 아동과 청소년들을 유혹하는 이 시점에 온라인 그루밍을 단속하기란 결코 쉬운 일이 아니다. 아동과 청소년들이 많이 이용하는 네트워크일수록 그 네트워크는 그루머들에게 더욱 매력적인 공간이다.

SNS는 새로운 사람들을 만날 수 있도록 고안된 온라인 서비스다. 이 사이트들은 친구들과 의사소통하고, 친분이 있거나 잘 모르는 사람들과도 관심사를 나누며, 개인정보를 교환하고, 사진과 영상을 공유하며, 블로그와 개인 메시지를 이용하는 것을 조장하고, 이 모든 것을 가능하게 해준다. 이는 대중과 법집행기관이 SNS에서 제기되는 혹시 모를 위험에 대해 어느 정도 인식하고 있어야 한다는 것을 말해준다.

이 연구에 참여한 대부분의 현장전문가들은 가상 접촉 범죄를 해결할 각자의 책임에 대해 이야기했고, 온라인 아동 성범죄 수사를 위한 조치를 강화할 강한 의지를 보였다. 그들이 해야 할 일의 시작점은 누군가 온라인상에서 아동에게 가할 수 위험 요소를 초기에 찾아내는 것이다.

6

온라인 그루머 vs. 위장경찰관

경찰 수사의 어려움과 성범죄자의 온라인 활동

이 장에서는 온라인 아동 성범죄 수사와 범죄자들의 범행 수법에 관한 현장전문가들의 관점에 주의를 돌린다. 초반부는 위장수사에 초점을 두고, 경찰이 프로필을 운용하는 방법과 잠재적 성범죄자와 소통하는 방식을 평가한다. 그다음으로 성범죄자의 온라인 행동을 설명한다. 온라인상에서 아동을 대상으로 한 그루밍 성범죄가 벌어지고 있다는 건 이미 입증되었지만(Davidson and Martellozzo 2008a; Davidson and Martellozzo 2009; Gillespie 2008; Sanderson 2007), 이것이 어떤 방식으로 진행되는지를 설명하는 실질적인 연구는 없었다. 이 장에서는 온라인 그루밍이 어떻게 이루어지고, 이에 대한 경찰의 수사 방식이 어떻게 발전되어 왔는지를 자세히 다룰 것이다.

위장수사에서 관찰된 온라인 그루밍 과정은 그루머들과 아동으로 가장한 경찰관의 상호작용을 통해 잘 드러난다. 이 상호작용은 온라인 위장수사의 조직적 구조, 위장경찰관과 그루머와의 만남에 대한 정보를 축적시킨다. 이러한 맥락 속에서 이 장은 그루밍을 조사하는 경찰관들의 진술에 크게 의존한다. 그렇다고 이 경찰관들의 진술을 사실 정보의 원천으로서 액면 그대로 받아들이거나 받아들여져야 한다고 주장하는 것은 아니다. 온라인 아동 성범죄 수사에 대한 '사실' 기준이 있지만, 경찰의 경험은 성별, 계급, 인종, 나이 등의 문제뿐만 아니라 경찰 문화의 특수성에 의해 다르게 채색된다.

이어지는 논의에서는 경찰의 입장이 일부 반영된 관점에서의 온라인 수사 관행을 설명한다. 따라서 이와 관련된 서술의 타당성과 신뢰성을 전통적 개념에서 평가하는 것은 이 연구의 목표가 아니다. 그보다는 온라인 수사의 사회적 구조에 대한 이해 증진을 목표로 한다.

경찰 활동의 어려움: 프로필 생성

경찰이 프로필을 생성하고 위장 신분으로 잠재적 성범죄자와 상호작용하는 방식을 탐구하는 것은 성범죄자의 범행 수법을 분석하는 데 도움이 된다. 또한 이는 가상 접촉 범죄가 발생하는 사회문화적, 기술적 맥락과 온라인 그루밍 과정에 대한 심도 깊은 이해를 제공한다.

온라인 그루밍은 생각보다 무척 방대하며 복잡하고 풀기 어려운 과제이다. 또한 '훨씬 더 광범위하고, 협의되고 통합된 정책과 실천 대응이 요구되는 문제'(Gallagher et al. 2006: 14)이기도 하다. 이 연구 결과는 미국, 호주, 뉴질랜드, 캐나다, 스웨덴 등 전 세계 경찰이 유사한 모델을 채택했다는 점을 감안할 때 더 넓은 적용이 가능하다.

위장경찰관이 온라인 그루머와 의사소통하기 위해 준비해야 할 것들은 상당히 많다. 먼저 경찰은 아동과 청소년의 삶에 대해 누구인지, 어디 출신인지, 관심사는 무엇인지, 어디에 사는지 등 일관된 정보로 대화를 유지하는 것이 중요하다. 그러나 인터뷰에 응한 한 경찰의 주장대로 위장수사에서 맞닥뜨릴 수 있는 모든 질문에 대한 답을 완벽하게 준비하는 것은 불가능하다.

> "질문에 대한 모든 것을 조사할 수는 없습니다. 학교명, 좋아하는 가수 같이 기본적인 것들만 준비하는 거죠. 하지만 곧 생각지도 못했던 질문들을 받게 됩니다."
>
> – 경찰관 ID: 6

성범죄자는 잘 계획된 그루밍 기술을 통해 아동의 신뢰를 얻고 아동을 통제하는 데 매우 능하다. 예를 들어 그들은 아동이 하는 일에 관심을 보이며, 이야기를 잘 들어주고, 아동의 행동을 지지하고 이해한다는 태도를 보인다.

경찰이 생성하는 프로필은 새로운 친구들을 찾고 있는 아동의 프로필이다. 가정 형편이 어렵고, 한부모 가정이거나 맞벌이 가정이라서 혼자 있는 시간이 많은 아동들 말이다. 물론 모든 아동은 권위 있는 성인의 유혹에 약하다. 하지만 제 기능을 다하지 못하는 가정에 있는 아이들은 그렇지 않은 아이들보다 권위 있는 성인에게 유혹당할 위험이 훨씬 크다(Lanning 2005: 57). 이 연구는 성범죄자가 이러한 실정을 아주 잘 인지하고 있다는 사실을 증명한다.

스탠리(Stanley)는 성범죄자가 성인에 대한 깊은 존경심을 갖고 있는 아동 또는 한부모 가정 같은 특수한 상황에 놓인 아동을 목표로 한다고 주장한다(Stanley 2001 in Calder 2004: 14). 더구나 제 기능을 다하지 못하는 가정에 있는 아동들은 그들의 취약한 특성을 악용하려는 권위 있는 성인의 표적이 된다(Lanning 2005; Platt 1969).

위장경찰관이 생성한 프로필 중에는 13살 '루시'가 있다. 루시는 남자친구를 사귄 적도 키스를 해본 적도 없는 아이다. 그러나 대부분의 십 대처럼, 성에 대한 호기심은 무척 많다. 루시는 또래 남자아이들은 너무 어리고 철이 없다고 생각해 나이 많은 사람을 좋아한다. 나이가 많은 새로운 사람들과 만나보고 싶은 루시의 호기심은 채팅에서 분명히 드러난다. 그루밍 당시, 루시는 런던에서 4개월째 살고 있었고, 친구가 많이 없는 데다가 그녀의 엄마는 항상 일을 해야 했기 때문에 대부분의 시간을 인터넷에서 보냈다.

아동이 어떠한 보호조치 없이 오랫동안 인터넷을 한다는 사실은 그리 놀랍지 않다(Davidson and Martellozzo 2008a; Livingstone and Bober 2005). 실제로 아동은 사회계층에 상관없이, 텔레비전을 보는 것보다 인터넷을 하는 데 더 많은 시간을 사용한다(Franko Aas 2006). 인터넷 보급의 증가로 그리 부유하지 않은 계층의 아동 또는 성범죄자도 손쉽게 인터넷을 사용할 수 있게 되었다(Davidson, GroveHills et al. 2009). 이는 '영국 온라인'이라고 불리는 2000년에 시행된 토니 블레어(Tony Blair)의 발의안에 의해서다. 영국 내 인터넷 사용을 증진시키기 위한 여러 방법들을 제안한 '영국 온라인'은 다음과 같은 방침을 정했다(BBC 뉴스 2000/09/11).

- 빈곤한 지역사회에 하이테크 접근성을 제공하는 600개의 온라인센터
- 우체국에서 인터넷을 시험 사용
- 온라인 강의를 듣는 모든 성인에게 80퍼센트의 할인 혜택을 제공하여 강의료를 200파운드에서 40파운드로 낮춤.

몇몇 경찰관들은 블레어의 발의안이 인터넷 사용과 인터넷을 사용하는 사람 모두에 영향을 끼친 것은 분명하다고 말한다.

"저는 체포되는 트럭 운전사들을 봤습니다. 사회계층이 변하고, 경제가 변하고, 교육 수준이 달라졌지요. 토니 블레어는 모든 사람이 컴퓨터를 갖길 바랐고, 그런 방향으로 나아가고 있어요. 그렇지 않나요? 컴

퓨터가 없으면 시대에 뒤처지는 것 같은 느낌을 받습니다. 현재와 과거의 차이가 분명해졌어요."

- 경찰관 ID: 1

컴퓨터는 아주 저렴하고, 인터넷 연결은 사실상 무료이기 때문에 사용자의 사회적 지위는 점점 무의미해지고 있다.

●●●

경찰이 직면하는 제약

온라인 아동 성범죄 수사에는 새로운 프로필 생성을 위해 필요한 아동의 사진 입수를 포함해 급박한 문제들이 많다. 많은 경찰관들은 이와 관련해 우려를 표한다.

"[프로필을 생성할 때] 용의자 대부분이 여성을 찾고 있는 백인 남성이라는 사실을 알게 됩니다. 그래서 프로필을 주로 어린 여성으로 설정하고, 이용 가능한 사진에 따라 개인정보를 채웁니다. 그런데 이미지가 가장 큰 문제입니다. 용의자에게 제공할 이미지가 너무 부족해요."

- 경찰관 ID: 16

위장경찰관이 성범죄자의 신뢰를 얻기란 쉽지 않다. 그들의 성공은 프로필의 신뢰성에 달려 있다. 즉 신뢰성은 꾸며낸 이야기와 그 이야기를 뒷받침해주는 이용 가능한 아동의 사진에 달려 있는 것이다.

또한 전화를 받는 것 역시 대부분 경찰이 직면하는 또 다른 제약이다. 목소리를 변조할 수 있는 장치를 가진 경찰은 아주 드물다. 경찰관은 기술과 수사 사이의 관계(또는 부재)에 대한 우려를 다음과 같이 설명한다.

> "기술이 발달할수록 우리 일은 엄청 힘들어질 겁니다. 왜냐하면 범죄자의 기대대로 그들의 두려움을 감소시켜 줄 수 있는 모든 장치에 접근할 수 있을 테니까요. 웹캠 이용, 모바일폰 소지, 접촉할 수 있는 다른 매체 같은 것 말입니다. 이러한 것들은 현재 우리의 계획을 수포를 만들기 위해 사용되는 장치입니다. 예를 들어 전화 통화를 모면하기 위해 보내는 비밀 메시지 같은 기술은 곧 한계에 도달할 것입니다. 그 한계점은 이 일에 대한 대중적 관심과 그들을 잡기 위해 두터워져야 하는 기술적 진보 사이 어디쯤이라고 생각합니다. 앞으로 몇 년 남지 않았어요. 온라인 아동 성도착자들은 더 이상 시간을 낭비하지 않을 겁니다."
>
> – 경찰관 ID: 7

신중한 범죄자는 온라인상 관계를 어느 정도 진전시키기도 전에 피해자와 음성으로 대화하기를 원해 그들과 상호작용하는 것은 거의 불가능하다.

> "과도하게 신중한 범죄자는 더 많은 것을 요구합니다. 얼굴 사진을 원하는데, 대개는 영상통화나 사진을 요구합니다. 음란한 사진이 아니라 지금 당장 핸드폰으로 사진을 찍어 보여 달라고 말합니다. 사진에는 찍은 날짜가 반드시 있어야 합니다. 그게 아니면 웹캠으로 대화할 것을 요구합니다. 3명 중 2명은 수사 첫날 우리를 좌절시킵니다. 99퍼센트 확률로 3명 중 3명이 수사 첫날 우리를 앞지를 것입니다.
>
> – 경찰관 ID: 16

어떤 범죄자들은 실제로 어린 소녀와 대화하고 있다는 것을 확인하기 위해 웹캠으로 피해자를 보고 싶어 한다. 이는 수사에 있어 큰 걸림돌이 된다.

> "우린 도움이 필요합니다. 수사 방식은 이미 널리 알려졌고, 매일 여러 문제들에 맞닥뜨리고 있어요. 컴퓨터에 웹캠을 달지 않고는 더 이상 버틸 수 없을 것 같습니다."
>
> – 경찰관 ID: 20

웹캠은 성범죄자가 범행 대상으로 삼은 소녀의 신원을 확인하는 데 이용된다. 위장수사가 시작되던 초기에는 모든 컴퓨터에 웹캠이 설치되어 있지 않았다. 하지만 현재는 웹캠을 사용하지 않으면 신중한 성범죄자의 경우 소녀의 신원에 의문을 갖는다.

그러나 성적 욕망이 강한 몇몇 범죄자들은 계속해서 상호작용을 하면서 성관계로 발전될 수 있기를 바란다. 한 현장전문가는 다음과 같이 말했다.

> "웹캠으로 우리의 모습을 확인하지 못해도, 그들은 그들이 원하는 대로 할 겁니다. 범죄자들이 TV에서 본 것(위장수사에 관한 TV프로그램들)은 그들이 품은 감정을 하루아침에 멈추게 할 수 없습니다. 예를 들어 제가 지난번에 놓친 남자는 13살 소녀와 성관계를 하고 싶어 했고, 여전히 그대로일 것입니다. 13살 소녀로 가장한 저에게 더 이상 이야기하지 않는다고 해서 그의 욕구가 멈춘 것은 아닙니다. 실제로 며칠 뒤, 그는 다시 저에게 말을 걸어왔습니다."
>
> – 경찰관 ID: 18

오늘날 SNS는 성범죄자의 범행을 돕는다. 아동은 자신의 웹사이트, 블로그, 웹로그에 일상을 기록한다. 최신 연구(Davidson, Lorenz and Martellozzo 2009)들은 아동이 프로필에 자기 사진이나 친구와 함께 찍은 사진을 올리는 것에 주목한다. 아동은 SNS 프로필에 자신의 사적인 정보를 공유하는 데 굉장히 개방적이다. 그들은 종종 자신이 다니는 학교 교복을 입고 있는 사진을 올리는데, 교복에는 다니는 학교의 이름이 드러나 있다. 또한 공개된 프로필을 통해 좋아하는 노래, 영화, 취미 등 많은 정보가 범죄자들에게 제공된다. 그리고 이 방대한 정보를 성범죄자는 아동을 그루밍하기 위해 사용한다(제1장 참조).

데이비드슨(Davidson 2010) 등의 연구에 참여한 청소년 대부분이 페이스북과 MSN 프로필을 공개로 설정해두고 있었다. 소수의 학생만 비공개로 했고, 대부분의 학생들은 공개와 비공개 차이를 이해하지 못했다.

아동이 SNS 프로필에 올린 방대한 개인정보 덕분에 범죄자는 그 아동이 행복한지 슬픈지, 학교에 갔는지 아파서 집에서 쉬고 있는지 등을 알기 위해 대화를 나눌 필요가 없다. 다시 말해 범죄자는 간단한 검색만으로 불우한 환경에 있고, 성인의 유혹에 취약한 아동을 찾아낼 수 있다.

실제로 피해자와 범죄자 사이의 온라인상 역학관계와 상호작용은 굉장히 복잡하다. 이를 염두에 두고, 이어지는 내용에서는 온라인 성범죄자들의 다양한 프로필 생성 방식, 그루밍 과정에서 보이는 행동, 법집행기관의 대응 방식을 평가한다.

성범죄자의 프로필 생성과 경찰의 수사

성범죄자는 SNS 프로필을 생성할 때, 웹사이트의 일반적인 회원가입 양식(이름, 성별, 나이)에 따르며 서비스 제공업체의 인증 과정을 거친다. 하지만 이는 어디까지나 전자적으로 확인되는 것으로 사람이 직접 확인하는 것이 아니므로 범죄자는 프로필 사진은 물론 자신의 신원을 맘대로 만들 수 있다.

프로필은 직접 또는 간접적인 방법으로 아동이나 같은 성향을 지닌 사람들을 유인하기 위해 꾸며진다. 따라서 사진, 친구 목록, 좋아하는 스포츠 링크, 가수 등과 같은 시각적 요소들이 필수적이다. 이는 위장경찰관의 관심을 끌고, 새로운 '가상 친구'를 그들의 연락처에 추가할지를 결정하는 데 도움을 준다(cf. Martellozzo 2010).

그러나 위장경찰이 온라인 프로필에 근거해 위험을 평가하기는 매우 어렵다. 공개된 정보가 아주 적기 때문이다. 자신의 사진, 다른 형태의 이미지, 취미, 아동에 대한 관심, 자기 위치, 나이, 성별 등의 정보를 드러내는 범죄자에 비해 개인정보 공개에 무척 조심스럽고 신중한 범죄자가 아동에게 더 위험할 수 있다

(Martellozzo 2010).

이 연구 과정에서 분석된 온라인 프로필 중 일부는 상대적으로 특색이 없었으며, 성적 취향 또한 전혀 드러나지 않았다. 반면 몇몇 프로필들은 자신의 성적 취향에 대해 공개했다. 한 경찰관은 이렇게 말했다.

> "저는 온라인에서 아주 많은 정보를 공개한 사람을 체포한 적이 있습니다. 자신에 대해 말했던 모든 것이 진실인 듯했습니다. 저는 완벽하게 의심스러운 사람들을 주시하며, 그들이 다음 단계로 나아가지 않도록 자세히 살핍니다."
>
> – 경찰관 ID: 9

전형적인 프로필을 사용하는 온라인 그루머는 없을지라도 그루밍 행동의 특징을 밝혀내는 것은 가능하다. 여기서는 페미니스트들이 남성 폭력을 이해하는 방식(Kelly 1988)처럼 그루밍 행동을 신뢰 스펙트럼 전체에 걸쳐 존재하는 것으로 이해하고자 한다.

다음 그림에 나타난 개방성 스펙트럼은 고의적으로 실증적 접근법을 사용하지 않았다. 실증적 접근법은 사람이나 사물을 엄격한 경계를 가진 분리된 유형들로 의사 과학적으로 분류하기 때문에 이러한 맥락에서 효과가 미비할 것이다. 온라인 성범죄자의 프로필을 상자에 넣고 범주화하고 인간의 특성과 행동의 미묘한 차이와 유동성을 간과하는 고정관념을 강화했을 가능성이 높기 때문이다.

성범죄자의 프로필 공개 수준을 보여주는 스펙트럼은 청소년을 표적으로 삼는 성범죄자가 '단면적 성격으로 정확하게 특징지을 수' 없는 다양한 집단을 형성한다는 사실을 보여준다(Wolak et al. 2009: 1).

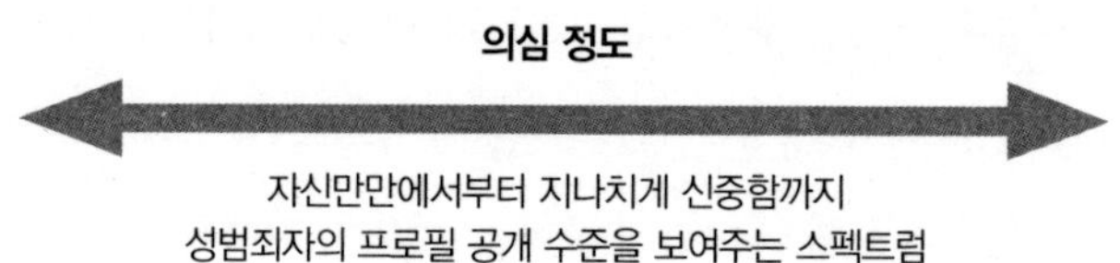

자신만만에서부터 지나치게 신중함까지
성범죄자의 프로필 공개 수준을 보여주는 스펙트럼

스펙트럼 한쪽 끝에 있는 몇몇 그루머들은 자신만만하여 아동에 대한 그들의 성적 의도를 대놓고 표현한다는 점에서 주목할만하다. 자신감 넘치는 그루머들은 대개 자신의 신원을 공개한다. 프로필에 자기 사진과 자세한 개인정보를 올리며(모든 표본 범죄자들은 남성이었음), 프로필에 포르노그래피적인 사진을 게재하는 경우도 많다. 그러나 대부분의 그루머들은 자신의 나이를 속인 것으로 드러났다.

> "신뢰가 쌓이면서 사실 자신은 21세가 아닌 31세라고, 몇 주 후에 31세가 아닌 41세라고 말합니다. 어느새 그들은 자신이 51세라고 밝히고는 끔찍한 늙은이 사진을 보여줍니다. 그러고는 '날 좋아하니?'라고 묻습니다. 그럼 13살 아이는 그 물음에 좋아하지 않는다고 말하지 않을 겁니다. 그러니 프로필(아동의 프로필)이 이 늙은이를 좋아한다고 생각하며 실제로 계속 말하긴 어렵죠."
>
> - 경찰관 ID: 18

자신만만한 그루머

자신만만한 그루머들은 그럴듯한 프로필을 생성할 수도, 음란한 프로필을 생성할 수도 있다. 그럴듯한 프로필을 생성하는 경우 이들은 아동의 경계를 풀기 위해 또는 아동의 호기심을 자극하기 위해 프로필에 자기 사진을 올린다. 그럴듯한 자기 사진을 게재한 그루머가 아동과 접촉하여 한두 번 상호작용하고 나면, 위장경찰관은 그를 친구 목록에 추가한다. 그 뒤로 친구관계를 발전시키며, 어떤 경우에는 성적 접촉을 목적으로 한 아동과의 만남을 위해 이동하도록 유도하기도 한다.

자신만만한 그루머들이 음란한 프로필을 생성하는 경우 그들은 자신의 성기 사진을 프로필에 게재하고 아동이 프로필에 호기심을 갖고 꼬치꼬치 물으며 가상 친구로 받아들이기를 바랄 것이다. 또한 이러한 프로필은 상대에 대한 성적 관심을 노골적으로 드러낼 수 있다. 예를 들어 이 연구에서 분석한 프로필 중 어느 그루머는 '친절하고 점잖으며 애정이 많고 성도착적인 남성-아빠/딸, 근친상간 등'이라고 프로필에 게재했다. 몇몇 그루머들은 '근친상간' '처녀성을 빼앗는 아빠들' '십 대를 꿈꾸는 자'와 같은 범주에 자신의 관심을 나열했다. 어느 용의자의 프로필에는 구강 성교를 하는 어린 여성의 사진과 '아동 성도착자 천국'이라는 웹사이트의 링크가 게재되어 있었다. 이러한 사례 대상자들은 위험 요소를 완전히 무시하며, 아동에 대한 자신의 관심을 명백히 드러냄으로써 관심을 끌려고 한다. 이에 대해 한 경찰관은 다음과 같이 말한다.

> "이러한 범죄자 유형은 인터넷에서 가장 친숙한 부류이기도 합니다. 그들의 행동으로 보아 다양한 사람들과 채팅을 한 경험이 있는 게 분명합니다. 이 '게임'의 입문자들은 좀 더 주의를 기울이며, 더 큰 위험을 감수할 수도 있습니다."
>
> \- 경찰관 ID: 3

지나치게 신중한 그루머들

스펙트럼의 다른 쪽 끝에 있는 지나치게 신중한 그루머들은 충분한 상호작용이 이루어질 때까지는 음란물을 게재하지도, 아동에 대한 성적 관심을 표명하지도 않는다. 이들은 자기 사진 대신 만화나 장난감 사진 등을 프로필에 올리고 신뢰할 만한 상대를 만날 때까지 기다린다.

이렇게 행동하는 이유는 사회 속 누군가가 자신의 부적절한 행동을 신고하는 것과 어린 소녀에 대한 판타지를 가진 다른 아동 성도착자와 시간을 낭비하는 것을 막기 위해서다. 따라서 신중한 그루머들은 아동이 먼저 접근해오도록 수동적으로 대응한다. 만약 이들이 성적 취향이 같은 다른 성인과 의사소통을 한다면, 신원 확인을 위해 아동 음란물을 요구할 것이다. 왜냐하면 법집행기관은 기본적으로 '법적, 도덕적 근거로' 아동 음란물을 게재하지 않을 거라는 가정 때문이다(Gallagher 2007: 112). 그러나 어린 소녀라고 믿는 누군가와 의사소통을 할 때에는 아동 음란물을 요구하지 않는 것으로 드러났다.

지나치게 신중한 그루머는 '가장 위험할 수 있고, 찾아내기 쉽지 않으며, 처음부터 끝까지 거짓말을 하는 사람'이다(경찰관 ID: 2). 그들은 안전하다고 확신할 때까지는 자신에 대한 상세 정보를 절대 밝히지 않으려 한다. 이러한 유형의 범죄자들은 웹캠을 통해 얼굴을 보고 싶다거나 전화로 목소리를 듣고 싶다거나 더 많은 사진을 받고 싶다고 강력하게 요구할 때가 많다. 그들은 진짜 표적과 채팅하고 있다고 확신할 때, 비로소 아동을 그루밍하기 시작한다. 그러나 모든 그루머들이 항상 그런 것은 아니다.

자격 미달로 더 긴밀한 관계를 만들기가 불편하다고 느낄 때 그들은 다음 표적으로 옮겨간다. 이러한 주장은 이 분야에서 활동하는 대다수 경찰관들의 지지를 받았다.

"지나치게 신중한 그루머는 얼마나 위험한지 알 수 없고, 아동 성도착자라고 해도 대응할 전술이나 기술이 없기 때문에 그들에 대해 알아낼 수도 없습니다. 우리가 프로필 속 아동이라는 걸 초기에 증명하지 못하면, 그들은 우리에게서 관심을 끄고, 진짜 아동에게로 옮겨갈 확률이 큽니다."

– 경찰관 ID: 20

성범죄자의 프로필 공개 수준을 보여주는 스펙트럼은 모든 단계 사이에 광범위한 범주의 그루밍 행동이 존재하기 때문에 유동적으로 해석되어야 한다. 이러한 그루밍 행동의 유동성에도 불구하고, 이 연구에서는 자신감과 상관없이 탐색한 모든 그루머에게서 공통된 특징을 발견할 수 있었다. 스펙트럼 전체에 걸쳐 나타나는 공통된 특징은 바로 의심이다.

성범죄자의 온라인 행동 이해

인터넷상에서 개인은 자신이 되고 싶은 사람인 척하며, 다른 사람들에게 약간의 정보를 공개하면서 자신의 섹슈얼리티의 어두운 면을 탐색할 기회를 갖는다(Cooper et al. 2000) 남성은 더 젊어질 수도 더 나이를 먹을 수도 있으며, 여성이나 아동 또는 만화 캐릭터가 될 수도 있다. 게다가 가상의 프로필 뒤에 숨어서 아동을 성적으로 학대할 기회뿐만 아니라, 사이버공간에서 누릴 수 있는 모든 기회들을 탐색할 수 있다.

이 연구가 수행된 경찰 작전 동안 3,000명 이상이 루시의 가상 온라인 프로필을 들여다봤다. 성인 남성 프로필을 가진 450명 이상이 루시에게 연락을 취했고, 80명이 가상 친구가 되어 지속적인 관계를 유지했다. 위장경찰관들의 경험에 따르면, 루시에게 접촉한 성인 남성 대다수는 성적인 목적을 가지고 있었다.

어떤 이들은 루시와 단지 성적 대화를 나누는 것에만 흥미를 가졌다. 영(Young 2001: 300)은 이러한 사람들을 '판타지 이용자'로 정의하고, 섹스 채팅으로 역할 놀이를 하려고 온라인 채팅방과 쪽지 기능을 사용하는 사람들로 분류했다. 그러나 많은 용의자들이 판타지 단계를 넘어선다. 그들은 음란물을 배포하고, 스스로를 드러내고, 잠재적 피해자를 만나기 위해 이동한다.

연구와 경험에서 반복적으로 보여주듯 성범죄자는 군중 속에서 쉽사리 '골라낼' 수 없다(Grubin 1998; Stanko 1990). 성범죄자를 정확하게 찾아내어 고립시키고 공개 비난할 수 있는 일관된 모델이나 유형은 아직 없다. 즉 아동 성범죄자의 '전형'을 묘사하는 것은 불가능하다(Grubin 1998: 14). 이러한 주장은 온라인 아동 성범죄자에게도 적용된다.

이 연구에서 인터뷰한 모든 현장전문가들, 특히 위장경찰관으로 활동하는 전문가들은 언론의 묘사가 종종 아동 성범죄자는 어떻게든 다르다고 암시하지만, 실제로는 그렇지 않다고 주장한다. 또한 그들은 온라인 성범죄자가 그 어떤 범주로도 분류될 수 없다는 의견에 동의한다.

> "이 남자 혹은 이 여자야말로 '전형적인 그루머다'라고 설명할 수는 없지만, 경험에 비추어 전형적인 그루밍이 무엇인지는 설명할 수 있습니다. 중요한 친구라는 믿음을 얻어내고, 의무를 넘어서 그 아동에게 무언가를 베푸는 겁니다. 전형적인 그루밍 방식은 확실하게 있지만, 그렇다고 온라인상에서 어떠한 상호작용도 없이, 100명 중에서 한 명의 그루머를 골라내는 것은 불가능한 일입니다."
>
> – 경찰관 ID: 17

경찰 수사 결과 온라인 그루머들은 다양한 배경을 갖고 있으며 동일한 집단으로 분류할 수 없었다는 사실이 드러났다. 예를 들어 한 작전에서 용의자들은 36세에서 69세 사이의 남성들이었고, 가장 많은 연령대는 36세에서 45세 사이였다. 혼혈 인종 한 명을 제외하고, 모든 용의자는 백인이었다. 한 경찰관은 이 작전에 관해 다음과 같이 논평했다.

> "범죄자들의 인구통계학적 분포는 대개 21세에서 75세입니다. 용의자 대부분은 백인 남성들로 싱글이거나 가정이 있었고, 대개 우울한 사람들이었습니다. 사회성이 떨어지고 사람들과 관계를 형성할 능력이 없는 사람들도 있었지만, 한편으로 교구 목사, 교사, 경찰관, 존경받는 판사도 있었습니다. 그러나 나는 아시아인, 중국인, 흑인은 다루지 않았습니다."
>
> – 경찰관 ID: 5

연구 대상이 된 범죄자들은 민족성 외에도 다양한 생활양식을 갖고 있었으며, 배경과 직업도 천차만별이었다. 23명 중 21명이 체포 당시 직업을 갖고 있었으며, 한 명은 장기 실업상태, 다른 한 명은 은퇴한 상태였다. 직업은 경영진 간부에서 운전사, 보안요원, 육체노동자까지 다양했다. 한 경찰관은 다음과 같이 주장한다.

> "제가 많이 보지 못한 부류는 보통 사람이에요. 건축가, 배관수리공 같은 사람들이요. 그런 직업을 가진 사람들을 그리 많이 본 것 같지 않네요. 분명한 건 전문직이거나 무직이거나 미래가 없는 직업을 가진 사람 중 하나겠지만, 제가 정비공을 체포한 적이 언제였는지 모르겠네요."
>
> – 경찰관 ID: 7

이 작전 중에 체포된 사람 가운데 3명은 IT 업계의 고위 인사였다. 관련 분야 전문지식은 인터넷에서 범죄를 저지른 사람이 자신의 '흔적'을 은폐하는 데 도움이 된다. 하지만 이 사건에서는 그렇지 않았다. 그들은 컴퓨터에 대한 광범위한 지식을 갖고 있었지만, 범죄가 발각되는 것을 피할 수 없었다.

IT 업계의 고위 인사인 용의자들은 자신의 컴퓨터에 아동음란물을 대량 수집한 것으로 드러났다. 3명 모두 아동 학대 이미지와 일반적인 포르노그래피의 강박적 수집가로 보였으며, 그들의 직업은 이러한 이미지와 영상물들을 수집하는 일을 더욱 쉽게 만들었을 것이다.

이러한 이미지 수집은 연구 대상자에게 아주 중요한 강박적인 습관이기 때문에 체포 위험을 한참 뛰어넘는 것처럼 보인다. 한 남성은 아동 성학대 이미지나 수간 이미지 1,206장을 담고 있는 DVD를 소지한 죄로 체포되었다. 그는 루시에게 이 DVD를 보여주려고 갖고 왔다가 적발되었다. 또 다른 남성은 2만 장이 넘는 이미지를 소지한 혐의로 이미 전과가 있었지만, 체포 당시 컴퓨터에 수백 장의 이미지를 보유하고 있던 것으로 드러났다.

연구 대상자 중 몇 명은 정기적으로 아동과 접촉할 수 있는 직업을 갖고 있었다. 범죄자 중 두 명은 교사였고, 나머지 한 명은 자신의 아내 학급의 보조교사로 일할 의도로 범죄 기록국에 신원 확인을 신청한 상태였다. 제공받은 자료에는 경찰관과 구급대원도 있었다. 높은 책임감을 요구하는 두 직업 모두 용의자들이 아동과 긴밀히 접촉할 수 있는 기회를 제공했을 것이다.

성범죄자에게 인터넷이 상징하는 것이 무엇인지 탐색하기

이 자료들은 체포된 성범죄자들을 대상으로 경찰관이 진행한 일대일 심층 인터뷰를 바탕으로 한다. 23명[26]의 용의자들이 작

26 온라인 그루밍은 새로운 유형의 범죄이므로, 이 연구에서 데이터 표본은 적다. 그러나 이 연구는 복잡한 영역에 대한 더 나은 이해를 제공하기 위해 노력하는 학자와 실무자에게 중요한 출발점이 될 수 있다. 또한 범죄학자들이 사이버공간에 보다 완벽하게 관여하고 사이버 관심사와 삶을 범죄 연구와 저술활동의 주류로 통합할 수 있는 사례를 제시한다.

전[27] 과정에서 체포되고 기소되었지만 분석을 위해 이용 가능한 심층 인터뷰[28] 대상자는 12명뿐이었다. 체포된 23명의 범죄자 중 한 명은 자살했고, 10명은 인터뷰 도중 아무런 말도 하지 않았다. 그러나 온라인상의 범죄 행동은 그들의 발언보다 더욱 정확한 평가를 제공할 것이므로(Sullivan 2008), 이 연구의 관찰 단계에서 이미 진행되었다.

인터뷰 분석 내용과 경찰의 서술은 대부분의 성범죄자가 실제 세계를 가상 세계로부터 구분한다는 점을 보여준다. 어떤 이들은 자신의 행동이 수용될 수 있다고 생각했는데, 그 이유는 사이버공간에서 이용 가능한 모든 것들은 진짜도 아니고 실체가 없다고 여겼기 때문이었다. 다음 인터뷰 사례에서도 이러한 생각이 드러난다.

용의자 … (웹캠 앞에서 자위행위) 그때는 재밌었어요, 순수한 재미는 저만 느꼈겠죠. 저는 제 방에 있었고, 당시에는 그냥 재밌었어요.

경찰관 좋습니다. 만약 그 소녀가 당신과 같은 방에 앉아 있었

27 압도적인 증거로 인해 대다수의 연구 대상자가 범죄를 완전히 인정하고 유죄를 선고받았다. 11명 모두 유죄판결을 받고 18개월에서 5년 사이의 다양한 형기를 선고받았다. 이들은 성범죄자 등록부에 기재되었고, 컴퓨터/인터넷 사용 및 아동과의 접촉과 관련하여 엄격한 조건을 둔 성범죄자 예방 명령의 대상이 되었다.

28 경찰 인터뷰는 연구 목적이 아닌 기소를 위한 추가 증거 수집을 목적으로 진행되었다. 따라서 질문들은 때때로 서술적인 대답을 요구하는 탐구적 성격의 질문들이었다. 응답자는 아동 학대 이미지, 그들의 범죄 수법 및 온라인 그루밍에 사용한 기술 등을 설명하도록 요청받았다. 이 인터뷰는 성범죄자의 온라인 행동과 그들이 스스로의 행동을 주관적으로 이해하는 데 기여했다. 그러나 인터뷰 중 성인 관계에서의 갈등이나 부인 등의 문제가 철저히 규명되지 않았다는 점에서 이 자료에 일부 타당성을 제기할 수 있다.

다면 무엇이 달라졌겠습니까? 이 상황과 웹캠 앞에서 하는 상황의 차이점은 뭐죠?

용의자 차이점은 전혀 없어요. 그렇지만 저는 실제 소녀 앞에서는 그렇게 하지 않을 거예요. 그럴 것 같지 않아요.

– 용의자(ID: 2)와 경찰관의 인터뷰

이 범죄자가 '실제' 소녀 앞에서와 웹캠 앞에서의 자위행위를 분명하게 분리한다는 점은 흥미롭다. 이러한 문제는 다른 연구 대상자에서도 나타났다.

"솔직히 설명하긴 어렵지만, 저기에(웹캠 앞에) 앉아있으면 실제 사람에게 대고 이야기하는 게 아니고 스크린 박스에 이야기하는 걸로 느껴집니다. 저편에는 아무도 없는, 그냥 화면일 뿐인 거죠."

– 용의자 ID: 7

다른 성범죄자들은 자신의 잘못을 인정하지만, 잡히지 않기를 희망하면서 계속해서 아이들을 상대로 범죄를 저지른다. 이는 인터넷이 익명성과 보안성을 제공한다는 사실과 연관이 있다 (Cooper et al. 2000). 성범죄자의 대다수는 인터넷을 자신이 속한 공동체처럼 안전한 장소로 인식한다. 그들에게 인터넷은 실제 세계에서는 쉽게 할 수 없는 방식으로 행동하고 자기가 원하는 사람으로 가장할 수 있는 공간이다. 유죄판결을 받은 성범죄자가 그의 아내에게 쓴 간단한 편지는 다음과 같은 보안 의식을 드러낸다.

“이건 지금껏 쓴 편지 중에 가장 힘든 편지야. 나는 당신이 없는 어둡고 외로운 곳에 있어. … 진실은 내가 다시는 당신을 보지 못할 거라는 거야! 나의 끔찍한 행동에 대한 수치심을 견딜 수 없기 때문이야! 당신은 솔직한 설명을 들을 자격이 있으니, 여기에 적을게. 나는 항상 어린 소녀들에게 성적으로 끌렸고, 특히 11세에서 14세 사이 사춘기 소녀들에게 그랬어. 하지만 나는 성도착적 욕망을 소녀와의 성관계를 상상하며 자위행위할 때를 제외하고는 절대 행동으로 옮기지 않았어. 인터넷에서 익명성이 보장된다고 믿고 나는 당신의 딸들을 (훔쳐) 볼 수 있었어. 내가 좀 더 똑똑했어야 했는데, 내가 취했던 조치가 충분하지 않았던 거야. … 나는 이메일로 소녀들의 사진을 교환했어. … 일반적인 성인 포르노와 마찬가지로 더 자극적인 것을 추구하게 되었고 지속되었지. 처음에는 교복, 비키니, 속옷 사진으로 만족했지만 점차 변해갔어. 지금은 어린 소녀를 실제로 강간하고 죽이고 싶은 판타지가 생겼어. 나는 어린 소녀들이 강간당하고, 고문당하고, 성행위를 강요당하는 최악의 사진과 영상들을 교환했어. 이런 어두운 면에서 나 자신을 떼어놓을 수 없었어.”

– 성범죄자 ID: 5, 아내에게 보내는 편지

그러나 모든 용의자들이 자신의 판타지를 사이버공간의 경계 안에 가두고 있는 것은 아니다. 만약 인터뷰에 응한 성범죄자(ID: 7)가 제때 제지를 당하지 않았다면 무슨 일이 일어났을 것인지, 그의 판타지와 욕망이 실제 학대로 이어졌을 것인지 생각해볼 필요가 있다.

예를 들어 한 용의자(ID: 2)는 자신의 판타지를 실행에 옮겼고 루시를 만나러 이동했다. 용의자의 노트북과 컴퓨터를 추가 분석한 결과 그의 채팅 파일에서 흥미로운 대화들을 발견했다. 용의자(ID: 2)는 어린 아이들과 성관계하는 것에 대해 공상하는 20명가량의 사람들과 대화를 나눈 것으로 추측된다.

채팅에서 용의자(ID: 2)는 7세에서 11세 사이 여자아이에게 성적으로 끌린다고 말했다. 그리고 그는 몇몇 사람들로부터 그들의 딸에게 관심이 있는지 질문을 받았고, 용의자는 아이들이 너무 어려 조금 더 자랄 때까지 기다리겠다고 답했다. 또한 그는 여자아이를 납치하는 판타지(9세 정도 여자아이를 납치한 다음, 남자 한둘이랑 밴 트렁크에 하루 이틀 가두는 것)도 갖고 있다고 말했다.

많은 사람들이 인터넷을 단지 지루함을 달래주고 판타지를 충족시켜주는 도구로 바라본다. 게다가 성범죄자들이 자신의 행동을 정당화하는 배경에는 인터넷이 있다. 인터넷에서는 엄청난 양의 이미지들이 공유되고, 비슷한 부류끼리 서로를 지지하는 커뮤니티가 존재한다. 따라서 그들은 '다른 사람들도 하니까요'라고 말하며, 인터넷을 변명거리로 이용한다. 이 같은 사실은 어느 성범죄자의 말에서 확연히 드러난다.

"나는 옳고 그름을 구분할 줄 알고 이런 것[음란물]들을 봅니다. 이 나라의 성적 동의 연령과 다른 나라의 동의 연령 같은 법률 상식도 압니다. 그래서 내가 사회가 수용하는 선을 벗어나는 짓을 했고 그것이 잘못이라는 것을 알고 있지만, 가상 세계의 누군가와 이야기를 나눌 때는 이런 경계가 사라져요."

– 성범죄자 ID: 11

영(2008)의 주장처럼, 실제 세계에서 존중받는 성적 행동에 관한 기존의 메시지들은 가상 세계에서는 완전히 무시된다. 가상 세계에서는 그 어떤 사회적, 도덕적, 법적 경계도 없는 것처럼 느껴진다. 전반적으로 모든 인터뷰에서 사람들은 인터넷을 통해 거리낌이나 두려움 없이 아동 성도착 같은 주제를 비롯하여 그 어떤 것이든 탐색할 수 있는 자유를 느끼는 것으로 나타났다.

전과

분석한 용의자 23명 중 성범죄 전과가 있는 사람은 단 한 명뿐이었다. 흥미롭게도 그중 15명은 아무런 전과도 없었다. 전과가 있는 사람들 중 두 명은 1970년대에 경범죄를 저지른 적이 있었고, 한 명은 1993년 장물 취급 혐의로 유죄판결을 받은 적이 있었다. 다른 두 명은 상당한 전과가 있었는데, 그중 한 명은 1989년과 2003년 사이 6건의 범죄로 기소된 적이 있었고 대부분이 음주로 인한 폭행죄였다. 성범죄 전과가 있던 단 한 명은 2002년 2만장이 넘는 이미지를 소지한 죄로 유죄판결을 받아 성범죄자 등록부에 기재된 사람이었다. 이러한 발견은 수행된 다른 작전들에서도 공통적으로 나타난다. 한 경찰관은 다음과 같이 주장한다.

> "흥미롭게도 선제적 인터넷 작전이나 영장을 통해 우리가 수색하는 대다수의 용의자는 전과를 가진 경우가 무척 드물고, 성범죄 전과는 더더

욱 드뭅니다. 성범죄자로 등록된 경우는 극소수입니다."

– 경찰관 ID: 6

이와 유사하게 스몰본과 워틀리(Smallbone and Wortley 2001)의 〈성범죄 특성과 범행 수법에 관한 연구〉에서 상당수의 범죄자(182명의 표본 중 82.2퍼센트)가 성범죄가 아닌 혐의로 유죄판결을 한 번 받은 적이 있다는 것을 발견했다.

전반적으로 그루밍으로 유죄판결을 받은 사람들은 일반 대중과 비교해서 범죄 의도가 특별히 강한 사람들은 아닌 것으로 보인다. 한 연구에 따르면, 영국 남성의 33퍼센트는 46세 무렵이면 적어도 한 번의 전과가 있는 것으로 나타났다(Prime et al 2001). 이 연구에서 분석한 그루머들 중 전과가 있는 경우는 28퍼센트로 일반 대중과 비교해 조금 더 낮은 수치였다. 데이터 표본이 소규모라는 점을 감안하더라도, 이는 추가 연구를 위한 흥미로운 영역을 보여준다.

이러한 발견은 〈영국의 국가 청소년 온라인 피해 연구〉의 결과를 뒷받침한다(Wolak et al. 2005). 이 연구에서는 아동 음란물을 소지한 혐의로 체포된 사람들의 전과 기록이 그리 많지 않았다고 주장한다. 또한 아벨(1987)과 더 최근인 헤르난데즈(Hernandez 2009)의 연구에서는 잘 드러나지 않는 성범죄의 특성상 가해 기록은 상당히 많으면서도 전과는 거의 없는 경우가 많다고 밝혔다.

자료에 따르면 연구 대상자인 23명 중 3명은 아내나 여자친구에게 폭력을 행사한 혐의로 경찰 데이터베이스에 올라가 있는 것으로 드러났다. 전과가 없는 다른 두 명에게는 성적 비정상성의 징후가 있었다. 이웃 주민들은 그들이 창문 앞에서 나체로 서 있거나 정원에서 나체로 강아지를 산책시키는 모습을 몇 차례 목격한 적이 있다고 말했다. 다른 한 명은 1990년대에 아동 음란물을 수집한 혐의로 경찰의 감시망에 들어있는 사람이었다.

온라인 아동 성범죄 수사에서 기술의 역할

ORE 작전 이후 영국 경찰, 특히 런던 광역경찰청은 컴퓨터 능력과 기술 전문성에 엄청난 발전을 이루었다(Jewkes 2003a). 한 경찰관은 다음과 같이 말했다.

> "ORE 작전은 수많은 경찰을 갑작스럽게 변화시켰습니다. 해야 할 일은 산더미인데, 기반시설은 전무했죠. 대부분의 경우 키트를 구매하고, 경찰들을 훈련시키고, 사무실을 따로 마련하고, 정책을 수립하고, 첨단 기술을 이용한 아동 음란물 단속을 위한 절차를 수립해야 했습니다."
>
> - 경찰관 ID: 17

이 장에서 설명했듯 경찰은 기술이 아동보호, 아동 학대 근절, 범죄자 수사에 근본적인 역할을 담당한다는 사실을 인정했다. 경찰은 아동보호 전담 위장수사팀이 그 무엇보다 중요하다는 사실을 깨달았다. 대다수 경찰관들은 아동성도착전담팀과 연계한 온라인 위장수사가 올바른 전개 방향이라는 데 동의한다. 그리고 이러한 연계 수사는 이미 개발되었고, 지금도 빠르게 발전하고 있다.

> "아동보호를 위해 우리가 한 주요 업무와 경찰이 이룬 가장 큰 움직임은 선제적인 면에 있습니다. 제가 처음 이 팀에 들어왔을 때 우리 팀은 선제적으로 대응하지 않았습니다. 사후 대응에 머물러 있었고, 기초 수사도 제대로 못하고 있었기 때문에 인원을 두 배 증원을 해도 좋을 거라고 생각했습니다."
>
> – 경찰관 ID: 19

한 경찰관은 전체적으로 변화된 모습을 이렇게 설명한다.

> "제가 처음 그곳에서 근무할 때 저와 다른 한 명이 온라인 수사를 시작했고, 저는 약 6.3기가바이트 컴퓨터, 128킬로바이트 램을 갖고 작업을 했습니다. 기술적 측면에 대한 자세한 설명은 생략하고, 지금은 500기가바이트 컴퓨터를 매일 들여다보고 있습니다."
>
> – 경찰관 ID: 17

온라인 아동 성범죄 수사 업무가 아직도 경찰관, 법의학자, 분석가의 업무에서는 새로운 영역이므로 용의자를 수사하고 그들의 컴퓨터를 수색하는 데 필요한 자원을 제공받아야 한다고 주장할 수 있다. 그러나 문제는 기술적 능력을 갖추는 것만이 아니라 그 기술을 사용할 방법을 교육받는 것이다(Wall 2007).

런던 광역경찰청 첨단기술범죄팀과 아동성도착범죄팀은 팀에 속한 모든 형사들과 법의학 감시관들에게 위장수사 교육을 제공하여 이들이 인터넷에서 아동을 학대하려는 용의자들을 찾아낼 수 있게 했다. 또한 이들은 비밀 정보에 입각해 용의자의 컴퓨터를 압수 수색하기 위한 영장을 발급받아 수사 과정을 뒤집고, 그들이 누구와 이야기하고 있는지를 알아낼 수 있게 되었다. 또한 선제적 접근법을 이용하여 아동(또는 어른)의 프로필을 만들어 이 아동에게 반응하고 만남을 종용하거나 판타지 충족을 위해 대화를 발전시키려는 사람들을 찾아낸다.

전반적으로 이 연구에 참여한 모든 경찰관은 아동 성범죄 수사의 질이 지난 몇 년간 괄목할 만한 성장을 했다고 말했다. 어느 경찰관은 다음과 같이 주장한다.

> "우리는 필요에 따라 인터넷에 대응했고, 할 수 있는 만큼 최대한 밀어붙여야 할 단계에 와있다고 생각합니다. 아동을 성범죄부터 구하고 보호하는 것은 우리의 책임이며, 이를 위해 최선을 다할 것입니다."
>
> \- 경찰관 ID: 4

ORE 작전이 완료되고, '그루밍' 범죄가 최초로 법률에 포함된 2003년 〈성범죄법〉의 시행 이후 경찰은 이 문제에 대해 점점 더 강경하게 대응하고 있다. 그리고 이를 해결하기 위해 교육, 위장수사 등에 더 많은 자원을 투입하고 있다.

모든 경찰관이 온라인 아동 성범죄 수사에 어느 정도 진전이 있었다고 동의했다. 그런데 인터뷰한 경찰관 중 몇몇은 경찰이 항상 가장 위험한 사람들을 대상으로 수사를 하는 것은 아니라고 말했다. 굿맨(Goodman 1997)은 경찰이 낮게 매달린 과일, 즉 쉽게 딸 수 있는 과일을 겨냥하는 경우가 종종 있다고 주장한다. 다시 말해 경찰은 '일반' 범죄를 저지르는 범죄자에 초점을 맞춘다. 이들은 많은 자원을 요구하지 않으며 이들의 체포나 유죄판결을 확보하기 위한 수사는 그리 복잡하지도 않다.

특정 범죄가 우선시되고 지속적인 경찰의 관심을 얻으려면 통계적, 정치적으로 유의미해야 한다(Taylor 2005). 경찰의 우선순위는 정부가 세운 '주로 세간의 이목을 집중시킨 범죄에 뒤따르는 대중의 불안에 대응하는 경우'로 성과 목표에 의해서 압박을 받는다(Jewkes 2003: 517). 예를 들어 각국 정부는 ORE 작전을 통해 성범죄자들의 행동을 심층 보도한 언론에게 자극받은 대중의 우려에 대응할 필요를 느꼈다(Davidson 2008; Greer 2003; Soothill and Walby 1991; Spindler 2003). 그 결과 G8 장관들은 온라인 아동성범죄를 국제정치 의제로 상정하기로 했다. 쥬크스(Jewkes 2003b)의 주장처럼 런던 광역경찰청을 포함한 특별전담팀은 증거를 확보하고 체포하는 것에 가장 주의를 기울인다.

각국 정부가 점점 늘어나고 심각해지는 온라인 아동 성범죄 현상에 주의를 기울이는 것은 반드시 필요하지만, 이는 경찰에게 실적을 내야 한다는 압박으로 돌아올 수도 있다. 이 문제는 인터뷰에 응한 경찰관 절반이 지적한 사항이다. 경찰 대다수가 높은 위험을 가지는 범죄자들, 즉 성적 접촉을 목적으로 아동을 만나러 이동하는 범죄자들에게 집중해야 한다고 말했다.

> "아동 성도착자가 아닌 성범죄자들은 비교적 쉽게 잡을 수 있다고 생각합니다. 온라인에서 아동 음란물을 제작하는 범죄자들을 잡는 건 그들이 잡힐 만한 곳에 있기 때문이죠. 이런 사람들을 아동 성도착자라는 범주로 묶는 것은 쉽지만 정작 많은 경찰관이 아동 성도착자의 정의를 모르고 있습니다. 그들이 범죄를 저지르는 즉시 처벌받는 건 당연하지만, 사실 이 범죄자들은 쉽게 잡을 수 있어요. 저는 우리 팀이 질적인 수사보다는 실적주의로 가고 있는 것 같습니다. 그게 정부가 생각하는 방식이니까요. 질이 아닌 양을 좇는 거죠."
>
> – 경찰관 ID: 12

이 경찰관의 주장처럼, 실적에 대한 압박 때문에 경찰들은 빠르지만 항상 최선의 결과가 아닌, 낮게 매달린 과일에 집중하게 된다.

> "제가 보기에는 컴퓨터 앞에 앉아 아동 음란물을 보며 자위행위를 하는 사람들과 실제 아동을 만나 성적 학대를 하려고 다른 나라로 이동하는 사람들 간에는 큰 차이가 있습니다. 하늘과 땅 만큼이나요."
>
> – 경찰관 ID: 6

프롤로그에 제시된 정의처럼 음란물을 다운받고 수집하는 사람들 모두 성적 착취에 가담한 자들이지만, 보다 심각한 위험을 제기하는 사람들은, 바로 성적 접촉을 목적으로 아동을 만나기 위해 이동할 준비가 된 사람들이다. 대다수 경찰관의 증언에 따르면, 이렇게 이동하는 사람들이야말로 가장 위험하며 최우선으로 수사되어야 할 부류이다.

●●●

결론

이 장에 제시된 증거를 기반으로 온라인 아동 성범죄 위장수사와 성범죄자의 범행 수법과 관련해 여러 논의가 있었다.

첫째, 이 장에서 분석된 사례연구들은 온라인 아동 성범죄, 특히 온라인 그루밍 연구의 핵심 이슈들을 드러낸다. 인터넷이 의사소통의 매개체 이상이라는 점은 분명하다. 인터넷이 그것만의 역할과 언어를 지닌 복잡한 가상 세계를 구성한다는 사실을 증명해주는 자료들은 엄청나게 많다. 예를 들어 위장수사에서 성공적으로 상호작용하기 위해 경찰관은 적절한 컴퓨터 언어를 익혀야 하며(Davidson and Martellozzo 2004), 아동의 학교 교육과정은 물론이고 인기 가수도 알아야 한다. 또한 인터넷은 아동 성도착자를 더 이상 단독 행동자가 아닌 같은 관심사를 공유하는 큰 커뮤니티의 구성원이라는 지지적 맥락을 제공한다(Davidson and Martellozzo 2008b).

둘째, 인터넷은 앞서 언급한 지나치게 신중한 범죄자의 사례에서 볼 수 있듯이 범죄자가 자신의 진짜 신원을 숨길 기회를 제공한다. 5장에서 설명했듯 위장경찰관들은 위험평가를 위해서 용의자의 개인정보를 입수해야 하기 때문에 이러한 인터넷 기능은 위장경찰관의 작업을 상당히 어렵게 만든다.

그리고 이 연구 인터뷰에 참여한 대다수의 현장전문가들은 전형적인 프로필을 활용해 전형적인 온라인 그루머를 밝혀내기란 불가능하다고 인정한다. 성범죄자의 온라인 행동과 아동에게 제기되는 위험을 파악하는 작업은 온라인 프로필에 공개된 정보만으로는 부족하며, 지속적인 온라인 상호작용을 통해서만 이해되고 분석될 수 있다. 그러나 모든 현장전문가들은 성범죄자의 자신감 정도와는 관계없이, 그루밍 행동의 유동성에도 불구하고 이 연구에서 조사된 모든 그루머가 공통적인 특징을 가진다는 점에 동의했다.

셋째, 현장전문가들은 지나치게 신중한 성범죄자의 경우 누구나 인터넷을 탐색할 수 있다는 점을 인지하고 있기 때문에 그들이 이야기하고 있는 상대가 성인 남성이 아닌 진짜 아동이라는 것을 확신하기 위해 점점 더 많은 요구를 한다고 말했다. 그리고 이러한 부분이 수사하는 데 걸림돌이 될 뿐만 아니라 그들의 요구에 부응하지 못해 난감한 상황에 빠지는 것이 불만스럽다고 말했다.

경찰은 기술이 아동보호에 근본적 역할을 담당하고 있다는 사실과 온라인 위장수사에 어느 정도 진전이 있었음을 인정한다. 하지만 대부분의 경찰관들은 지금보다 더욱 강하게 밀어붙여야 한다고 생각한다. 예를 들어 지나치게 신중한 성범죄자의 까다로운 요구에 대응할 수 있도록 기술적인 업데이트가 필요하다고 주장한다.

끝으로 현장전문가들은 위장수사의 성공에 대해서는 상반된 견해를 표명했다. 연구에 참여한 경찰관 대다수가 온라인 위장수사를 지지하고, 지난 몇 년간 아동 성범죄 수사에 분명한 진전이 있었다고 평가했다. 반면에 더 빠르고 더 많은 성과를 내기 원하는 정부와 상부의 압력이 인내심, 시간, 훈련 및 점점 더 많은 새로운 자원이 요구되는 이러한 유형의 작업의 질적 가치를 저해한다고 말했다.

에필로그

그루밍 성범죄, 실증적 연구가 남긴 것들

이 책 전반에 걸쳐 그루밍 문제를 중심으로 온라인 아동 성범죄 수사에 대해 살펴봤다. 연구를 통해 성범죄자의 행동, 수사 관행에 대한 경찰 인식과 관련해 상당한 양의 심도 있는 실증적 자료를 도출해낼 수 있었다.

이 연구의 주요 목표는 정책과 실행 차원에서 직접적으로 연관되어 있는 온라인 아동 성범죄와 경찰 수사에 관한 이론적이고 실증적 이해를 높이는 것이었다. 이를 위해 위장경찰관과 성범죄자 사이의 상호작용을 관찰하고, 사건 파일을 분석하여 성범죄자의 온라인 그루밍 기술을 조사했다. 또한 민족지학적 관찰, 반구조화된 인터뷰, 문헌 분석을 종합적으로 활용하여 경찰의 비밀 활동과 공개 활동 모두를 탐구했다.

연구 현장에 대한 완전한 몰입

이 연구에서 복합적인 접근 방식을 사용한 것은 온라인 아동 성범죄에 대해 보다 포괄적인 이해를 도모하기 위함이었다. 또한 이 연구는 서구에서 가장 정비된 경찰 조직 중의 하나인 런던 광역경찰청에서 실시한 최초의 질적 연구이다. 이 연구를 위해 경찰청 직원과 시설, 기밀문서를 포함해 극히 조심스럽게 다루어야 할 자료들에 접근 허가를 받았다.

이는 전례가 없던 일로, 수집한 질적 자료들은 지금껏 학술 문헌에서는 없었던 경찰의 수사 과정, 아동 성범죄에 대한 경찰의 인식, 성범죄자의 행동을 이해하는 데 많은 기여를 하였다. 또한 이 연구는 특정 환경에서 일탈 행동이 사회적으로 구조화되는 과정과 역학에 대한 범죄학과 사회학 연구의 오래된 전통의 일부를 구성한다(Humphreys 1970; Douglas 1976; Hammersley and Atkinson 1983).

이 연구를 통해 질적이고 민족지학적인 정보에 입각한 접근법이 온라인 아동 성범죄 수사와 성범죄자의 범행 수법을 이해하는 데 유용하다는 것을 확인했다. 1차 자료는 참여자 관찰, 위장경찰관과 용의자 사이의 온라인 의사소통, 체포된 성범죄자와 경찰관과의 인터뷰, 위장경찰관들의 인터뷰, 그리고 공식 문서 분석을 통해 추출되었다. 이 다각적 연구 과정에서 도출된 자료들은 이론, 방법, 인식론에 상당히 기여한다.

이 실증적 연구를 통해 성범죄자가 아동을 그루밍하기 위해 인터넷을 사용하는 과정과 경찰이 아동을 위험으로부터 보호하기 위해 기술을 사용하는 방식을 이해하고자 했다. 이와 관련한 현장 관찰 연구는 다음과 같이 구성되었다.

- 아동 성범죄 용의자들을 감시하고, 그들과 실시간으로 온라인 채팅을 하는 경찰관을 관찰
- 현존하는 기술의 효과성과 새로운 기술의 발달을 둘러싼 토의에 참여
- 온라인 아동 성범죄 수사 과정과 작전 실행을 직접 관찰
- 관련 문서와 법률 연구

연구를 진행하면서 몇몇 수사관들과 돈독한 관계를 맺을 수 있었고, 그들은 연구에 있어 중요한 역할을 하는 '주요 정보원'이 되었다. 이들에게 온라인 성범죄 수사에 관한 생각을 실험할 수 있는 '사운드 보드(sounding board)[29]' 역할을 부탁했고, 때로는 조직 정책과 관행에 관한 이슈를 명확히 해달라고 요청했다.

수사관들과 자주 만나 대화하면서 신뢰가 쌓였고, 점차 수사 과정을 주제로 터놓고 토론할 수 있게 되었다. 하지만 한편으로는 협조적인 몇몇 수사관들의 관점에 휩쓸려 연구의 객관성이

---

29 (아이디어, 결정 등에 대한) 반응 테스트 대상이 되는 사람 혹은 그룹

훼손되지 않을까 경계를 늦추지 않았다. 따라서 계급, 경험, 성별 등에서 가능한 한 고른 표본을 추출해 균형을 맞추려 애썼다.

이 사례연구의 장점은 온라인 그루밍 연구를 위한 실증적 지식과 개념적 도구의 기초를 확립했다는 점이다. 잘 정립된 질적 사례연구의 전통에 의거한 이 연구는 이 분야에 있어 중요한 발견적 기능을 수행하는 탐구의 일환이다.

수집한 자료를 분석하고 온라인 아동 성범죄 현상을 이해하기 위한 보조 도구로 사용된 이론적 구조는 핀켈러의 것이다 (Finkelhor 1984a; Finkelhor 1984b; Finkelhor et al. 1986). 아동 성범죄 연구를 위한 기존 접근법들이 생리학적, 사회학적, 구조적, 심리학적 요소에 초점을 맞춘 반면, 심리분석적, 행동적, 사회적, 페미니스트적 접근법의 주요 주제들을 통합하는 절충적 접근법은 학계와 전문가들 사이에서 전폭적인 지지를 얻었다.

핀켈러는 가족 환경과 가족 이외의 환경에서 범죄 위험이 가장 높은 사람에 대해 설명하는 이론 구조를 제시했다. 이러한 핀켈러 모델은 아동 성범죄 이해에 혁신적이고 포괄적인 방식으로 기여했고, 이 연구에서도 온라인 아동 성범죄 문제의 이해를 돕기 위한 이론적 구조로서 사용되었다.

게다가 이 연구의 독창성은 온라인에서 범죄자의 일상적인 행동을 살펴볼 수 있고, 용의자들이 체포되거나 검거되고 난 후 인터뷰에서 연구자가 흔히 겪는 제약을 피할 수 있다는 점에 있다. 이 연구는 경찰의 새로운 수사 방법 및 시행 개발과 맞물려 수행되었다. 이는 현장전문가들과 작업할 수 있는 특별한 기회를 제공해주었을 뿐만 아니라 성범죄자의 그루밍 과정에 대해 관찰하고 심사숙고할 기회를 주었다.

주요 연구 결과 요약

전형적인 온라인 아동 그루머는 없지만, 특징적인 아동 그루밍 행동을 밝혀내는 것은 가능할 뿐만 아니라 유의미하다. 이 연구는 가상 세계에서 즉각적 성적 만족을 위해 아동을 그루밍하는 판타지스트(fantasists)부터 실제 세계에서 아동을 성학대하기 위한 물밑 작업으로서의 그루밍을 하는 지속적 범죄자에 이르기까지 온라인 그루밍 성범죄의 스펙트럼을 탐구한다.

경찰은 제한된 자원을 이용해 실제 세계에서 가장 큰 위험을 제기하는 것으로 보이는 온라인 그루머에게 우선순위를 할당한다. 정보에 입각한 우선순위 정립은 온라인 그루머의 세계로 들어가 범죄자의 행동을 이해하고 그들과 오랫동안 의사소통하는 위장경찰관에게 요구되는 과정이다.

따라서 이 연구는 복잡하고 다면적이며 때로는 직관에 어긋나는 온라인 그루밍 행동, 위험평가, 경찰의 수사 관행과 현실에서의 성학대로 이어지는 위험들 사이의 관계에 대해 탐구한다.

온라인 아동 성범죄 수사의 새로운 기술, 과정, 실행 개발

이 연구는 성범죄자가 익명으로 짧은 시간에 동시에 많은 피해자를 목표로 삼을 수 있는 가상 세계에 대해 설명한다. 연구 결과 사이버공간의 익명성은 여러 가지 면에서 온라인 아동 성범죄 수사를 어렵게 만든다.

먼저 위장수사에 이용되는 아동 프로필은 굉장히 복잡한 과정을 거쳐 생성된다. 프로필에 사용한 사진 속 아동의 신원이 드러나지 않도록 조치를 취해야 하기 때문에, 입수된 사진들은 모두 변형해서 사용한다. 선제적 경찰 작전을 위한 프로필 이미지 수집은 언제나 어려운 일이다. 경찰은 어릴 적 사진을 위장수사에 제공하는 자원자(사법부 기관에 근무하는 사람들을 선호)들에게 의존해야만 한다. 더구나 입수한 사진의 질이 떨어지는 경우가 많거니와 도덕적, 법률적 테두리 안에서 특정 용의자의 관심을 끌 만한 아동의 사진을 입수하는 것은 굉장히 힘든 일이다.

또한 위장경찰관은 자신이 생성한 프로필 속 인물이 되도록 완벽하게 연기해야 하며, 요즘 아이들이 하는 행동과 좋아하는 것들을 조사해야 한다. 예를 들어 13세 아동이 즐기는 음악과 패션, 인터넷에서 시간을 보내는 방법, 컴퓨터 용어, 즐겨 하는 게임, 이용하는 사이트, 학교 교육과정 등을 알아야 한다.

경찰은 온라인 위장수사에 많은 비용과 인력이 소요된다고 인정한다. 시간과 자원은 다음과 같이 분배된다. 첫째는 작전 조사와 준비, 둘째는 용의자와의 의사소통 및 증거 수집, 셋째는 감시와 체포, 넷째는 형사 법정에 제출하기 위한 소송 준비이다.

인터넷과 정보통신 기술이 빠르게 발달함에 따라 온라인 아동 성범죄 수사에도 난항을 겪고 있다. 지나치게 신중한 성범죄자들의 경우 온라인상에서 경찰의 수사에 걸릴 수 있다는 사실을 잘 알고 있기 때문에 자신과 대화하는 상대가 진짜 아동인지 확인하기 위해 더 많은 정보들을 요구한다. 의사소통이 이루어지는 동안 이러한 유형의 범죄자들은 아동의 사진을 요구하고, 아동과 전화통화를 하거나 웹캠을 통해 아동의 모습을 보여줄 것을 요청한다. 경찰이 성인으로 위장했을 경우에는 음란물 배포를 요구받는다. 하지만 경찰은 지나치게 신중한 성범죄자들의 이러한 요청에 부응할 만한 절적한 도구가 없을 수도 있다.

위장수사: 경찰의 인터뷰 결과

대부분의 경찰관들은 '전형적인 프로필'을 이용해서 '전형적인 온라인 그루머'를 찾아내기가 힘들다고 인정한다. 아동을 대상으로 하는 성범죄자들은 사건마다 다양한 행동을 보이므로 일차원적 이름표로는 특징지을 수 없는 여러 집단을 구성한다.

어떤 범죄자는 아동을 그루밍하는 데 많은 시간을 할애하는 반면, 또 다른 범죄자는 이러한 과정 없이 즉각적으로 성적 관심을 드러낸다. 따라서 성범죄 용의자가 아동에게 보이는 온라인 행동과 위험은 범죄자와의 온라인 의사소통과 사건별 분석을 통해서만 이해될 수 있다.

하지만 대부분의 현장전문가들은 범죄자의 자신감 정도와 관계없이, 그루밍 행동의 유동적 특성에도 불구하고 이 연구에서 조사된 모든 그루머들을 공통적인 특징으로 구분하는 것이 가능하다는 점에 동의했다. 그루머들은 공통적으로 의심이 많고 대부분 자신의 나이를 속인다.

성범죄자: 온라인 관찰과 사례연구 분석의 결과

이 연구에서 대부분의 성범죄자들은 오락하듯 사이버공간을 탐색하며 자신의 판타지를 채우는 것으로 아동 성학대를 시작하였다. 이 판타지는 빠르게 확장되어 익명성이 보장되는 수많은 채팅방과 SNS 집단의 발견으로 이어졌다. 그들은 이 사이트들이 아동 또는 아동 성도착자들과 성적인 대화를 나누거나 포르노그래피나 아동 음란물을 내려받는 식으로 자신의 상상을 현실로 만들어줄 수 있다는 사실을 재빨리 깨달았다.

이와 같이 성범죄자의 탐색적인 행동은 더 깊이 배어들고 강박적 집착으로 발전한다(Yong 2008). 성범죄자의 삶은 그들의 가상 목표물 또는 같은 관심사를 가진 친구들 사이의 의사소통에 의존하는 듯하다. 이 연구에 참여한 성범죄자 상당수는 인터넷과 온라인 관계에 의존하고 있다는 사실을 인정했다. 경찰관과 성범죄자 사이의 인터뷰에서 범죄자 중 몇몇은 우연한 발견 또는 지루함에서 시작된 자신의 행동이 어떻게 인터넷 세계에 얽매이는 지점까지 가게 되었는지 이야기했다. 그들은 인터넷이 지속적으로 자신의 호기심을 채워주고 큰 위험 없이 지루함을 완화해줄 수 있다고 느꼈다.

체포된 모든 그루머는 포르노그래피나 아동 음란물을 (때로는 둘 다) 가지고 있던 것으로 나타났다. 용의자의 3분의 2는 위장경찰관에게 사진이나 웹캠을 통해 자신의 모습을 드러냈다. 몇몇 용의자들은 음란물을 그루밍 도구로 이용했지만, 대부분은 성적 만족을 위해 이용하고 있었다.

온라인에서 활동하는 위장경찰관에 따르면, 어린 소녀의 프로필이 SNS 그룹에 등록되는 순간, 수백 명의 성인 남자들이 관심을 보인다고 한다. 이들 중 몇몇은 MSN를 통해 길고 지속적인 연락을 취하고, 이 접촉을 사이버공간에만 국한시키지 않으려고 마음먹을 수도 있다. 어떤 사람들은 처음 몇 번의 의사소통 후 발견과 탐색 단계를 넘어 학대 주기를 통해 판타지를 고조시키며, 마침내는 2003년 〈성범죄법〉을 위반하는 범죄를 저지른다. 그러나 온라인 프로필만 가지고는 누가 접촉 범죄를 저지를 가능성이 더 높은지 찾아내기란 사실상 불가능하다.

온라인 아동 성범죄의 개념화: 미래의 방향

온라인 아동 성범죄에 관한 개념적 논쟁들은 어떤 측면에선 교착상태에 빠져있는 듯하다. 먼저 현장전문가와 범죄학자들 사이의 논쟁은 범죄자들의 사회적, 생물학적, 심리적 장애에 초점을 맞춘 성인과 아동 간의 협소한 실재론적 이해에만 국한되어 있다. 여기에는 범죄자, 피해자, 국가 통제 주체, 치료사 사이의 의사소통을 구성하는 사회문화적 역학이 결여되어 있다. 게다가 아동 성범죄에 대한 사회학적 분석은 종종 정치와 대중매체의 대의적 차원과 그러한 형사 정책에 대한 대표적 결과에 집중하기 때문에 현장전문가와 범죄학자들이 연구한 실제 '성범죄' 사건을 배제하는 결과는 낳는다.

여기서는 이 교착상태를 타개할 방법을 제시할 수 있는 방향에 대해 논의해본다. 특히 아동 성범죄의 다양한 상호작용 속에 내제된 권력관계를 통합적 관점에서 고찰해보고자 한다.

젠더, 권력, 섹슈얼리티

앞으로 아동 성범죄를 논의하기 위해서는 젠더와 섹슈얼리티에 대한 사회적 편견을 광범위한 사회적 논증의 장으로 끌어내는 것이 중요해 보인다. 코넬(1987, 2002)과 같은 학자들의 주장에 따르면 젠더와 섹슈얼리티는 모두 사회구조로 이해될 수 있으며,

이는 인간 사이의 상호작용을 지속적인 방식으로 패턴화하지만 역사적으로나 문화적으로 가변적이며 생물학적으로나 심리학적으로 고정되어 있지 않다. 그런 의미에서 현대 서구 상식에 존재하는 성적 차이가 두드러진 것은 최근 몇 년 사이의 일이고, 문화적으로는 변한 게 없다. 따라서 성(sex)이 의미하는 바의 개방성과 이질성을 인정하는 것은 중요한 문제이다.

아동 성범죄의 사회적 특성을 이해하기 위해서는 이를 젠더적이고 섹슈얼리티적인 권력관계의 관점에서 분석하는 것이 필요하다. 역사적으로 가부장적인 서구 사회에서의 권력관계는 여성에 대한 남성의 젠더적이고 섹슈얼리티적인 권위를 확립하기 위해 작용하지만, 서로 다른 성적 취향을 가진 남녀 사이, 여러 세대 사이, 사회계층 사이 등에서 위계를 형성하기도 한다.

급진적인 페미니스트들은 아동 성범죄 문제에 대해 비판적으로 글을 쓴 첫 번째 집단이다. 이들은 가부장제로 인한 심리적, 신체적 억압을 인지하고, 성적으로 아동을 학대하는 것을 가부장제에 내재된 여성 억압의 징후로 간주한다. 핀켈러와 러셀(Finkelhor and Russell 1984)은 가부장제와 거기서 비롯하는 권력이 왜 대부분의 가해자가 남성이고, 대부분의 피해자가 여성인지를 설명해준다고 주장한다.

남성이 여성에 대한 권력을 갖고 여성을 대상화한다는 점에서 권력은 핵심적이다. 특히 성인은 아동에 대해 권력을 갖고 이들을 대상화한다. 넬슨과 올리버(Nelson and Oliver)가 주장하듯 성학대는 아동과 성적 접촉을 가지려는 성인이 가진 동기의 산물이며, 그 동기를 행동으로 옮길 때 내적, 외적 장벽을 제거하는 요소들과 결합되어 있다. 남성 지배는 문화와 성역할 속에서 이러한 동기를 생성하고 실행하는 데 영향을 끼친다(Nelson and Oliver 1998: 559). 특히 여아의 높은 피해율은 여성의 낮은 지위를 나타냄과 동시에 어린 여성과 남성 사이에서 남성이 가진 더 큰 권력을 강조한다.

이러한 주장들은 1970년대 후반 이후 서구 사회에서 시작된 젠더와 섹슈얼리티에 대한 이해를 필수적으로 추구해온 페미니스트 학계와 사회학계의 기나긴 연구에 상응한다. 따라서 아동 성범죄에 관한 현재 연구가 왜 젠더와 섹슈얼리티를 필수화함으로써 상식에 따르거나, 두 범주 모두를 이해의 범주 바깥에 있는 '블랙박스[30]'로 취급하는지에 관한 질문이 제기되어야 한다. 이 문제와 관련해 대중매체와 대중문화의 담론뿐만 아니라 현대 정치와 정책 결정이 젠더적이고 섹슈얼리티적인 위계를 확립하는 방식에 초점을 맞추고자 한다. 이 위계는 '아동 성도착자'를 합법적, 도덕적, 문화적 조건에서 벗어난 사회적으로 배제된 남성(그리고

---

30 작동원리를 이해할 수 없는 복잡한 기계장치로, 장치의 내부 구조는 상관없이 기능이나 그것에 대한 입출력 관계만을 고찰의 대상으로 여기는 과정

훨씬 더 제한된 범위에서 여성)이라는 특별한 범주 속에 가둔다.

신기술이 이용된 아동 성범죄에 대한 언론 보도는 아동이 온라인 범죄자들로부터 큰 위험에 처해있다는 새로운 형태의 사회적 위협을 일깨운다. 온라인 성범죄자들은 사회의 적으로 확정되었으며 그들의 행동은 가치, 이익, 사회 존재 자체, 또는 적어도 사회의 상당 부분에 유해하거나 위협적인 것으로 여겨진다(Goode and Ben-Yehuda 1994). 그러나 흥미로운 점은 온라인 성범죄 사건들이 가족 관계, 즉 아버지, 남자 형제, 삼촌, 친인척에 거의 관심을 두지 않고 온라인 범죄자에게만 초점을 맞춘다는 사실이다. 가정에서 성학대, 방임 같은 범죄들이 발생한 경우 이 사건들은 '낯선 사람의 학대'라는 주장에 의해 상당 부분 묻혀버린다.

아동 성범죄 상당수는 근친에 의해 발생한다(Nelson and Oliver 1998; Finkelhor et al. 1986; Finkelhor 1984a; Corby 2000; Jenks 1996). 그러나 그 어떤 미디어도 사회에서 가장 중요하다고 여기는 기관인 가정을 둘러싼 도덕적 공황을 만들어낸 적이 없다. 학대의 초점을 집 밖에, 특히 사이버공간에 둠으로써 결과적으로는 성범죄자 대다수를 보호하는 결과를 낳았다.

크리스 젠크스(Chris Jenks)의 주장처럼, 우리는 어쩌다 한 번 무작위로 일어나는 베일에 싸인 과장된 악인에 대한 설명을 구하는 게 아니라 일상적이고 흔한, 아동들과 항상 관계를 유지하고 있는 평범한 사람들에 대한 설명을 구해야 한다. 아동에 대한 가장 큰 위협 요소는 사이버공간, 공원, 놀이터가 아니라 가족과 가족이 알고 있는 사람들이다. 가정 내에서 일어날 수 있는 성범죄 위험보다 온라인 성범죄 위험을 과도하게 우선시하는 것은 분명 문제가 있다.

현재 형태의 아동 성도착자의 문화적 현상은 지난 40년 동안, 특히 1900년대와 2000년대 신자유주의가 중추적 역할을 하며 징벌적 국가로 향하는 과정에서 다양한 문화적, 정치적 발전의 조합으로 나타났다. 업무상 범죄자와 피해자를 자주 대하는 경찰관, 법조인, 사회복지사, 치료사, 정신과 의사 등은 이 문화적 영역과 분리될 수 없다는 인식이 제고되어야 한다. 오히려 그들 행동의 의미와 결과가 앞서 언급했던 정치적, 문화적 담론의 일부로서 재검토될 필요가 있다. 이는 한편으로는 아동 성범죄 피해자에 대한 피해를 방지하고 최소화하려는 현장전문가의 노력과 '아동 성도착자'들을 악마로 만들고 현장전문가들 활동의 문화적 기초를 제공하는 문제적 공공 담론 사이의 관계에 대한 중요하고도 날카로운 논점을 제기한다. 이와 동시에 학술문헌이 범죄자들에게 제공하는 관점들을 재검토하는 것 또한 시급하다.

단순한 처벌이 아니라 예방과 재활에 기여하기 위해서는 앞서 언급한 담론과 문화적 위계의 맥락에서 범죄자들이 어떤 식으로 스스로의 행동을 이해하고, 동기 부여 및 아동과의 경험을 어떻게 구성하는지를 고려해야 한다. 범죄자들은 아동 성범죄에 관한 대중적 담론에서 빠지거나 자신에 대한 대안적 이야기를 형성할 커뮤니티가 없는 경우 자아상과 자아정체성의 인지가 강하게 형성될 수도 있다(Plummer 1995). 만약 범죄 예방, 아동보호, 재활에 관심이 있다면 온라인과 오프라인 모두에서 범죄자의 커뮤니티, 동기, 행동에 대해 이해하는 것이 중요하다.

이러한 의미에서 권력관계의 렌즈는 통합적이고 사회학적으로 정보에 입각한 관점에 다다르게 한다. 이 관점은 정치와 문화가 교차된 거시적 구조에서 아동 성범죄와 관련된 사람들이 다양한 범주의 관행을 형성하는 방식에 관한 것이다. 따라서 이 관점은 현재 학문적 논쟁을 위한 중요한 방향을 구성한다.

이 책에서는 온라인 아동 성범죄 근절을 위해 시행되는 경찰의 수사 전략에 대한 심도 있는 분석을 제시하고자 했다. 특히 그루밍에 초점을 두고 성범죄자들의 온라인 행동을 비판적으로 평가하고자 했다.

이 책에 제시된 자료들은 범죄행위가 인터넷에서 어느 정도 영향을 받는지 확인함으로써, 그간 논의가 필요했던 주요 쟁점들을 수면에 떠오르게 만들었다. 예를 들어 인터넷이 범죄행위의 원인 요소로 개념화될 수 있는지, 이론화를 분리할 필요성이 있는지, 온라인 성범죄가 현실 속 성범죄를 다룬 이론에서 설명하고 있는 기존 동기의 또 다른 증후인지와 같은 이슈들이다. 사실

이러한 문제들은 기본적인 논의 대상이 된다. 왜냐하면 이는 범죄행위 감소를 목표로 한 치료 프로그램 개발과 가상 세계와 실제 세계에서 아동 성범죄를 줄이기 위한 전략 개발에 중요한 영향을 미치기 때문이다.

사이버공간의 맥락에서 시행된 최신 연구가 거의 없는 상황에서 이 책은 온라인 아동 성범죄 이론의 전개와 실천에 기여했다. 이 연구는 아동 성범죄자들의 범행 동기를 설명해주는 이론적 맥락을 전반적으로 지지하며, 이 프로젝트 전반에 걸쳐 제기된 주장을 검증하기 위해 이전 연구 증거들이 인용되었다. 그 증거들은 온라인 아동 성범죄가 계속해서 증가하고 있으며, 인터넷의 글로벌적 성격은 이 문제를 더욱 통제하기 어렵게 만든다는 사실을 보여주었다. 온라인 아동 성범죄에 대응하기 위해 런던 광역경찰청은 유지가 힘들고 비용도 높지만 어느 정도 효과가 입증된 위장수사에 상당한 자원을 투자하고 있다.

이 연구에서 제기된 또 다른 이슈는 경찰과 언론의 관계이다. 언론이 사회적 인식을 제고하는데 중요한 역할을 담당하고 있다는 것은 부정할 수 없는 사실이다. 하지만 이러한 이점에도 불구하고, 언론은 많은 부정적인 문제들을 가지고 있으며 잠재적인 피해를 주기도 한다.

또한 이 연구는 아동과 청소년의 안전에 관여하는 민간, 공공 영역의 핵심 기관들에 유의미하다. 여기에는 청소년을 다루는 기관, 공공 안전을 책임지는 법집행기관뿐만 아니라 온라인 성범죄 동기에 대한 더 깊은 이해를 위해 범죄자와 함께 일하는 기관들을 포함한다.

이러한 광범위한 의의는 이 연구의 두 가지 중심 견해에서 비롯된다. 첫째, 이 연구는 아동 성범죄가 발생하고 경찰의 감시망에 들어오기까지 보이지 않는 배경에 대한 전례 없는 접근에 기초하고 있다. 이러한 점에서 이 연구는 아동 성범죄의 실증적 역학에 관한 혁신적이고 유례 없는 통찰을 제공하고 있기 때문에 학계와 다양한 현장전문가들의 연구에 도움을 줄 수 있다. 둘째, 이 연구는 이 분야의 포괄적인 개괄을 기반으로 온라인 아동 성범죄에 대한 이전 연구의 업적을 초월하는 신선한 개념적 관점을 제공한다. 그러므로 이 연구가 학자와 현장전문가의 생각과 작업에 영감을 주기를 바란다.

전 세계 인터넷 접속이 급속히 확대되고(Franko Aas 2006), 사회의 성애화가 빠르게 진행되면서(Greer and Jewkes 2005) 온라인 아동 성범죄 수사는 일상적인 경찰 업무와 더욱 광범위한 공공 안전 및 아동보호 프로젝트에서 핵심이 될 것이다. 모쪼록 이 연구가 현대사회의 어두운 구석을 밝혀주는 빛이 되길 바란다.

역자 후기

인터넷은 우리 삶의 많은 부분을 바꾸었고 편리함을 가져왔다. 관공서나 은행에 직접 방문하지 않아도 집 안에서 클릭 몇 번으로 일을 처리할 수 있을 정도로 인터넷은 생활의 일부가 되었다. 낯선 곳으로 여행을 떠나도 어려울 게 없다. 검색을 통해 어떻게 가야 할지, 어디서 자고, 무엇을 먹을지 모든 정보를 얻을 수 있고, 예약도 쉽게 할 수 있다.

하지만 인터넷의 편리함은 긍정적인 효과만 가져온 것은 아니다. 범죄 의도를 가진 사람이나 집단에 인터넷은 불법적인 일을 용이하게 만들어주는 도구가 되었다. 특히 성범죄자들은 학대할 아동이나 청소년들을 찾아 거리로 나갈 필요가 없어졌다. 인터넷을 통해 손쉽게 대상을 찾아내고, 접근할 수 있기 때문이다. 지금도 그들은 랜덤채팅 어플리케이션, SNS, 게임 등을 통해 아이들에게 다가가고 있을 것이다.

게다가 사이버공간의 익명성은 범죄 의도를 가진 사람들을 대담하게 만들고, 아이들이 쉽게 자신의 속내를 드러내게 하는 특성이 있다. 범죄자들은 다정하고 매력적인 모습으로 접근하여 아이들의 신뢰를 얻는다. 그들은 아이들이 원하는 것을 들어주며 비밀을 만들고 통제한다. 때로는 인터넷에서 알게 된 범죄자가 아이의 입장에서는 유일하게 의지하는 사람인 경우도 있다. 이럴 때 아이는 그 사람과의 관계를 깨고 싶지 않아 부당하거나 받아들이기 어려운 요구도 수용하게 된다.

범죄자들은 온라인 그루밍을 통해 피해자를 유인하여 자신의 목적을 달성한다. 특히 그들은 보호자의 학대나 폭력을 피해 집에서 탈출한 아이, 따돌림을 당하거나 교우관계에 문제가 있는 아이, 부모와 갈등이 심한 아이, 성적 호기심이 많은 사춘기 아이 등 성인의 유혹에 취약한 대상을 골라 목표로 삼는다.

이렇게 아이들이 성적으로 이용당하고 있음에도, 온라인 성범죄에 대해 잘 이해하지 못하고 있는 것이 우리 사회의 현실이다. 여전히 법은 아이들 스스로 성적 제안에 동의했기 때문에 일정 부분 책임을 져야 한다고 규정하고 있다. 더구나 보호처분이 두려운 아이들은 피해 사실을 밝히기를 꺼린다. 피해 사실을 알리고 도움을 받아야 하는데도 이야기를 하는 순간 본인도 처벌받을 것이 두렵기 때문에 신고를 피하는 것이다. 아동이나 청소년이 성범죄 피해 사실을 숨기면, 범죄자의 처벌은 당연히 어려울 수밖에 없다.

인터넷을 매개로 일어나는 아동 성범죄는 우리나라뿐만 아니라 국제사회에서도 커다란 고민거리다. 날로 심각해지는 온라인 성범죄 문제의 해결 방안을 찾아보고자 외국 자료를 찾던 중에 《온라인 그루밍 성범죄: 아동·청소년을 노리는 위험한 손길》을 발견하였다. 이 책을 통해 영국의 상황 역시 우리와 크게 다를 바 없었지만 정부가 발 빠르게 대처하여 제도를 개선하고 수사 기법을 발달시켜 나름 성과를 거두고 있다는 사실을 알 수 있었다. 특히 온라인 그루밍을 세심하게 분석하여 정리한 내용이 우리나라에서 벌어지는 온라인 그루밍 성범죄에 대한 이해를 높이는 데 도움이 될 것이란 생각에서 이 책을 번역하여 한국 독자들에게 소개하기로 마음먹었다.

이 책을 통해 우리 사회도 온라인 그루밍 성범죄의 심각성을 인식하고, 이를 근절하기 위한 적극적인 조치를 찾아가는 데 도움이 되길 바란다.

탁틴내일(ECPAT KOREA)

참고문헌

저자 서문

Black, S. M., Mallett, X., Rynn, C. and Duffield, N. (2009) Forensic Hand Image Comparison as an Aid for Paedophile Investigations. *Police Professional,* 184.

Castells, M. (1996) *The Network Society,* Oxford, Blackwell Publishers.

Castells, M. (2004) *The Power of Identity,* Oxford, Blackwell Publishers.

Davidson, J. and Martellozzo, E. (2005) 'Policing the Internet and Protecting Children from Sex Offenders on Line: When Strangers Become Virtual Friends'; http://www.oii.ox.ac.uk/research/cybersafety/extensions/pdfs/papers.

Durkin, K. F. and Bryant, C. D. (1995) Log on to sex: Some notes on the carnal computer and erotic cyberspace as an emerging research frontier. *Deviant Behaviour: An Interdisciplinary Journal,* 16, 179-200.

Finkelhor, D., Kimberly, J. and Wolak, J. (2000) On Line Victimisation: a report on the Nation's Youth. Alexandria, Virginia, National Centre for Missing and Exploited Children.

Gillan, A. (2003) Race to Save New Victims of Child Pornography. *Guardian Newspaper* London, accessed on 20/09/07.

Quayle, E. and Taylor, M. (2002) Paedophiles, Pornography and the Internet: Assessment Issues. *British Journal of Social Work,* 863-75.

프롤로그
아동 성범죄, 우리가 아는 것과 모르는 것들

Adams, C., Fay, J. and Loreen-Martin, J. (1984) *No is not enough: helping teenagers avoid sexual assault,* San Luis Obispo California, Impact.

Aries, P. (1962) *Centuries of Childhood,* London, Cape.

Ashenden, S. (2004) *Governing Child Sexual Abuse. Negotiating the Boundaries of Public and Private,* Law and Science, London, New York, Routledge.

Ashworth, A. (1999) *Principles of Criminal Law,* New York, Oxford University Press.

Backer, M. and Beech, A. R. (1993) *Sex Offenders: A Framework for the Evaluation of Community-based Treatment,* London, Home Office Publications Unit.

Bebbington, P. (1979) *Sexual Disorders,* Cambridge, Polity Press.

Beckett, C. (2007) *Child Protection. An Introduction,* London, Sage.

Beckett, R., Beech, A., Fisher, D. and Fordham, A. S. (1994) *Community-based Treatment for Sex Offenders: An Evaluation of Seven Treatment Programmes,* London, Home Office Publications Unit.

Calder, M. (2004) *Child Sexual Abuse and the Internet: Tackling New Frontier,* Lyme Regis, Russell House Publishing.

Calder, M. (2005) *Children and Young People who Sexually Abuse. New Theory, Research and Practice Developments,* Lyme Regis: Russell House.

Carich, M. S. and Calder, M. (2003) *Contemporary treatment of adult male sex offenders,* Dorset, Russell House Publishing.

Chase, E. and Statham, J. (2004) *The Commercial Sexual Exploitation of Children & Young People; an Overview of Key Literature and Data,* Thomas Coram Research Unit.

Cohen, S. (1997) *Folk Devils and Moral Panics: The Creation of Mods and Rockers,* Oxford, Basil Blackwell.

Corby, B. (1998) *Managing Child Sexual Abuse Cases,* London, Jessica Kingsley Publishers.

Davidson, J. and Martellozzo, E. (2009) Internet sex offenders: Risk, control and state surveillance, in M. Johnson and S. Scalter (eds), *Individual Freedom, Autonomy and the State,* Cambridge, Hart Press.

Davidson, J. C. (2002) The context and practice of community treatment programmes for child sexual abusers in England and Wales. *Department of Social Policy,* London, London School of Economics and Political Science.

Davidson, J. (2007) *Current Practice and Research into Internet Sex Offending,* Risk Management Authority Research, London, Department of Social and Political Studies, University of Westminister.

De Mause, L. (1976) *The History of Childhood,* London, Souvenir Press.

Dunphy, R. (2000) *Sexual Politics,* Edinburgh, Edinburgh University Press.

ECPAT International (2008) *Paedophilia,* http://www.ecpat.net.

Erikson, E. (1950) *Childhood and Society,* New York, Norton.

Erikson, E. (1982) *The Life Cycle Completed: A Review,* New York, Norton.

Erooga, M. and Masson, H. (2006) *Children who Sexually Abuse Others. Current Developments and Practice Responses,* London, Routledge.

Ferguson, H. (2004) *Protecting Children in Time: Child Abuse, Child Protection and the Consequences of Modernity, Basingstoke,* Palgrave Macmillan.

Ferguson, H. and O'Reilly, H. (2001) *Keeping Children Safe: Child Abuse, Child Protection and the Promotion of Welfare,* Dublin, A&A Farmar.

Fortin, J. (2003) *Children's Rights and the Developing Law,* London, Lexis Nexis, Butterworths.

Freud, A. (1993) *The Ego and the Mechanisms of Defence,* New York, International Universities Press (Original work published 1936).

Gillespie, A. (2008) *Child Exploitation and Communication Technologies,* Dorset, Russell House Publishing.

Gillis, J. R. (1975) *The evolution of juvenile delinquency in England* 1890–914. Past & Present 1975, 67, 96–126.

Greer, C. (2003) *Sex Crime and the Media. Sex Offending and the Press in a Divided Society,* London, Willan Publishing.

Greer, C. and Jewkes, Y. (2005) Extremes of otherness: Media images of social exclusion. *Social Justice (Special edition on emerging imaginaries of regulation, control and oppression),* 32, 20–31.

Griffiths, J. (2002) Sexually transmitted infections in H. O. Commons (ed).

Hall, S., Critcher, C., Jefferson, T., Clarke, J. and Roberts, B. (1978) *Policing the Crisis,* London, Macmillan.

Henderson, M., Wight, D., Raab, G., Abraham, C., Parkes, A., Scott, S. and Hart, G. (2007) The impact of a theoretically based sex education programme (SHARE) delivered by teachers on NHS registered conceptions and terminations: final results of cluster randomised trial. *British Medical Journal,* 334, 133–5.

International Convention on the Rights of the Child (ICRC) (1986).

Jenks, C. (1996) *Childhood: Key Ideas,* London, Routledge.

Jones, T. (2003) Child abuse or computer crime? The proactive approach, in A. Macvean and P. Spindler (eds), *Policing Paedophile on the Internet,* Eastbourne, East Sussex, The New Police Bookshop on behalf of The John Grieve Centre.

Knowles, T. R. and Mclean, F. G. (1992) *Psychological Foundations of Moral Education and Character Development: an Integrated Theory of Moral Development,* Washington D.C., CRVP.

Lalor, K. (2001) *The End of Innocence. Child Sexual Abuse in Ireland,* Cork, Oak Tree Press.

Lanning, K. (2005) Compliant child victims: Confronting an uncomfortable reality, in E. Quayle and M. Taylor (eds.), *Viewing Child Pornography on the Internet. Understanding the Offence, Managing the Offender, Helping the Victims,* Lyme Regis, Russell House Publishing.

Macfarlane, A. (1979) *The Origins of English Individualism: The Family, Property and Social Transition,* Cambridge, Cambridge University Press.

Macleod, M. and Saraga, E. (1988) Challenging orthodoxy. *Feminist Review,* 28.

Marshall, W. L. (1997) *The prevalence of convictions for sexual offending,* London, Home Office.

Miller, K. (1997) Detection and reporting of child sexual abuse (specifically paedophilia):

A law Enforcement perspective. *Paedophilia: Policy and Prevention,* 12, 32–8.

Morrison, T., Erooga, M. and Beckett, R. (1994) *Sexual offending against children,* London, Routledge.

Mullen, P. and Fleming, J. (1998) Long term Effects of Child Sexual Abuse, Melbourne, National Child Protection Clearinghouse Australia.

Muncie, J. (2004) *Youth and Crime,* London, Sage.

National Survey of Sexual Attitudes and lifestyles (2001) http://www.ias.org.uk/resources/data-dictionary/dd-series16.pdf.

O'Donnell, I. and Minner, C. (2007) *Child Pornography,* London, Willan Publishing.

Pearson, G. (1983) *Hooligan: A History of Respectable Fears,* Basingstoke, Macmillan.

Phillips, A. (2005) It is time we adults grew up. *Guardian,* London.

Platt, A. (1969) *The Child Savers: The Invention of Delinquency,* Chicago, University of Chicago Press.

Pritchard, C. (2004) *The Child Abusers. Research and Controversy,* Maidenhead, Open University Press.

Quayle, E. and Taylor, M. (2005) *Viewing Child Pornography on the Internet,* Lyme Regis, Russell House Publishing.

Sanderson, C. (2007) *The Seduction of Children. Empowering Parents and Teachers to Protect Children from Child Sexual Abuse,* London, Jessica Kingsley Publishers.

Silverman, J. and Wilson, D. (2002) *Innocence Betrayed. Paedophilia, the Media and Society,* Cambridge, Polity Press.

Sir John Stevens (2002) Public Speech. Leicester University.

Skelton, T. and Valentine, G. (1998) *Cool Places: Geographies of Youth Cultures,* London, Routledge.

Statham, J. (2004) Effective services to support children in special circumstances. *Child: Care, Health & Development,* 30, 589–98.

Stone, L. (1977) *The Family, Sex and Marriage in England 1500–1800,* London, Weidenfeld and Nicolson.

Tatchell, P. (2003) http://www.channel4.com/health. The Declaration and Agenda for Action of the World Congress Against Commercial and Sexual Exploitation of Children (1996) Stockholm.

Thomas, T. (2000) *Sex Crime: Sex Offending and Society,* London, Willan Publishing.

UNICEF (1989) United Nations International Convention on the Rights of the Child, 1989, http://www.unicef.org.

Waddington, P. A. J. (1986) Mugging as a moral panic: a question of proportion. *British Journal of Sociology,* 32, 245–59.

Waites, M. (2005) *The Age of Consent: Young People, Sexuality and Citizenship,* Palgrave Macmillan.

Wells, M., Finkelhor, D., Wolak, J. and Kimberly, J. (2007) Defining child pornography:

Law enforcement dilemmas in investigations of internet child pornography possession. *Police Investigations Police Practice & Research: An International Journal,* 8, 269-82.

1장
아동 성범죄는 왜 발생하는가

Abel, G., Becker, G., Mittelman, J. V., Cunningham-Rathner, J., Rouleau, J. L. and Murphy, W. D. (1987) Self-reported sex crimes of non-incarcerated paraphiliacs. *Journal of Interpersonal Violence,* 2, 3-25.

Baker, W. (1984) Castration of the male sex offender. A legally impermissible alternative. *Loyola Law Review,* 30(2), 377-99.

Becker, J. V. and Hunter, J. A. (1992) Evaluation of treatment outcome for adult perpetrators of child sexual abuse. *Criminal Justice and Behaviour,* 19, 74-92.

Beckett, R. C. (1994) Assessment of Sex Offenders, in M. Erooga and R. C. Beckett (eds), *Sexual Offending Against Children: Assessment and Treatment of Male Abusers* (pp. 55-79), London: Routledge.

Best, J. (1990) Threatened Children, Chicago, University of Chicago Press.

Bottoms, A. E. and Wiles, P. (1997) Enviromental Criminology, in M. Maguire, R. Morgan and R. Reiner (eds), *The Oxford Handbook of Criminology* (2nd edn), Oxford, The Clarendon Press.

Bradford, J. M. (1988) Organic Treatment for the Male Sex Offender. *Annals of the New York Academy of Sciences,* 528, 1993-2002.

Bradford, J. M. (1990) The Antiandrogen and Hormonal Treatment of Sex offenders, in W. L. Marshall (ed), *Handbook of Sexual Assault: Issues, Theories, and Treatment of the Offender* (pp. 297-310), New York, Plenum Press.

Bunting, L. (2007) Dealing with a Problem that Doesn't Exist? Professional Responses to Female Perpertrated Child Secual Abuse. *Child Abuse Review,* 12, 252-267.

Calder, M. (2004) *Child Sexual Abuse and the Internet: Tackling New Frontier,* Lyme Regis, Russell House Publishing.

Carich, M. S., and Calder, M. (2003) *Contemporary treatment of adult make sex offenders,* Dorset, Russell House.

Cawson, P. W. C., Brooker, S. and Kelly, G. (2000) *Child maltreatment in the United Kingdom: a study of the prevalence of child abuse and neglect,* London, NSPCC.

Cohen, L. E. and Felson, M. (1979) Social change and crime rate trends: a routine activities approach. *American Sociological Review,* 44, 588-608.

Connell, R. (1987) *Gender and Power,* Cambridge, Polity Press.

Connell, R. (1995) *Masculinities,* Cambridge, Polity Press.

Corby, B. (1998) *Managing Child Sexual Abuse Cases,* London, Jessica Kingsley Publishers.

Cossin, A. (2000) Masculinities, Sexualities and Child Sexual Abuse. *British Society of Criminology Conference: Selected Proceedings*, 3.

Costello, B. (2000) Techniques of Neutralization and Self-esteem: A Critical Test of Social Control and Neutralization Theory. *Deviant Behavior: An Interdisciplinary Journal*, 21, 307–29.

D'Ovidio, R., Mitman, T., El-Burki, I. J. and Shumar, W. (2009) Adult-Child Advocacy Websites as Social Learning Environments: A Content Analysis. *International Journal of Cyber Criminology*, 3(1).

Davidson, J. (2007) *Risk Management Authority Briefing. Current Practice and Research into Internet Sex offending*, Glasgow, Risk Management Authority, available on http://www.rmascotland.gov.uk/ViewFile.aspx?id=235 accessed 10/06/08.

Davidson, J. and Martellozzo, E. (2004) *Educating Children about Sexual Abuse and Evaluating the Metropolitan Police Safer Surfing Programme*, London, University of Westminster and Metropolitan Police.

Denov, M. (2003) The Myth of Innocence: Sexual Scripts and the Recognition of Child Sexual Abuse by Female Perpetrators. *Journal of Sex Research*, 40(3), 303–15.

Eldridge, H. (1998) *Therapist's Guide to Maintaining Change*, London, Sage.

Ehlers, C. L., Rickler, K. C. and Hovey, J. E. A Possible Relationship between Plasma Testosterone and Aggressive Behavior and Social Dominance in Man, *Psychomatic Medicine*, 36, 469–475.

Elliott, M. (1993) *Female Sexual Abuse of Children*, New York, The Guilford Press.

Finkelhor, D. (1984) *Child Sexual Abuse; New Theory and Research*, New York, Free Press.

Finkelhor, D. (1986) *A sourcebook on child sexual abuse*, Beverly Hills, Sage Publications.

Finkelhor, D. (1994) The Scope and Nature of Child Sexual Abuse. *Sexual Abuse of Children*, 4(2).

Finkelhor, D., Araji, S., Baron, L. and Browne, A. (1986) *A Sourcebook on Child Sexual Abuse*, California, Sage.

Fisher, D. and Beech, A. (1999) Current Practice in Britain with Sexual Offenders. *Journal of Interpersonal Violence*, 14(3), 240–6.

Flor-Henry, P. (1987) Cerebral aspects of sexual deviation, in G. Wilson (ed), *Variant Sexuality: Research and Theory*, (pp. 49–83), London and Sidney, Croom Helm Ltd.

Fromuth, M. and Burkhart, B. (1989) Longterm Psycological Correlates of Childhood Sexual Abuse in Two Samples of College Men. *Child Abuse and Neglect*, 13, 533–42.

Gane, N. (2005) An Information Age without Technology: a Response to Webster. *Information, Communication and Society*, 8(4), 471–6.

Gannon, T. A., Polaschek, D. L. L. and Polaschek, T. W. (2005) Social cognition and sexual offenders, in M. McMurran and J. McGuire (eds), *Social problem solving and offenders* (pp. 223–7), Chichester, UK, Wiley.

Gillespie, A. A. (2004) Tackling Grooming. *The Police Journal*, 77(3), 239.

Glancy, C. (1986) In D. Finkelhor (ed), *A Sourcebook on child sexual abuse*, California, Sage.

Grubin, D. (1998) Sex Offending against Children: Understanding the Risk. *Police Research Series,* 99.

Harrison, K. (2007) The High-risk Sex Offender Strategy in England and Wales: Is Chemical Castration an Option? *The Howard Journal,* 46(1), 16–31.

Heidensohn, F. (1987) Women and crime: Questions for criminology, in P. Carlen and A. Worral (eds), *Gender, Crime and Justice,* London; Milton Keynes, Open University Press.

House of Lords (13 June 2007). Child Sex Offender Review, http://news.bbc.co.uk/1/hi/uk/6746965.stm.

Jaffe, A., Dynneson, L. and Ten-Bensel, R. (1975) Sexual Abuse of Children. An Epidemiologic Study. *American Journal of Diseases of Children,* 129, 689–5.

Jennings, K. (1993) Female Child Molesters: A review of the Literature, in M. Elliott (ed), *Female Sexual Abuse of Children* (pp. 219–34), New York, Longman Group.

Jenks, C. (1996) *Childhood: Key Ideas,* London, Routledge.

Judge W. Taylor (2005) BBC Panorama 2215. Recorder Plymouth (William Gold).

Kelly, L. (1996) Weasel Words: Paedophiles and the Cycle of Abuse. *Trouble and Strife,* 33, 44–9.

Kitzinger, J. (1996). Media Constructions of Sexual Abuse Risks. *Child Abuse Review,* 5(5), 319–33.

Lanning, K. (2005) Complaint Child Victims: Confronting an Uncomfortable Reality, in E. Quayle and M. Taylor (eds), *Viewing Child Pornography on the Internet. Understanding the offence, Managing the Offender, Helping the Victims* (pp. 49–60), Lyme Regis, Russell House Publishing.

LeFontaine, J. (1990) *Child Sexual Abuse,* Cambridge, Polity Press.

Livingstone, S. and Bober, M. (2005) *Internet Literacy Among Children and Young People,* London, LSE.

Lombroso, C. and Ferrero, W. (1895) *The Female Offender,* London, Fisher Unwin.

Lombroso, C. and Ferrero, W. (1895) The Criminal Type in Women and its Atavistic Origin, in E. McLaughlin, J. Muncie and G. Hughes (eds), *Criminological Perspectives,* London, Sage.

Marques, J. K., Nelson, C., Alarcon, J. M. and Day, D. M. (2000) Preventing Relapse in Sex Offenders: What we Learned from SOTEP's Experimental Treatment Program, in D. R. Laws, S. M. Hudson and T. Ward (eds), *Remaking Relapse Prevention with Sex Offenders: A sourcebook,* Thousand Oaks, CA, Sage.

Marshall, W. L. (1996) Assessment Treatment and Theorizing About Sex Offenders: Developments over the Last Twenty Years and Future Directions. *Criminal Justice and Behavior,* 23, 162–99.

Marshall, W. L., Anderson, D. and Fernandez, Y. (1999) The Development of Cognitive Behavioural Treatment of Sex Offenders, in (pp. 9–31), Chichester, UK, Wiley.

Martellozzo, E., Dehring, D. and Taylor, H. (2011) Online Child Sexual Abuse by Female

Offenders: An Exploratory Study. *International Journal of Cyber Criminology,* 4 (1 & 2), 592–609.

Mathews, R. (1989) *Femal Sexual Offenders: An Explanatory Study,* Brandon, Safer Society Press.

Matravers, A. (2008) Understanding Women Who Commit Sex Offences, in G. Letherby, K. Williams, P. Birch and M. Cain (eds), Sex as Crime? (pp. 299–320), London, Willan Publishing.

Matza, D. and Sykes, G. (1961) Juvenile Delinquency and Subterranean Values. *American Sociological Review,* 26(5), 712–19.

McGuire, J. (2000). *Cognitive-Behavioural Approaches: An Introduction to Theory and Research,* London, Home Office.

Middleton, D. (2004) Current Treatment Approaches, in M. Calder (ed), *Child Sexual Abuse and the Internet. Tackling New Frontier* (pp. 99–112), Lyme Regis, Russell House Publishing.

Miller, K. (1997) Detection an A Law Enforcement Perspective. *Paedophilia: Policy and Prevention,* 12, 32–8.

Mullen, P., Martin, J., Anderson, J., Romans, S. and Herbison, G. (1995) The Long Term Impact of the Physical, Emotional, and Sexual Abuse of Children: A Community Study. *Child Abuse and Neglect,* 20.

Muncie, J. (2004). *Youth and Crime* (2nd edn), London, Sage.

Murray, J. B. (1987) Psychopharmalogical Therapy of Deviant Sexual Behavior. *The Journal of General Psychology,* 115, 101–10.

National Centre for Child Abuse and Neglect. (1981) S*tudy Findings: National Study of the Incidence and Severity of Child Abuse and Neglect,* Washington, DC, D.H.E.W.

NSPCC. (2007) Sexual Abuse. Retrieved 08/09/07, from http://www.nspcc.org.uk/helpandadvice/whatchildabuse/sexualabuse/sexualabuse_wda36370.html.

O'Connor, A. (1987) Female Sex Offenders. *British Journal of Psychiatry,* 150, 615–0.

Palmer, J. E., McGuire, J., Hatcher, M. R., Hounsome, C. J., Bilby, A. L. C. and Hollin, C. (2008) The Importance of Appropriate Allocation to Offending Behavior Programs. *International Journal of Offender Therapy and Comparative Criminology,* Sage, 52(2), 206–1.

Plummer, K. (1994) *Telling Sexual Stories: Power, Change and Social Worlds,* London, Routledge. Copyright Material -Provided by Taylor & Francis Hanulim Publishing, 3F, Raemian Dangsan 1-cha Apt. Sangga 11, Dangsan-ro 54-gil Yeongdeungpo-gu,Seoul, 07224 Korea 48 Online Child Sexual Abuse

Quayle, E., Erooga, M., Wright, L., Taylor, M. and Harbinson, D. (2006) *Only Pictures?,* Dorset, Russell House Publishing.

Rada, R. T., Laws, D. R. and Kellner, R. (1976) Plasma Testosterone Levels in the Rapist, Psychomatic Medicine, 38, 257–256.

Salter, D., McMillan, D., Richards, M., Talbot, M., Hodges, J., Bentovin, A., et al. (2003)

Development of Sexually Abusive Behaviour in Sexually Victimised Males: A Longitudinal Study. *The Lancet,* 361, 9356-471.

Scott, M. and Lyman, S. (1968) Accounts. *American Sociologiacal Review,* 33(10), 46-62.

Smallbone, S. W. and Dadds, M. R. (1998) Childhood attachment and adult attachment in incarcerated adult male sex offenders. *Journal of Interpersonal Violence,* 13(5), 555-73.

Smart, C. (2000) Reconsidering the Recent History of Child Sexual Abuse, 1910-1960. *Journal of Social Policy* 29(1), 55-71.

Stanley, J. (2001) *Child Abuse and the Internet,* Melbourne, Australian Institute of Family Studies.

Sullivan, J. (2002) The Spiral of Sexual Abuse: A Conceptual Framework for Understanding and Illustrating the Evolution of Sexually Abusive Behaviour. *NOTA NEWS,* 41, April, 17-21.

Sullivan, J. and Beech, A. (2004) *Are Collectors of Child Abuse Images a Risk to Children?,* London, The John Grieve Centre for Policing and Community Safety.

Sykes, G. M. and Matza, D. (1957) Techniques of Neutralization: A Theory of Delinquency. *American Sociologiacal Review,* 22, 664-70.

Tallon, J. and Terry, K. (2004) *Theories and Etiology of Child Sexual Abuse by Males* (http://www.bishop-accountability.org/reports/2004_02_27_JohnJay/LitReview/1_3_JJ_TheoriesAnd.pdf), New York, John Jay College Research Team.

Taylor, M. (2002) The nature and dimensions of Child Pornography on the Internet. Retrieved 7/11/05.

Wacquant, L. (2009) *Punishing the Poor: The Neoliberal Government of Social Insecurity,* Durham, NC, Duke University Press.

Walters, D. R. (1975) *Physical and Sexual Abuse of Children: Causes and Treatment,* Bloomington, Indiana Press.

Ward, T. and Beech, T. (2006) An Integrated Theory of Sexual Offending. *Aggression and Violent Behavior: A Review Journal,* 11, 44-63.

Ward, T. and Gannon, T. A. (2006) Rehabilitation, etiology, and self-regulation: The comprehensive good lives model of treatment for sexual offenders. Aggression and *Violent Behavior: A Review Journal,* 11, 77-94.

Weinberger LE, Sreenivasan S. and Sreenivasan, T. G. (2005) The Impact of Surgical Castration on Sexual Recidivism Risk among Sexually Violent Predatory Offenders. *Journal of the American Academy of Psychiatry and the Law Online,* 33, 16-36.

West, D. (2000a) Paedophilia: Plague or Panic? *The Journal of Forensic Psychiatry,* 11(3), 511-31.

West, D. (2000b) The sex crime situation: deterioration more apparent than real? *The Journal on Criminal Policy and Research,* 8, 399-422.

Wolf, S. (1985) A Multi Factor Model of Deviant Sexuality. *Victimology: An Internal Journal,* 10, 359-74.

2장
SNS에서 만나는 낯선 사람

Banquil, K., Burce, C. A., Chua, N. A., Dianalan, S. D., Leañ, G. A., Matienzo, A. R., et al. (2009) *Social Networking Sites Affect One's Academic Performance Adversely.* Paper presented at the College of Nursing.

Biegler, S. and Boyd, D. (2010) *Risky Behaviours and Online Safety: A 2010 Literature Review,* Harvard University, Berkman Center for Inernet and Society.

Boeck, T., Fleming, J. and Kemshall, H. (2006) Young People and Social Capital; http://www.pcrrd.group.shef.ac.uk/reports/project_4.pdf. Accessed 5/10/08.

Boyd, D. and Ellison, N. (2007) Social Network Sites: Definition, History, and Scholarship [http://jcmc.indiana.edu/vol13/issue1/boyd.ellison.html]. *Journal of Computer-Mediated Communication,* 13(1).

British Office of Communications. (2 April 2008) *Social Networking. A Quantitative and Qualitative Research Report into Attitudes, Behaviours and Use.*

Bunting, M. (2001) From Socialism to Starbucks: the Decline of Politics and the Consumption of our Inner Self. Renewal, 9(2-3), 23-32; http://www.renewal.org.uk/issues/2001/summer/feature2003.asp.

Cavanagh, A. (2007) *Sociology in the Age of the Internet,* Berkshire, Open University Press.

CEOP. (2006) Thinkyouknow; www.thinkyouknow.co.uk.

Chibnall, S., Wallace, M., Leicht, C. and Lunghofer, L. (2006) *I-Safe evaluation; Final Report,* Washington, National Institute of Justice.

Child Online Protection Act 2000 (COPA) United States.

Clikymedia. (2011) UK Facebook Statistics for March 2011.

comScore World Metrix. (12/08/2008). Social Networking Explodes Worldwide as Sites Increase their Focus on Cultural Relevance; http://www.comscore.com/press/release.asp?press=2396, accessed 2/10/08.

Crombie, G. and Trinneer, A. (2003) *Children and Internet Safety: An Evaluation of the Missing Programme. A Report to the Research and Evaluation Section of the National Crime Prevention Centre of Justice Canada,* Ottawa, School of Psycology, University of Ottawa.

Davidson, J. and Martellozzo, E. (2004) *Educating Children about Sexual Abuse and Evaluating the Metropolitan Police Safer Surfing Programme,* London, University of Westminster and Metropolitan Police.

Davidson, J. and Martellozzo, E. (2008) Policing the Internet: Protecting Vulnerable Children From Sex Offenders In Cyberspace. *Police Investigations Police Practice and Research: An International Journal.*

Davidson, J. and Martellozzo, E. (2010) *State of the Nation Review of Internet Safety,* Kingdom of Bahrain.

Davidson, J., Lorenz, M. and Martellozzo, E. (2010) Evaluation of CEOP ThinkUKnow Internet Safety Programme and Exploration of Young People's Internet Safety

Knowledge. *Centre for Abuse and Trauma Studies.*

Davies et al. (2008) *The Learner and their Context–Benefits of ICT outside formal education,* Coventry, Becta.

De Gutzman, M. and Bosh, K. (2007) *High Risk Behaviour Amongst Youth;* http://www.ianrpubs.unl.edu/epublic/live/g1715/build/g1715.pdf. Accessed 30/06/11: University of Nebraska, US.

Department for Communities and Local Government. (2008) *Online Social Networks. Research Report.*

Douglas, A. C., Mills, E., Niang, M., Stepchenkova, S., Byun, S., Ruffini, C., et al. (2008) Internet addiction: Meta-synthesis of qualitative research for the decade 1996–2006. *Computers in Human Behaviour* (24), 3027–44.

Friedel, C. and Kraus, P. (2009) *Online Social Networks and Their Business Relevance.* Paper presented at the Information Management.

Garter Newsroom. (6 August 2008) Organizations Should Implement a Multilevel Approach to Policies for Effective Governance; http://www.gartner.com/it/page.jsp?id=737512.

Griffiths, M. (1998) Does Internet and Computer Addiction Exist? Some case study evidence. *CyberPsycology and Behaviour,* 3(2), 211–18.

Grohol, M. (2005) Internet addiction guide; http://www.psychcentral.com/netaddiction/.

Hasebrink, U., Livingstone, S., Haddon, L. and Olafsson, K. (2009) *Comparing children's online opportunities and risks across Europe: Cross-national comparisons for EU Kids Online,* London, LSE.

Home Office Task Force on Child Protection on the Internet. (2007) Good Practice Guidance for the Providers of Social Networking and Other User Interactive Services;

http://www.homeoffice.gov.

http://www.be-free.info/en/How_can_I_protect_myself_on_the_Internet.asp.

http://www.befreecenter.org/about-us.aspx. http://www.kidsmart.org.uk/.

http://www.netsmartz.org.

Livingstone, S. (2002) *Children's Use of the Internet: A Review of the Research Literature,* London, LSE.

Livingstone, S. (2009) *Children and the Internet,* London, Polity Books.

Livingstone, S. and Haddon, L. (2009) *EU Kids Online: final Report,* London, LSE.

Martellozzo, E. (2011) *Understanding Children Online Activities: Developing Research and Training for Covert Internet Investigators,* London Metropolitan Police.

Ofcom (2009) *Digital Lifestyles: Young adults aged 16–24* http://www.ofcom.org.uk/advice/media_literacy/medlitpub/medlipubrss/digital_young/.

Shannon, D. (2007) *The Online Sexual Solicitation of Children by Adults in Sweden,* Stockhom; http://www.bra.se.

The Virtual Global Task Force; http://www.virtualglobaltaskforce.com.

Webster, S., Davidson, J., Bifulco, A., Pham, T. and Caretti, V. (2009) *European Online Grooming Project: Progress Report Covering Period: 1 June 2009–31 December 2009.*

Wellman, B. (1988). Structural Analysis: From Method and Metaphor to Theory and Substance. In Wellman, B. and Berkowitz, D. S. (eds.) *Social Structures: A Network Approach,* Cambridge, Cambridge University Press.

Wolak, J., Finkelhor, D., Mitchell, K. and Ybarra, M. (2008) Online 'Predators' and their Victims: Myths, Realities, and Implication for Prevention and Treatment. *American Psychologist,* 63(2), 111–28.

Wolak, J., Mitchell, K. and Finkelhor, D. (2006) Online Victimisation of Youth: Five Years Later. *National Centre for Missing and Exploited Children.* http://www.netsmartz.org

Yellowlees, P. and Marks, S. (2005) Problematic Internet Use or Internet Addiction? *Computers in Human Behaviour,* 23(2007), 1447–53.

Young, K. S. (1996) *Internet Addiction: The Emergence of a New Clinical Disorder.* Paper presented at the 104th Annual Meeting of the American Psycological Association.

Young, K. S. (1998) Internet Addiction: The Emergence of a New Clinical Disorder. *CyberPsycology and Behaviour,* 1(3), 237–4.

3장
온라인 그루밍과 성범죄법

Akdeniz, Y. (1997) The Regulation of Pornography and Child Pornography on the Internet. *Journal of Information, Law and Technology* (1).

Ashworth, A. (1999) Principles of Criminal Law, New York, Oxford University Press. Baines, V. (25–28 November 2008) *Online Child Sexual Abuse: The Law Enforcement Response. A contribution of ECPAT International to the World Congress III against the Sexual Exploitation of Children and Adolescents.* Rio de Janeiro, Brazil; http://www.ecpat.net/worldcongressIII/PDF/Publications/ICT_Law/Thematic_Paper_ICTLAW_ENG.pdf.

Barnett, E. and Casper, M. (2001) A Definition of 'Social Environment'. *American Journal of Public Health,* 91(3).

Baym, N. K. (2010) *Personal Connections in the Digital Age: Digital Media and Society Series,* Cambridge, Polity Press.

BBC News (16 February 2011) Home Secretary Theresa May: Government is 'appalled' by sex offenders ruling.

Beckett, R., Beech, A., Fisher, D. and Fordham, A. S. (1994) *Community-based Treatment for Sex Offenders: an Evaluation of Seven Treatment Programmes,* London, Home Office Publications Unit.

Carr, J. (2003) *Child Abuse, Child Pornography and the Internet,* London, NCH.

Council of Europe (Budapest, 23.XI.2001) Convention on Cybercrime; http://conventions. coe.in/treaty/en/treaties/html/185.htm.

Council of Europe. (2007) http://www.coe.int/lportal/web/coe-portal/what-we-do/humanrights/sexual-exploitation-of-children.

Council of Europe Convention on the Protection of Children against Sexual Exploitation and Sexual Abuse. (2007) Explanatory Report; http://conventions.coe.int/Treaty/EN/Reports/Html/201.htm.

Criminal Justice and Public Order Act 1994.

Davidson, J. (2007) *Current Practice and Research into Internet Sex Offending,* Risk Management Authority Research, London, Department of Social and Political Studies, University of Westminster.

Davidson, J. and Martellozzo, E. (2008) Policing the Internet: Protecting Vulnerable Children From Sex Offenders In Cyberspace. *Police Investigations Police Practice & Research: An International Journal.*

Edwards, S. (2002) Prosecuting Child Pornography possession and taking indecent photographs of children. *Journal of Social Welfare and Family Law* 22(1), 2000.

Erooga, M. and Masson, H. (2006) *Children who Sexually Abuse Others. Current Developments and Practice Responses* (2nd edn), London, Routledge.

Finkelhor, D., Kimberly, J. and Wolak, J. (2000) *On Line Victimisation: a report on the Nation's Youth,* Alexandria, Virginia.

Foucault, F. (1998) *The Will to Knowledge: The History of Sexuality Volume* 1, London, Penguin Books.

Gallagher, B. (2000a) The extent and nature of known cases of institutional child sexual abuse. *British Journal of Social Work,* 30, 795–817.

Gallagher, B. (2000b) Ritual, and child sexual abuse, but not ritual child sexual abuse. *Child Abuse Review,* 9, 321–7.

Gillespie, A. (2008) *Child Exploitation and Communication Technologies,* Dorset, Russell House Publishing.

Home Office Communication Directorate (2004).

http://www.dfes.gov.uk/acpc/docs/tcrureview.doc. Retrieved 30/07/07.

Kelly, L. (1988) *Surviving Sexual Violence,* Oxford, Polity Press.

Kelly, L. and Scott, S. (1993) The Current Literature about the Organised Abuse of Children. *Child Abuse Review,* 2, 281–7.

Lane, F. (2001) *Obscene Profits: The Entrepreneurs of Pornography in the Cyber Age,* London, Routledge.

Lanning, K. V. (1984) Collectors, in A. W. Burgess (ed), *Child Pornography and Sex Rings,* Lanham, Lexington Books.

Laqueur, T. (1990) *Making sex: body and gender from the Greeks to Freud,* Cambridge, MA,

Harvard University Press.

Lloyd, I. (2000) *Information Technology Law* (3rd edn), London, Butterworths.

Marshall, W. L. (1996) Assessment Treatment and Theorizing About Sex Offenders: Developments over the Last Twenty Years and Future Directions. *Criminal Justice and Behavior,* 23, 162–99.

Martellozzo, E. and Taylor, H. (2009) Cycle of Abuse. *Index on Censorship,* 38(1), 117–22.

McCarthy, J. and Gaunt, N. (2005) *But I was only looking*… Paper presented at the Responding effectively to on-line child pornography offenders.

Medaris, M. and Girouard, C. (2004) *The Impact of Viewing on Offending Behaviour,* Lyme Regis, Russell House Publishing.

Miller, K. (1997) Detection and Reporting of Child Sexual Abuse (Specifically Paedophilia): A Law Enforcement Perspective. *Paedophilia: Policy and Prevention,* 12, 32–8.

O'Connell, R. (2003) *Be Somebody Else but Be Yourself at all Times: Degrees of Identity Deception in Chatrooms,* University of Central Lancashire, http://www.once.uclan.ac.uk/print/deception_print.htm, Cyberspace Research Unit.

Ost, S. (2009) *Child Pornography and Sexual Grooming,* Cambridge, Cambridge University Press.

Protection of Children Act (POCA) 1978 (England and Wales).

Quayle, E. and Taylor, M. (2001) *Child Seduction and Self-Representation on the Internet Cyberpsychology and Behaviour,* 4, 597–607.

Quayle, E. and Taylor, M. (2005) *Viewing child pornography on the internet: Understanding the offence, managing the offender, helping the victims,* Lyme Regis, Russell House Publishing.

Quinsey, V. L., Harris, G. T., Rice, M. E. and Cormier, C. A. (1998) *Violent Offenders: Appraising and Managing Risk,* Washington, DC, American Psychological Association.

Sanderson, C. (2007) *The Seduction of Children. Empowering Parents and Teachers to Protect Children from Child Sexual Abuse,* London, Jessica Kingsley Publishers.

Sentencing Advisory Panel (2007), http:// www.cps.gov.uk (Legal Resources).

Sentencing Guidelines. (2003); http://www.sentencing-guidelines.gov.uk/docs/advicesexual-offences.pdf.

Sentencing Guidelines Council (2007a).

Sentencing Guidelines Council (2007b) *Guidelines on Sexual Offences,* London, SGC.

Sheldon, K. and Howitt, D. (2007) *Sex Offenders and the Internet,* Chichester, UK; Hoboken, NJ: John Wiley & Sons.

Smith, G. and Jayson, M. (2002); http://www.chiark.greenend.org.uk.

Spindler, P. (2003) *Policing Paedophiles on the Internet,* The John Grieve Centre.

Taylor, M. (2002) The nature and dimensions of Child Pornography on the Internet: Perpetuating a cycle of abuse, in E. Quayle and M. Taylor, *Deviant Behavior* (2002) 23(4), 331–62; http://www.tandfonline.com/doi/abs/10.1080/01639620290086413

retrieved 7/11/05.

Taylor, M. and Quayle, E. (2003) *Child Pornography: An Internet Crime,* London, Routledge.

Tyler, R. P. and Stone, L. E. (1985) Child Pornography: Perpetuating the Sexual Victimisation of Children. *Child Abuse and Neglect,* 9, 313-18.

Wacquant, L. (2009) *Punishing the Poor: The Neoliberal Government of Social Insecurity,* Durham, NC, Duke University Press.

Williams, K. (2004) Child Pornography Law: Does it Protect Children? *Journal of Social Welfare and Family Law,* 26(3), 245-61.

Wyre, R. (1990) Sex Abuse 'Addictive'. *Social Work Today,* 9.

Wyre, R. (2003) No excuse for child porn. *Community Care* 14(89), 38-40.

Yar, M. (2007) *Cybercrime and Society,* London, Sage.

4장
온라인 성범죄 단속을 위한 대대적인 작전들

Abel, G., Becker, G., Mittelman, J. V., Cunningham-Rathner, J., Rouleau, J. L. and Murphy, W. D. (1987) Self-reported sex crimes of non-incarcerated paraphiliacs. *Journal of Interpersonal Violence,* 2, 3-25.

Akdeniz, Y. (1997a) The Regulation of Pornography and Child Pornography on the Internet. *Journal of Information, Law and Technology,* 1.

Akdeniz, Y. (1997b) Whisper Who Dares: Encryption, Privacy Rights, and the New World Disorder; http://www.isoc.org/inet99/proceedings/3g/3g_3.htm, accessed on 25/09/08.

BBC (2001) Paedophiles vast 'lending library', London; http://news.bbc.co.uk/2/low/uk_news/1166643.stm, accessed on 06/06/07.

BBC News Online (12 November 1999) UK Glitter Over Child Porn, accessed on 23/08/08, http://news.bbc.co.uk/1/hi/uk/517604.stm.

BBC News Online (20 August 2003) Sex Threat Teacher Escaped Ban, accessed on 8/4/07, http://news.bbc.co.uk/1/hi/england/kent/3168475.stm.

BBC Panorama (2001) W0nderland Club.

Berliner, L. and Conte, J. (1990) The Process of Victimisation: The Victims's Perspective. *Child Abuse and Neglect,* 14, 29-45.

Bourke, M. L. and Hernandez, A. E. (2009) The 'Butner Study' redux: A report of the incidence of hands-on child victimization by child pornography offenders. *Journal of Family Violence,* 24, 183-91.

Briggs, F. and Hawkins, R. M. F. (1996) A Comparison of the Childhood Experiences of Convicted Male Child Molesters and Men who were Sexually Abused in Childhood and Claimed to be Non-Offenders. *Child Abuse and Neglect,* 20, 221-233.

Campbell, D. (18/04/2007) Personal Internet Security; http://www.publications.parliament.uk/pa/ld200607/ldselect/ldsctech/165/165we01.htm.

Campbell, D. (19/04/2007) Operation Ore flawed by Fraud. *Guardian,* accessed on 19/06/08.

Carr, J. (07/07/11) Microsoft Attacks Online Child Pornography *Huffpost UK;* http://www.huffingtonpost.co.uk/john-carr/microsoft-attacks-online-child-porn_b_890098.html?ir=Technology. London.

Carr, J. (2003) *Child Abuse, Child Pronography and the Internet,* London, NCH.

Carr, J. and Hilton, Z. (2010) Protecting children online, in J. Davidson and P. Gottschalk (eds), *Internet Child Abuse: Current Research & Practice,* London, Routledge.

Carrabine, E., Iganski, P., Lee, M., Plummer, K. and South, N. (2004) *Criminology. A Sociological Introduction,* London, Routledge.

CEOP (2006) Thinkyouknow online; http://www.thinkyouknow.co.uk.

Cohen, S. (1972) *Folks Devils and Moral Panics,* London, MacGibbon and Kee.

Conte, M., Wolf, S. and Smith, T. (1989) What Sexual Offenders Tell Us About Prevention Strategies. *Child Abuse and Neglect,* 13, 293–01.

Cooper, A., Mclaughlin, I. P. and Campbell, K. M. (2000) Sexuality in Cyberspace: Update for the 21st Century. *Cyber Psychology and Behaviour,* 3, 521–6.

Davidson, J. (2008) *Child Sexual Abuse: Media Representations and Government Reactions,* London, Routledge.

Davidson, J. and Martellozzo, E. (2007) Child Security Online: A Shared Responsibility IPES. *Urbanization & Security,* Dubai. 8–2 April Unpublished Conference Paper.

Dowd, C. (2003) A Case for the Prosecution: Operation Cathedral Prosecutors Perspective in A. MacVean & P. Spindler (eds), *Policing Paedophiles on the Internet,* Estbourne, East Sussex, The New Police Bookshop on behalf of The John Grieve Centre.

Elliot, M., Browne, K. and Kilcoyne, J. (1995) Child Sexual Abuse Perversion: What Offenders Tell Us. *Child Abuse and Neglect,* 19, 579–4.

Finkelhor, D., Kimberly, J. and Wolak, J. (2000) *Online Victimisation: a report on the Nation's Youth,* Alexandria, Virginia, National Centre for Missing and Exploited Children.

Fortin, J. (2003) *Children's Rights and the Developing Law,* London, Lexis Nexis, Butterworths.

Frassi, M. (2011) *Il Libro Nero dell Pedofilia,* Palermo, La Zisa.

Gallagher, B., Fraser, C., Christmann, K. and Hodgson, B. (2006) International and Internet Child Sexual Abuse and Exploitation. Research report. Huddersfield, Centre for Applied Childhood Studies. University of Huddersfield.

Gamble, J. (01/06/2007) http://www.publications.parliament.uk/pa/ld200607/ldselect/ldsctech/165/165i.pdf.

Gillespie, A. and Upton, A. (2004) Child pornography: duty to look? *Childright,* 211, 10–11.

Gillespie, A. A. (2004) Tackling Grooming. *The Police Journal,* 77, 239.

Greer, C. (2003) *Sex Crime and the Media. Sex Offending and the Press in a Divided Society,* London, Willan Publishing.

Groth, A. N. (1978) Patterns of Sexual Assault Against Children and Adolescents, in A. W. Burgess, A. N. Groth, L. L. Holmstrom and S. M. Sgroi (eds), *Sexual Assault of Children and Adolescents,* Lexington, MA, Lexington Books.

Groth, A. N. (ed.) (1982) *The Incest Offender,* Lexington, MA, Lexington Books.

Groth, A. N. (1985) *Men Who Rape: The Psychology of the Offender,* New York, Plenum.

Herman, J. L. (1981) *Father-Daughter Incest,* Cambridge, MA, Harvard University.

Home Office Task Force On Child Protection on the Internet (2007) Good Practice Guidance for the Providers of Social Networking and Other User Interactive Services; http://www.homeoffice.gov.

International Telecommunication Union (19 October 2010) The World in 2010: ICT facts and figures Geneva; http://www.itu.int/net/pressoffice/press_releases/2010/39.aspx.

Itzin, C. (1996) Pornography and the Organisation of Intrafamilial and Extrafamilial Child Sexual Abuse: Developing a Conceptual Model. *Child Abuse Review,* 6, 94-106.

IWF (2006) 2006 Annual and Charity Report. London, Internet Watch Foundation.

IWF (2009) http://www.iwf.org.uk/media/news.archive-2009.258.htm.

Jewkes, Y. (2003a) *Dot.cons: Crime, Deviance and Identity on the Internet,* Cullompton, Willian.

Jewkes, Y. (2003b) Policing Cybercrime, in T. Newburn (ed), *Handbook of Policing,* Collompton, Willan.

Jones, T. (2003) Child Abuse or Computer Crime? The Proactive Approach, in A. MacVean and P. Spindler (eds), *Policing Paedophile on The Internet,* Estbourne, East Sussex, The New Police Bookshop on behalf of The John Grieve Centre.

Lang, R. A. and Frenzel, R. R. (1988) How Sex Offenders Lure Children. *Annals of Sex Research,* 1, 303-17.

Laws, D. R. (1989) *Relapse Prevention with Sex Offenders,* New York, Guilford.

Livingstone, S. (2009) *Children and the Internet,* London, Polity.

Lord Justice Dyson, Mr Justice Johnson and Judge Rhys-Davies QC R v Smith and R v Jayson [2002] EWCA Crim 683; http://www.geocities.com/pca_1978/reference/smithJayson2003.html, accessed on 29/08/09.

Martellozzo, E. (2006) Policing Child Sexual Abuse on the Internet: An Old problem, a New Technology. *Sex in the Criminal Justice.* Stirling. 28-0 March, University of Stirling. Unpublished Conference Paper.

O'Connell, R., Price, J. and Barrow, C. (2004) Cyber Stalking, Abusive Cyber Sex and Online Grooming: A programme of Education for Teenagers. Lancashire; http://www.FKBKO.net, University of Central Lancashire.

Quayle, E. (2003) The Impact of Viewing Offending Behaviour, in M. Calder (ed), *Child Sexual Abuse and the Internet: Tackling the New Frontier,* Dorset, Russell House Publishing.

Quayle, E. and Taylor, M. (2001) Child Seduction and Self-Representation on the Internet. *Cyberpsychology and Behaviour,* 4, 597–607.

Quayle, E. and Taylor, M. (2005) *Viewing Child Pornography on the Internet,* Lyme Regis, Russell House Publishing.

Renold, E., Creighton, S., Atkinson, C. and Carr, J. (2003) *Images of Abuse. A review of the evidence on Child Pornography,* NSPCC.

Robbins, P. and Darlington, R. (2003) The Role Industry and the internet Watch foundation, in A. MacVean, and P. Spindler (eds), *Policing Paedophiles on the Internet,* Estbourne, East Sussex, The New Police Bookshop on behalf of The John Grieve Centre.

Salter, A. C. (1995) *Transforming Trauma,* Newbury Park, Ca, Sage.

Shannon, D. (2007) *The Online Sexual Solicitation of Children by Adults in Sweden,* Stockholm, Brå

Sir Richard Mayne (1829) Crime Prevention; http://cms.met.police.uk/met/, accessed on 23/09/08.

Soothill, K. and Walby, S. (1991) *Sex Crime in the News,* London, Routledge.

Spindler, P. (2003) *Policing Paedophiles on the Internet,* The John Grieve Centre.

Stermac, L. E., Hall, K. and Henskens, M. (1989) Violence Among Child Molesters. *Journal of Sexual Research,* 26, 450–459.

Straw, J. (2005) *Home Office Task Force on Child Protection on the Internet,* London Home Office.

Taylor, J. (2005) Just an Epidemic or Another Crime? *Criminology Lecture.* University of Westminster 24/10/08.

Techencyclopedia; http://www.techweb.com/encyclopedia/defineterm.jhtml?term-wsgroup.

The Eros Foundation (2000) *Hypocritesitese. Evidence and Statistics on Child Sexual Abuse Amongst Church Clergy,* 1990–000, The Eros Foundation. http://www.unicef.org/crc/ (the United Convention on the Rights of the Child) 1989.

Wall, D. (2007) Policing Cybercrimes: Situating the Public Police in Networks of Security within Cyberspace. *Police Practice and Research: An International Journal,* 8, 183–205.

Wolak, J., Mitchell, K. J. and Finkelhor, D. (2003) Escaping or Connecting. Characteristics of Youth Who Form Close Online Relationships. *Journal of Adolescence,* 105–19.

Wortley, R. and Smallbone, S. (2006) Child Pornography on the Internet. *Problem-Oriented Guides for Police;* http://www.cops.usdoj.gov, 3–92. http://www.google.co.uk/search?hl=en&q=%22operation+starburst%22&btng=google+search&meta.

Wyre, R. (1996) The Mind of the Paedophile, in P. Bibby (ed.), *Organised Abuse: the Current Debate,* Ashgate, Hants.

Young, K. (2008) Understanding Sexually Deviant Online Behaviour from an Addiction Perspective. *International Journal of Cyber Criminology*, 2, 298–307.

Zdnet (2001) http://www.news.zdnet.co.uk/internet/0,1000000097,2083614,00.htm, accessed on 06/06/07.

5장
가장 위험한 사람은 누구인가

Brennan, M. (2006) Understanding Online Social Network Services and Risks to Youth. London, Child Exploitation and Online Protection Centre; http://www.ceop.gov.uk,accessed 1/10/08.

Bulmer, M. (1984) *The Chicago School of Sociology. Institutionalization, Diversity and the Rise of Sociological Research,* Chicago, University of Chicago Press.

Calder, M. (2005) *Children and Young People who Sexually Abuse. New Theory, Research and Practice Developments,* Lyme Regis, Russell House Publishing.

Carich, M. S. and Calder, M. (2003) *Contemporary Treatment of Adult Make Sex Offenders,* Dorset, Russell House Publishing.

Carr, J. (2003a) *Child Abuse, Child Pornography and the Internet,* London, NCH.

Carr, J. (2003b) *Child Sex Abuse and the Internet,* London, NCH.

Carr, J. (2006) *Out of Sight, Out of Mind. Tackling Child Sex Abuse Images on the Internet: a Global Challenge,* London, NCH.

Cawson, P., Wattam, C., Brooker, S. and Kelly, G. (2000) *Child Maltreatment in the United Kingdom: a Study of the Prevalence of Child Abuse and Neglect,* London, NSPCC.

Choo, L. T. and Mellors, A. (1995) Undercover Police Operations and what the Suspect Said (or didn't say). *Web Journal of Current Legal Issues,* http://www.ncl.ac.uk/~nlawww/articles2/choo2.html.

Cooper, A., McLaughlin, I. P. and Campell, K. M. (2000b) Sexuality in Cyberspace: Update for the 21st Century. *Cyber Psychology and Behaviour,* 3, 521–36.

Davidson, J. (2007) Risk Management Authority Briefing. Current Practice and Research into Internet Sex offending, Glasgow, Risk Management Authority: http://www.rmascotland. gov.uk/ViewFile.aspx?id=235, accessed 10/06/08.

Davidson, J. and Gottshcalk, P. (2010) *Online Groomers: Profiling, Policing and Prevention,* London, Russell House Publishing.

Davidson, J. and Gottschalk, P. (2011) *Internet Child Abuse: Current Research and Practice,* London, Routledge.

Davidson, J. and Martellozzo, E. (2004) *Educating Children about Sexual Abuse and Evaluating the Metropolitan Police Safer Surfing Programme,* London, University of Westminster and Metropolitan Police.

Davidson, J. and Martellozzo, E. (2005) 'Policing the Internet and Protecting Children from Sex Offenders on Line: When Strangers Become Virtual Friends'; http://www.oii.ox.ac.uk/research/cybersafety/extensions/pdfs/papers.

Davidson, J. and Martellozzo, E. (2008a) Policing the Internet: Protecting Vulnerable Children From Sex Offenders In Cyberspace. *Police Investigations Police Practice & Research: An International Journal.*

Davidson, J. and Martellozzo, E. (2008b) Protecting Children in Cyberspace, in G. Letherby, P. Birch, M. Cain and K. Williams (eds), *Sex Crime,* Cullompton, Willan Publishers.

Davidson, J., Lorenz, M. and Martellozzo, E. (2010) Evaluation of CEOP ThinkUKnow. Internet Safety Programme and Exploration of Young People's Internet Safety Knowledge. Centre for Abuse and Trauma Studies.

Davidson, J. C. (2008) *Child Sexual Abuse: Media Representations and Government Reactions,* London, Routledge-Cavendish.

Farberow, N. (1963) *Introduction. Taboo Topics,* New York, Athernon Press.

Gillespie, A. (2008) *Child Exploitation and Communication Technologies,* Dorset, Russell House Publishing.

Gillespie, A. A. (2004) Internet grooming: the new law. *Childright,* 204, 10–11.

Gottschalk, P. (2011) Stage Model for Online grooming, in J. Davidson and P. Gottschalk (eds), *Internet Child Abuse: Current Research and Policy,* London, Routledge.

Greer, C. (2003) *Sex Crime and the Media. Sex Offending and the Press in a Divided Society,* London, Willan Publishing.

Greer, C. (2008) *Crime and Media.* A Reader, London, Routledge.

Harfield, C. and Harfield, K. (2005) *Covert Investigation,* Oxford, OUP.

Hernandez, A. E. (2009) Psychological and Behavioural Characteristics of Child Pornography Offenders in Treatment. Global Symposium: Examining the Relationship etween Online and Offline Offences and Preventing the Sexual Exploitation of Children The Injury Prevention Research Centre The University of North Carolina, Chapel Hill.

Home Office Task Force on Child protection on the Internet (2007) Good Practice Guidance for the Providers of Social Networking and Other User Interactive Services; http://www.homeoffice.gov.

http://www.bishop-accountability.org/reports/2004_02_27_johnjay/litreview/1_3_jj_theoriesand.pdf.

Jewkes, Y. (2003a) *Dot.cons: Crime, Deviance and Identity on the Internet,* Cullompton, Willian.

Jewkes, Y. (2003b) Policing Cybercrime, in T. Newburn (ed), *Handbook of Policing,* Collompton, Devon, Willan.

Kitzinger, J. (2004) *Framing abuse: media influence and public understanding of sexual violence against children,* London, Pluto.

Krone, T. (2004) A typology of online child pornography offending. *Trends and Issues in Crime and Criminal Justice,* 279.

Lee, R. M. (1992) *Researching Sensitive Topics,* Newbury Park, Sage.

Lee, R. M. (1993) *Doing Research on Sensitive Topics,* London, Sage.

Martellozzo, E. (2007) Policing Child Sexual Abuse On Line: Understanding Grooming in the 21st Century. *Crime, crime prevention and communities in Europe,* September 26-29 Bologna, Italy.

Martellozzo, E. (2011) *Understanding Children Online Activities: Developing Research and Training for Covert Internet Investigators,* London, Metropolitan Police.

Noorlander, P. (1999) The Impact of the Human Rights Act 1998 on Covert Policing: Principles and Practice *The International Journal of Human Rights,* 3, 49-66.

NSPCC (2007) *Sexual Abuse.*

O'Connell, R. (2003) From Fixed to Mobile Internet: The Morphing of Criminal Activity On-Line, in M. Calder (ed.), *Child Sexual Abuse and the Internet: Tackling the New Frontier,* Lyme Regis, Dorset, Russell House Publishing.

O'Connell, R., Price, J. and Barrow, C. (2004) Cyber Stalking, Abusive Cyber Sex and Online Grooming: A programme of Education for Teenagers. Lancashire; http:// www. FKBKO.net, University of Central Lancashire.

Orfanelli, G. and Tiberio, A. (2005) *L'Infanzia Violata,* Milano, Franco Angeli.

Park, R. E. and Burgess, E. W. (1969) *Introduction to the science of sociology, including the original index to basic sociological concepts,* Chicago, University of Chicago Press.

Punch, M. (1994) Politics and Ethics in Qualitative Research, in N. K. Denzin and Y. S. Lincoln (eds.), *Handbook of Qualitative Research,* Thousand Oaks.

Quayle, E. and Taylor, M. (2001) Child Seduction and Self-Representation on the Internet. *Cyberpsychology and Behaviour,* 4, 597-607.

Regulation of Investigatory Power Act 2000 http://www.opsi.gov.uk/acts/acts2000/uk, accessed on 14/10/08.

Sanderson, C. (2007) T*he Seduction of Children. Empowering Parents and Teachers to Protect Children from Child Sexual Abuse,* London, Jessica Kingsley Publishers.

Spindler, P. (2003) *Policing Paedophiles on the Internet,* The John Grieve Centre.

Strauss, A. and Corbin, J. (1990) *Basic of Qualitative Research,* London, Sage.

Taylor, J. (2005) Just an Epidemic or Another Crime? *Criminology Lecture.* University of Westminster 24/10/08.

Taylor, M. and Quayle, E. (2003) *Child Pornography: An Internet Crime,* London, Routledge.

Taylor, M. (09/03/07) Flying Squad Officer Jailed for Child Sex Offence on Internet. The Guardian Online, accessed on 3/10/08.

The Crown Prosecution Service (07/07/08) http://www.cps.gov.uk/legal/a_to_c/ covert_surveillance/, accessed 14/10/08.

The Royal Commission on Police Powers (1974), *R v Mealey and Sheridan* 60 Cr App R 59 at 61. http://www.opsi.gov.uk/acts/acts2003, accessed 20/08/09.

Yar, M. (2007) *Cybercrime and Society,* London, Sage.

6장
온라인 그루머 vs. 위장경찰관

Abel, G., Becker, G., Mittelman, J. V., Cunningham-Rathner, J., Rouleau, J. L. and Murphy, W. D. (1987) Self-reported sex crimes of non-incarcerated paraphiliacs. *Journal of Interpersonal Violence,* 2, 3–25.

BBC News Online. (11 September 2000) Blair Unveils Internet Plans http://news.bbc.co.uk/1/hi/uk_politics/919903.stm, accessed on 2/3/2009.

Calder, M. (2004). *Child Sexual Abuse and the Internet: Tackling New Frontiers,* Lyme Regis, Russell House Publishing.

Cooper, A., McLaughlin, I. P. and Campbell, K. M. (2000) Sexuality in Cyberspace: Update for the 21st Century. *Cyber Psychology and Behaviour,* 3(4), 521–36.

Davidson, J. and Martellozzo, E. (2004) *Educating Children about Sexual Abuse and Evaluating the Metropolitan Police Safer Surfing Programme,* London, University of Westminster and Metropolitan Police.

Davidson, J. and Martellozzo, E. (2008a) Policing the Internet: Protecting Vulnerable Children From Sex Offenders In Cyberspace. *Police Investigations Police Practice & Research: An International Journal.*

Davidson, J. and Martellozzo, E. (2008b) Protecting Children in Cyberspace, in G. Letherby, P. Birch, M. Cain and K. Williams (eds), *Sex Crime,* Cullompton, Willan Publishers.

Davidson, J. and Martellozzo, E. (2009) Internet Sex Offenders: Risk, Control and State Surveillance, in M. Johnson and S. Scalter (eds), *Individual Freedom, Autonomy and the State,* Cambridge, Hart Press.

Davidson, J., Grove-Hills, J., Bifulco, A., Gottschalk, P., Caretti, V., Pham, T., et al. (2009) Online Abuse: Literature Review and Policy Context. *Prepared for the European Commission Safer Internet Plus Programme.*

Davidson, J., Lorenz, M. and Martellozzo, E. (2010) Evaluation of CEOP ThinkUKnow. Internet Safety Programme and Exploration of Young People's Internet Safety Knowledge. *Centre for Abuse and Trauma Studies.*

Davidson, J. C. (2008) *Child Sexual Abuse: Media Representations and Government Reactions,* London, Routledge-Cavendish.

Franko Aas, K. (2006) Beyond the 'Desert of the Real': Crime Control in a Virtual(ised) Reality, in Y. Jewkes (ed), *Crime Online,* Cullompton, Willan.

Gallagher, B. (2007) Internet-Initiated Incitement and Conspiracy to Commit Child Sexual Abuse (CSA): The Typology, Extent and Nature of Known Cases. *Journal of Sexual Aggression. An International, Interdisciplinary Forum for Research, Theory and Practice,* 13(2), 101–19.

Gallagher, B., Fraser, C., Christmann, K. and Hodgson, B. (2006) *International and Internet Child Sexual Abuse and Exploitation. Research report,* Huddersfield, Centre for Applied Childhood Studies, University of Huddersfield.

Gillespie, A. (2008) *Child Exploitation and Communication Technologies,* Dorset, Russell House Publishing.

Goodman, M. (1997) Why the Police don't Care about Cybercrime. *Harvard Journal of Law and Technology,* 10, 465-94.

Greer, C. (2003) *Sex Crime and the Media. Sex Offending and the Press in a Divided Society,* London, Willan Publishing.

Grubin, D. (1998) Sex Offending against Children: Understanding the Risk. *Police Research Series,* 99.

Hernandez, A. E. (2009) *Psychological and Behavioural Characteristics of Child Pornography Offenders in Treatment.* Paper presented at the Global Symposium: Examining the Relationship between Online and Offline Offences and Preventing the Sexual Exploitation of Children.

Jewkes, Y. (2003a) *Dot.cons: Crime, Deviance and Identity on the Internet,* Cullompton, Willian.

Jewkes, Y. (2003b) Policing Cybercrime, in T. Newburn (ed), *Handbook of Policing* (pp. 501-24), Collompton, Devon: Willan.

Kelly, L. (1988) *Surviving Sexual Violence,* Oxford, Polity Press.

Lanning, K. (2005) Compliant Child Victims: Confronting an Uncomfortable Reality, in E. Quayle and M. Taylor (eds), *Viewing Child Pornography on the Internet. Understanding the Offence, Managing the Offender, Helping the Victims* (pp. 49-60), Lyme Regis, Russell House Publishing.

Livingstone, S. and Bober, M. (2005) *Internet Literacy Among Children and Young People,* LSE.

Martellozzo, E. (2010) Sex Offenders Use of the Internet, in J. Davidson and P. Gottschalk(eds), *Internet Child Abuse: Current Research & Practice,* London, Routledge.

Platt, A. (1969) *The Child Savers: The Invention of Delinquency,* Chicago, University of Chicago Press.

Prime, J., White, S., Liriano, S. and Patel, K. (2001) *Criminal Careers of Those Born Between 1953 and 1978 March 2001,* London, Home Office.

Sanderson, C. (2007) *The Seduction of Children. Empowering Parents and Teachers to Protect Children from Child Sexual Abuse,* London, Jessica Kingsley Publishers.

Silverman, D. (2004) *Interpreting Qualitative Data: Methods for Analysing Talk, Text and Interaction* (2nd edn), London, Sage.

Smallbone, S. and Wortley, R. (2001) Child Sexual Abuse: Offender Characteristics and Modus Operandi. *Trends and Issues in Crime and Criminal Justice,* 193, 1-6.

Soothill, K. and Walby, S. (1991) *Sex Crime in the News,* London, Routledge.

Spindler, P. (2003) *Policing Paedophiles on the Internet,* The John Grieve Centre.

Stanko, E. (1990) *Everyday Violence,* London, Unwin Hyman.

Sullivan, J. (2008) Interviewing Child Sex Offenders. Unpublished Lecture. CEOP.

Taylor, J. (2005) *Just an Epidemic or Another Crime?* Paper presented at the Criminology Lecture.

Wall, D. (2007) Policing Cybercrimes: Situating the Public Police in Networks of Security within Cyberspace. Police *Practice and Research: An International Journal,* 8(2), 183-205.

West, D. (1996) Sexual Molesters, in N. Walker (ed), *Dangerous People,* London, Blackstone Press Limited.

Wolak, J., Finkelhor, D. and Mitchell, K. (2005) Internet-Initiated Sex Crimes Against Minors: Implications for Prevention Based on Findings from a National Study. *Journal of Adolescent Health,* 35(5), 424-37.

Wolak, J., Finkelhor, D. and Mitchell, K. J. (2009) Trends in Arrests of 'Online Predators'. *Crime Against Children Research Centre.*

Young, K. (2008) Understanding Sexually Deviant Online Behaviour from an Addiction Perspective. *International Journal of Cyber Criminology,* 2(1), 298-307.

Young, K. S. (2001) *Tangled in the Web: Understanding Cybersex from Fantasy to Addiction,* Bloomington, IN, Authorhouse.

에필로그
그루밍 성범죄, 실증적 연구가 남긴 것들

Connell, R. (1987) *Gender and Power,* Cambridge, Polity Press.

Connell, R. (2002) *Gender,* Cambridge, Polity Press.

Corby, B. (2000) *Child Abuse: Towards a Knowledge Base,* Buckingham, Open University Press.

Douglas, J. D. (1976) I*nvestigative Social Research: Individual and Team Field Research,* Beverly Hills, Sage.

Ericson, R., Baranek, P. and Chan, J. (1987) V*isualising Deviance: A Study of News*

Organisation, Milton Keynes, Open University Press.

Finkelhor, D. (1984a) *Child Sexual Abuse; New Theory and Research,* New York, Free Press.

Finkelhor, D. (1984b) *Four conditions: A model. Child Sexual Abuse: New Theories and Research,* New York, The Free Press.

Finkelhor, D., Araji, S., Baron, L. and Browne, A. (1986) *A Sourcebook on Child Sexual Abuse,* California, Sage.

Finkelhor, D. and Russell, D. (1984) Women as perpetrators: Review of the Evidence. *Child Sexual Abuse: New Theory and Research.*

Franko Aas (2006) *The Body does not lie; Identity, Risk and Trust in Technoculture,* Crime, Media, Culture, vol. 2(2): 143-158.

Goode, E. and Ben-Yehuda, N. (1994) *Moral Panics. The Social Construction of Deviance,* Oxford, Blackwell.

Greer, C. and Jewkes, Y. (2005) *Extremes of Otherness: Media Images of Social Exclusion,* Social Justice, 32, 20-31.

Hammersley, M. and Atkinson, P. (1983) *Ethnography Principles in Practice,* London, Routledge.

Hammersley, M. (1991) On Feminist Methodology. *The Journal of the British Sociological Association,* 26, 187–206.

Hobbs, D. (2000) Researching Serious Crime, in R. King and E. Wincup (eds), *Doing Research on Crime and Justice,* Oxford, Oxford University Press.

Humphreys, L. (1970) *Tearoom Trade: Impersonal Sex in Public Places,* Chicago, Aldine.

Jenks, C. (1996) *Childhood: Key Ideas,* London, Routledge.

Kitzinger, J. and Skidmore, P. (1995) Playing Safe: Media Coverage of the Prevention of Child Sexual Abuse. *Child Abuse Review,* 4, 47–56.

Murphy, D., Durkin, J. and Joseph, J. (2011) Growth in Relationship. A Post-Medicalized Vision for Positive Transformation, in N. Tehrani (ed.), *Managing Trauma in the Workplace. Supporting Workers and Organisations,* East Sussex, Routledge.

Nelson, A. and Oliver, P. (1998) Gender and the Construction of Consent in Child-Adult Sexual Contact. Beyond Gender Neutrality and Male Monopoly. *Gender and Society,* 12, 554–77.

Plummer, K. (1995) *Telling Sexual Stories: Power, Change and Social Worlds,* London, Routledge.

Sullivan, J. and Beech, A. (2004) *Are Collectors of Child Abuse Images a Risk to Children?,* London, The John Grieve Centre for Policing and Community Safety.

Tehrani, N. (2011) Supporting Employees at Risk of Developing Secondary Trauma and Burn-Out, in N. Tehrani (ed), *Managing Trauma in the Workplace. Supporting Workers and Organisations,* East Sussex, Routledge.

Wearing, B. (1989) The Role of Gender in Socialisation, in T. Jagtenberg and P. D'Alton, (eds), *Four dimensional social space,* Sydney, Harper and Row.

Young, K. S. (1996) *Internet Addiction: the Emergence of a New Clincial Disorder,* 104th Annual Meeting of the American Psycological Association, Toronto, Canada.

아동·청소년을 노리는 위험한 손길

온라인 그루밍 성범죄

글쓴이 | 엘레나 마르텔로조
옮긴이 | 탁틴내일
펴낸이 | 곽미순 편집 | 박미화 디자인 | 이순영
펴낸곳 | 한울림 기획 | 이미혜 편집 | 윤도경 윤소라 이은파 박미화
디자인 | 김민서 이순영 마케팅 | 공태훈 옥정연 제작관리 | 김영석
등록 | 1980년 2월 14일(제318-1980-000007호)
주소 | 서울시 영등포구 당산로54길 11 래미안당산1차아파트 상가
대표전화 | 02-2635-1400 팩스 | 02-2635-1415
홈페이지 | www.inbumo.com 블로그 | blog.naver.com/hanulimkids
페이스북 책놀이터 www.facebook.com/hanulim
인스타그램 www.instagram.com/hanulimkids

첫판 1쇄 펴낸날 | 2019년 3월 27일
ISBN 978-89-5827-120-8 13330

이 도서의 국립중앙도서관 출판예정도서목록(CIP)은 서지정보유통지원시스템 홈페이지(http://seoji.nl.go.kr)와 국가자료공동목록시스템(http://www.nl.go.kr/kolisnet)에서 이용하실 수 있습니다.(CIP제어번호: CIP 2019009097)

이 책은 저작권법에 따라 보호받는 저작물이므로, 저작자와 출판사 양측의 허락 없이는
이 책의 일부 혹은 전체를 인용하거나 옮겨 실을 수 없습니다.

* 잘못된 책은 바꾸어 드립니다.